中国近代人物日记丛书

窦瑞敏　整理

郭曾炘日记

中华书局

图书在版编目(CIP)数据

郭曾炘日记/窦瑞敏整理. —北京:中华书局,2019.5
(中国近代人物日记丛书)
ISBN 978-7-101-13073-7

Ⅰ.郭… Ⅱ.窦… Ⅲ.郭曾炘(1855～1929)–日记
Ⅳ.K827＝6

中国版本图书馆 CIP 数据核字(2018)第 022464 号

书　　名	郭曾炘日记
整 理 者	窦瑞敏
丛 书 名	中国近代人物日记丛书
责任编辑	张玉亮　吴冰清
出版发行	中华书局
	(北京市丰台区太平桥西里 38 号　100073)
	http://www.zhbc.com.cn
	E-mail:zhbc@zhbc.com.cn
印　　刷	北京瑞古冠中印刷厂
版　　次	2019 年 5 月北京第 1 版
	2019 年 5 月北京第 1 次印刷
规　　格	开本/850×1168 毫米　1/32
	印张 8　插页 4　字数 220 千字
印　　数	1-2000 册
国际书号	ISBN 978-7-101-13073-7
定　　价	39.00 元

《过隙驹》稿本

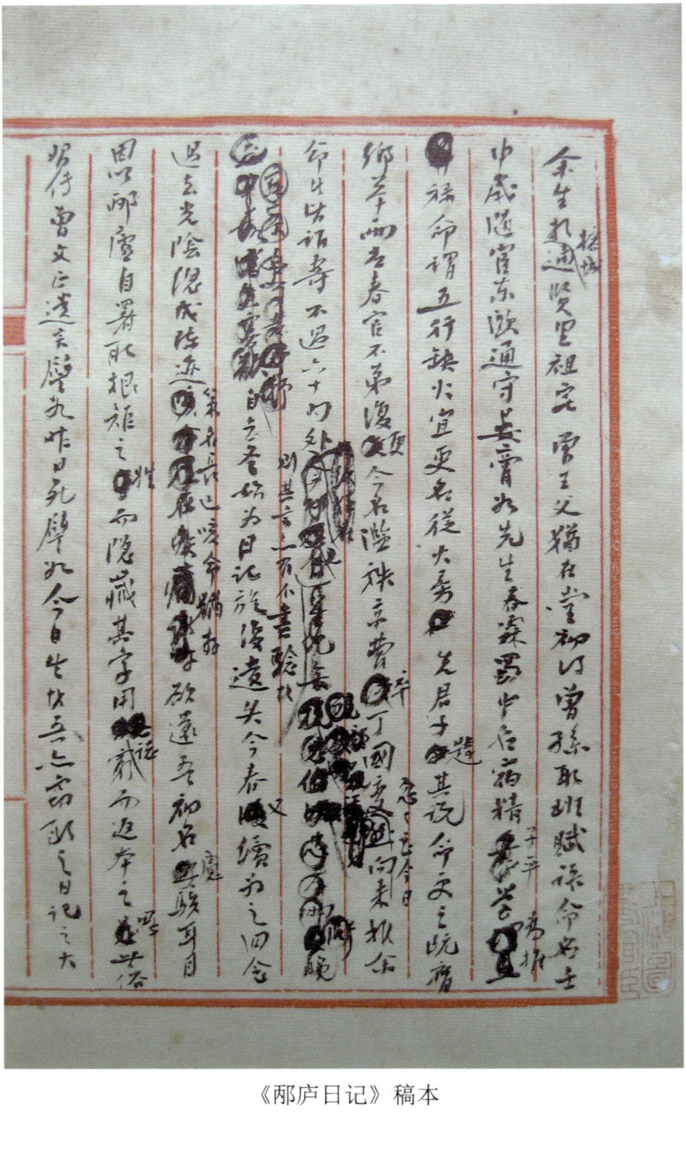

《郋庐日记》稿本

侯官郭文安公著

男則澐摘錄

余冬月常以日上窗始起然夜睡不逾兩時卽醒常半
夜披衣起坐至旦復睡一二小時故起恆晚夏月則或
半夜起下牀看書或黎明起作字看書稍倦復睡故起
亦不甚早約在辰己之間憶少侍　先王父節署及書
院無論冬夏皆未明起伏案披書無僮僕侍側燃燭數
寸天始曉至晚年猶然夜卧皆在亥前　先君子起亦
甚早皆有恆時不似吾之起居無節也卽此一事已愧
先德多矣丁卯正月廿一日

閱漁洋精華錄訓纂引陳弘緒寒夜錄文衡山停雲館

《郇庐日记》刻本

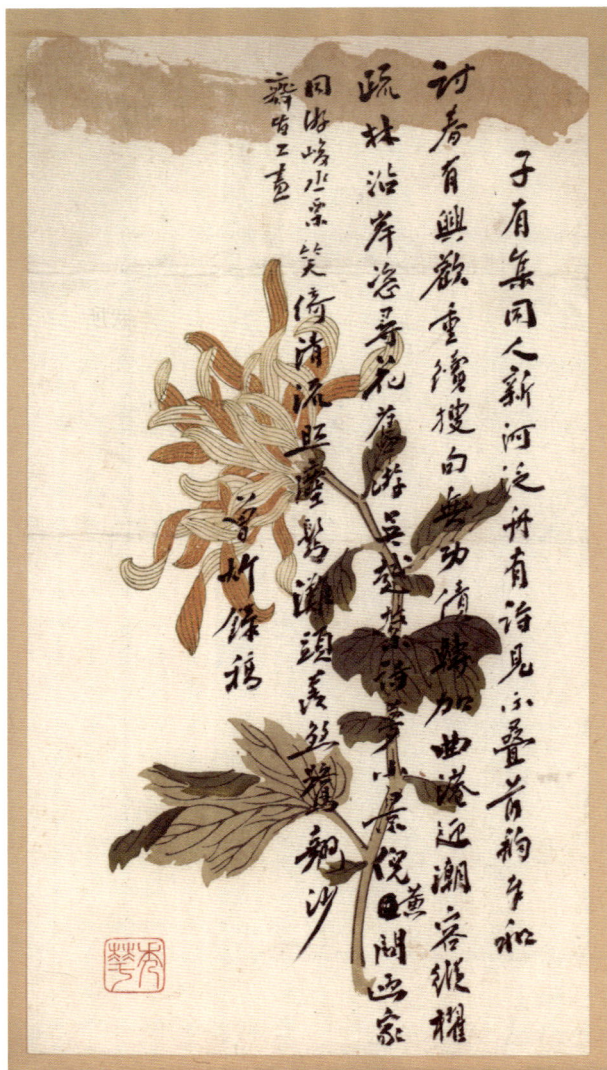

子宥集同人新河泛舟有诗见示叠昔韵率和

讨春有兴欲重续搜白无功倩蝶扶曲港迎潮容继棹
疏林沿岸泛寻花崔护重来不负约后身小景倪迂画
同游嵴此凭笑倚清流且鬔繫舣题卷羣疑浣沙
斋皆工画

曾炘餘稿

郭曾炘诗笺

《中国近代人物日记丛书》出版说明

编辑出版《中国近代人物日记丛书》，旨在为学术界提供完备、可靠的基本资料。

日记体裁的特殊性，使其具有其他种类文献所不具备的史料价值。日记中的资料，有的为通行文献所不载，有的可与通行文献相互印证、补充，有的可以订正通行文献中的讹误。中国近代许多著名的历史人物都留有非常丰富的日记，较为著名的有晚清四大日记翁同龢《翁文恭公日记》、李慈铭《越缦堂日记》、王闿运《湘绮楼日记》、叶昌炽《缘督庐日记》等，都是具有较高史料价值、经常被学者征引的重要文献。

然而许多日记文献藏于图书馆、博物馆、研究机构或个人手中，学者访求不便。为此，系统发掘整理这类文献，是一项很有意义的工作。中华书局于二十世纪七十年代开始策划《中国近代人物日记丛书》，出版了多个品种，受到学术界的重视与好评，《翁同龢日记》、《郑孝胥日记》等至今仍是引用率较高的近代日记整理本。

新世纪以来，我们继承这一传统，加大近代人物日记的出版力度，试图通过进一步完善整理体例、新编更便利使用的索引、搜集更完备的附录资料等方式，使这套丛书发挥更大的作用，继续为学术研究贡献力量。

编好这套丛书，一定会遇到不少困难，但我们相信，在学术界、文博界和公私收藏机构与个人的大力支持下,这套有着悠久历史的基本文献丛书将会有更多更完备、精良的品种问世并传世。

中华书局编辑部

目　　录

整理说明

1.郭曾炘(1855—1929),原名曾炬,字春榆,号匏庵,晚号遁叟、福庐山人,福建侯官人。光绪六年(1880)进士,改庶吉士,散馆授礼部主事。宣统元年(1909),充实录馆副总裁,修《德宗本纪》。宣统三年(1911),改典礼院副掌院学士。辛亥后,蛰居都下。谥文安。著有《匏庐诗存》、《匏庐賸草》、《读杜札记》、《邴庐日记》等。

2.《邴庐日记》稿本,包括《过隙驹》一卷、《邴庐日记》卷一至卷七,今藏上海图书馆。始丙寅十月一日(1926年11月5日),迄戊辰十一月二十四日(1929年1月4日)。

3.《邴庐日记》抄本,卷一至卷七,较稿本少《过隙驹》一卷,国家图书馆有藏。始丁卯正月十一日(1927年2月12日),迄戊辰十一月二十四日(1929年1月4日)。李德龙、俞冰主编《历代日记丛钞》第183册已收录。

4.《邴庐日记》刻本,二卷,附《过隙驹》十数则,系郭则沄摘录,篇幅远不及稿本,且有差异,郭则沄《侯官郭氏家集汇刻》已收录。末有郭则沄跋,今为录出,附于后。

5.此次整理以上海图书馆藏稿本为底本,整理中参考抄本及刻本。

6.日记所录诗作,多见于《匏庐诗存》卷九及《匏庐賸草》,文字略有异同,不一一出校。

7.稿本中误字、衍字以( )括出,正字、脱字补出者用〔〕表示,缺字无从校补或漫漶难辨者,用□表示。

郭则沄跋

先文安公晚年始有日记，肇于丁卯正月，迄戊辰易箦乃辍笔，自署为《邴庐日记》。又《过隙驹》一卷，则丙寅冬所记，编订日记时失去，嗣复觅得之，则附缀于后。

先公既谢宾客，小子怆念先迹，初拟仿松禅、越缦二公之例石印行世。而补庐周师追述先公遗言，谓是皆随手掇拾，但可藏示子孙，逡巡遂止。乙亥春，谒祭先祠，奉日记手迹归。展读之，觉其中考证史事及阐明儒先学说者多为前人所未道，撮录之，得若干条。复读先公自序云：无一语自欺吾方寸，无一事不可揭诸人。则此零珠断锦，流播人间，亦先公所许也。爰先付剞劂，以与家集并传。呜呼！天夺吾怙，不特生平报国之志不获终展，即此晚年著作，亦不获从容岁月以竟其业。风木之痛，其有涯耶！虽然是区区者，亦先公志事之所寄，但使一字有传，则小子邱山之罪，庶几稍有以自赎，是则耿耿愚抱所求谅于当世君子者也。乙亥夏六月上澣男则沄录竟谨识。

过 隙 驹

〔丙寅〕十月

初一日　　晴,甚和暖

是日为王父中丞公冥寿。巳初起。临《董帖》、《舞鹤赋》数行。午间若卿妹丈来,留共饭毕,同往葵女处视疾,傍晚归。慕韩送来影印近作诗,及辛亥前在东瀛所作诗各一纸,多论时事者。子正睡。

初二日　　晨阴,午后稍放晴

巳初起。临《董帖》数行。饭后泛览《籀石斋集》。籀石诗,太夷、石遗均极推崇,余前《杂题国朝名家集后》绝句注中稍有评论。其诗苦硬,实不易学步,中有咏五代史词百首,采摭极博,惜无人为之笺注。晚务观来,留共吃羊肉锅。友椿续来,畅谈至子初,始睡。

初三日　　晨阴,午晴

巳初起。临《董帖》数行。闻葵女服全姓药颇有效,可喜。饭后赴会馆,循例吟集。晤征宇、梅南,知叕老痰疾尚未愈,以张园为念,颇焦急,欲赴津,其实赴津亦无办法。余自辛亥后,即不复作东周之梦想。古来流离中兴,自少康后,已不再见。周宣、晋元、宋高情势又不同。当时既被项城造此骗局,就优待条件论,未尝不安富等荣。清室既倚民国为生活,民国莫安,则室自有回翔馀地。如冯、李之枭獍为心者,要亦不数见也。然共和之不宜于中国,十年前已觉之,至今日而全局糜烂,遍地荆榛,纥干冻雀,又安有飞处之乐耶?可悲已。是日作诗三唱,子初归即睡。袁珏生送来《和芝南九日登高作》。

初四日　　阴

已初起。阅报知九江、南昌、武穴全没于南军,东南局面又变矣。饭后临《董帖》数行。师郑函寄黄面红里奏折一束,皆光绪廿九年至三十四年间礼部(东)〔奏〕进礼节折,云得自冷摊,以皆有余后衔,属为题跋。夜雨,闷坐至子初睡。

初五日　　晴,尚暖

在榻上阅报纸,已正方起。检师郑所送折共七件,一光绪二十九年十月奏进冬至朝贺礼节,一是年十二月奏进明年元旦堂子行礼礼节,一是年十二月奏皇后千秋行礼引折,一三十年九月奏皇太后七旬万寿废员耆民呈请随同祝嘏折,一是年十月奏进皇太后七旬万寿行礼礼节,一是年十二月奏进明年元旦堂子行礼礼节,一三十四年六月奏皇上万寿行礼引折,又元旦万寿行礼吉时单二,奏派大学士名单一,宣表太常寺官名单二,并黄面红里,盖令节庆辰向例然也。最后一折列衔仅一尚书两侍郎,以在三十三年议改官制之后,故与前不同。又定例,呈进礼节先有引折,奏派名单亦易有折。此皆畸零不全,但残珪断璧,亦先朝掌故所遗,故略为考证归之。饭后往西城拜王蓉甫尊慈寿,入门始知寿日乃初七,家人误记也。便道至君坦处,葵女已能出户矣。晚归,阅姚春木《国朝文录》数卷,子初睡。

初六日　　晴

已初起。复师郑书,题诗一章并序。序稍长,未录存。诗亦草草,不足存,姑录于下。"今典特崇三大节,丹毫亲洒九重天。异时绵蕞客求野,卅载冰履愧备员。寿草长春图亦烬,故宫博物榜新悬。梦馀自有君家

录,且作丛谈史料编。"是日君坦生日,下午到景山后,亥正归。稍坐
即睡。

初七日　　晨微雨,即放晴

已初起。作寿诗二章。余寿诗向不存稿,今姑录之。一为江
都于笛生孝廉长庆,志昂之叔。一为同乡薛淑周大令肇基,癸卯东
闱分校,共事极相得,近同在榕社。于乃应志昂之求,初不识面。
薛为多年旧好,近甚寒窘,今岁六十,同人拟为撰寿书,再三坚却,
因以诗祝。又前日有寿林朗溪季武长兄诗,亦并录下。于诗云:"广
陵诗事近如何,遥羡高人卧薜萝。绝学千秋承叔重,生朝一日先东坡。横流
坐阅鱼龙变,环堵如闻金石歌。犹有鹿门偕隐地,眼前风月且婆娑。"薛诗云:
"季宜浪语敬轩录,每企前修惠我多。奄有一家存矩矱,独无三径托弦歌。风
帘校艺茶香永,雪屋麏诗砚冻呵。廿载云萍重回溯,喜君双鬓未成皤。"林诗
云:"文忠宦迹钱塘始,四世湖山话凤缘。禹策一官才小试,沧桑百感入中年。
吾庐自爱归元亮,群季多才尽惠连。故国相思乔木在,梅花消息讯吟边。"后
二首较有意,以非泛泛之应酬语也。饭后至灵清宫访夷俶,知叕
丈又入医院,以脉有歇至,闻入院后较好。遂与夷俶同到蓉甫处拜寿,席
散归。亥正睡。

初八日　　小雨,止后风颇冷,恐不日须亲炉火矣

已初起。阅报知张雨亭已到津。午后复雨,寻转为雪,傍晚
止。务观下午来,同晚饭,吃羊肉锅,亥正散,即睡。

初九日　　晨阴

已正起。已开晴。临《董帖》数行。饭后至德国医院视叕老,
痰疾已渐愈,略谈数语。赴下斜街长寿寺吊黄念劬,念劬没于医
院,殓后即移殡寺中,今日接三,伯骞、君坦为料理,晤梁倾候。出
寺赴戴君四川人正诚、刘君湖北人以仁之招,戴为郑叔问壻,与刘同
居。刘君善艺菊,多异种,盖以赏菊见约也。座客除夷俶后多不相

识,然彼大都识我,遂亦不敢问名号,近来所遇多似此席。散后至惠侄处,子正归即睡。

初十日　　晴

巳初起。改定沄儿代撰江叔澥七十寿诗。录下。"一代名家属博陵,雄藩河洛见风棱。礼宗南国尊徐勉,经术东京重戴凭。谈笑千罴犹坐节,云霄独鹤自高凌。白头卜得王城隐,铜狄摩挲话废兴。""蓬莱清浅自年年,杖履优游亦散仙。仆射承家欣有子,河汾传业况多贤。蜀山旧梦青蛾月,晋水行窝碧玉泉。南极寿昌齐引领,千秋迷作诗聊笺。"二诗纯为应酬文字矣。饭后挈刚儿及诜、咏二孙乘汽车往观清华学校,先访刘宣甫、寿民乔梓,偕至藏书室、礼场、体场及清华园旧址流览一周。回至寿民处茶点,归寓已上灯矣。务观来,谈至亥正散,少顷即睡。

十一日　　晴

巳正起。为芥禅书扇数行。嘿园告知淑周生日,遂今朝饭后往拜,晤谈甚久。旋至景山后街,务观亦今日生日,随到彼晚餐,作雀戏十二圈。归已逾子正矣,即睡。

十二日　　晨微阴,即开晴

巳正起。昨晚因饭食过饱,献臣劝吃鸦片烟消,乃所装过大,当时不甚觉,夜卧极不安。侵晨胸次作恶,连呕数次始清爽,然人极委顿,不能进食。乃知所食物为烟所提,倒涌而上也。下午始能睡片刻,傍晚睡较酣。起后甚健适,亥初又睡,直至次日红旭上窗始醒,病全愈矣。

十三日　　晴

巳正起。君坦来,嘱访书衡为樊山作重赴鹿鸣呈稿,就稊园同人签名,以樊山下月初一生日,冀得御书也。沄儿亦有信来催。明年丁卯重逢乡举者共四人,除吕镜宇已赐扁外,尚有赵次珊、柯凤孙及樊山三人，沄儿欲为汇请。余与次老踪迹甚疏，不知其意云何。故拟先为樊山陈请，以同社出名较无痕迹。葵女亦来视。饭后为芥禅书扇毕，录近作数首，即赴会馆应淑周谢客吟集，作折枝二唱。四妹、泉侄妇、惠侄皆来视，已出门矣。子初归，小坐即睡。

　　十四日　　　晴

　　巳正起。饭后赴夷俶之招，与鲁青、季友、立沧作雀戏十二圈。而鹤亭、君立、荫北诸君另为一局。是日在夷俶处见刘健斋《蜀石经》，已出石印本，咸同以后名流题跋甚多。惟每部售六十元，价亦昂矣。子初归睡。

　　十五日　　　晴

　　巳正起。研墨一壶，临《董帖》、《文赋》数行。饭后阅《清诗话》中吴槎客《拜经楼诗话》四卷。《清诗话》汇集一代而遗漏甚多，随园或以俗滥不收。以余所知，若罨溪、北江、雨村、荔乡、祥伯、四农所著，皆在所遗。大抵近来坊贾择一好书目，随便凑集数种，便印行射利，误人不浅。即如《清稗汇钞》一书，陋劣非常，编者署徐仲可珂名。以仲可之博雅，不应草草至是，当为嫁名也。本朝诗话论诗宗旨，以四农为最精；辑一朝文献，以雪桥为最富。此二种宜入学堂教科书，于后学大有裨益，惜无人可语也。槎客藏书甚富，博涉所得，笔墨亦自修洁。其引查东山《敬修堂偶记》："于吴六奇事，谓世传余初有一饭之德，葛如方布衣野走，怀之而思厚报。其实无是事，此或因其既贵而为之讳。又称葛如能诗，用兵率以计胜，则其人固非碌碌者。"又一条云："秀水杨子让谦注《曝书亭集》，过江浩亭远甚，于《风怀》诗考证尤详。几欲显其姓氏，既而节去。近冒鹤亭考《风怀》诗已显揭之。余终嫌其好事，以今日之人欲横决，此等风流罪过，盖不足道已。晚献丞兄弟来，邀往灶温小酌归。连夕月色甚佳，路少行人，回忆二十年前，不止天上玉宇琼楼之想也。子正睡。

十六日　　　晴

巳正起。鹤亭书来，约十八日致美斋晚饭并听昆剧。又录示和樊山双十节诗索和。临《文赋》数行。饭后检中厅两楼书籍加钥。蓉甫来。作和鹤亭诗。鹤亭诗云："向来掩耳谈双十，却被樊山摘得新。四海孤臣文潞国，千秋圣节宋宣仁。饩羊已废颁正朔，麦饭犹能念老身。话到淀园同待漏，眼前一个亦无人。"余和之云："廿年阅尽海波翻，更读君诗泪暗吞。箧衍灯词尘旧稿，山陵社饭怆遗言。已虚隆祐中兴望，忍把宣和后事论。犹有语寒尧鹤在，孤零国士自衔恩。"戊寅岁，樊山入觐在都，值慈宫万寿，曾撰灯词数十首，余亦继和，原稿犹在箧也。宋徽宗亦以十月初十生，以是日为重十节。或云徽宗十月朔生，以是日不吉，改于十日，俟再考。

十七日　　　晴

巳正起。临《董帖》数行。录和鹤亭作。末句改"茫茫八表奈同昏"，以题系双十节，不能不挽到题面作收也。近来诗笔日退，奈何。饭后天气和暖，拟向北海散步，为务观邀往真光看影戏。戏极无味。晚归，亥正睡。

十八日　　　晴

巳正起。接慕韩信，询念劬令郎名，拟致信庄、赵两院长为之说项。即电告君坦，君坦旋拟其履历来，即作信复慕韩。樊山重宴鹿鸣事，君坦云晤书衡，嘱拜托子威作呈稿，仍列鄂省同乡数人名，二十前后可送艾卿处。葵女亦来，同午饭。燮侄来，云明日仍赴津。晚应鹤亭致美斋之约，晤樊山、君立、夷俶、彤士、荫北、式之、董卿及同乡邱瘦堪，馀二家未识。一汪姓，似亦老宿。鹤亭云今夕无昆剧，仍约往城南公园观剧，以道远辞之。席散归，子正睡。

十九日　　　阴，黎明后隔窗见屋角朝霞如烧，阅时乃退

以夜间早晨两次起坐过久，再睡遂失时，午初始起。余每夜醒必起坐，或视书，倦则再睡，习以为常。故起常迟，以此外间人遂尔任意颓放，

实不可为训也。连日阅《经世文编》，惟方望溪《原人》上下编，为人人之今日所必须读者。望溪之时，天下已太平矣，犹发此论，吾辈安可不猛省耶？下午已放晴。赴季友雀戏之约，同席为鲁青、立沧、朗谿，纵谈甚洽。季友云武昌逃难人来言，目击比邻某大姓全家七人皆饿毙；又有赵姓者拥赀数十万，皆为南军抄没，今无立锥地。鲁青谓南昌劫掠之惨不减武昌，城内无一完屋，滕王阁亦已毁。亥正归。少坐即睡。

二十日 　晴，连日侵晨皆有微阴

巳初起。临《董帖》数行。复师郑明信片。师郑前有书询余撰送邱瀣山联语中严乐舫系何人，忆严乐园廉使，前人笔记有作乐舫者，以孝廉方正故实用之。然原本无从检，师郑又见询，故就记忆答之，然心终不安，可见作文字獭祭之功不可少也。慕韩书来，言致庄、赵函已发。又馨航来京，已代君坦说项，嘱君坦往见，并嘱余再作一信与蔚如。慕老待人之热肠，今日所不可多得也。前致慕韩书，将养刚名字误言则沄，慕韩来书问及，殊为惭愧。此与送邱君楹联同一谬忽，后切戒之。晚务观自携福建生蛎房来，渠明日与养刚同乘汽车赴津。君坦来，示以慕书，并作蔚如书付之。苏女与宛书来。夜风颇大。亥正睡。

二十一日 　晴，早晨风犹未止

巳初起。养刚告赴津。风亦稍定，尚不甚冷。临《董帖》数行。饭后整理架上书籍，未及半。赴皇墙根，四妹、二侄女皆在，雀戏十二圈归。才子初，即睡。

廿二日 　晴，颇暖

仆辈仍于炉中生火，不能禁之。临《董帖》数行。饭后赴书衡处，贺其嫁女，晤仲鲁、菊农、理斋、荫北。归途至景山后街，君坦外出，与苏、葵二女闲谈至暮归。接沄儿信，言羧老到津后尚委顿，多卧少坐。又寄来张潜若油印熊襄愍《颠倒行》诗草原稿。潜若得其真迹,原诗三百馀字,仅存九十馀字。有瑞臣、艾卿、苏龛跋及樊山、笏卿、少朴所题诗。潜若乞题咏,此大题目,不知有以应之否。晚作津信,附致戮老书问痊否,并告知为樊山具呈事,因樊山十有朔生辰,冀御书能先期颁到。日间书衡言有人以此事询次册,渠乃甚不以为然。见仁见知,各有肺肠,余幸未向其包揽也。亥正睡。

廿三日　晴

巳初起。临《董帖》数行。饭后理斋送来《匏庐诗》末卷写本。字较前数卷略小。赴沈鲁青处拜寿,晤夷俶、述勤、可立、笠士。旋出城至四妹处,四妹今晚赴津,因六妹已到也。坐谈稍久。至会馆作折枝二唱,尚酣。归寓接养刚信及蔚如复书。子初睡。

廿四日　晴,仍暖

巳初起。述勤来,小坐。君坦来,同午饭方去。务观自津来。录昨日车中《次韵题熊襄愍狱中诗卷作》,尚多未惬当处,俟再改。校理斋所送写本诗。子正睡。

廿五日　晴

巳正起。寄长崎信。复理斋书,并送还所校写本,嘱付刊。研墨一壶。下午务观来。邱瘦堪来,约后日泰丰楼陪樊山,以鲁青先有约,辞之。瘦堪并携樊山赠马艳秋、艳云两女伶七古见示。是日蛰园第七十一课,鹤亭、仲骞、季武、吉符值课,皆到。先后到者有夷俶、仲云、征宇、彤士、书衡、治芗、嘿园、疑始、迪庵、葊仙、寿芬、履川、君坦。钵吟二唱,子初散。治芗示为樊山陈请呈稿,云已送瑞臣处。归舍接沄儿信,知张园尚未接到。又接师郑书,附程君雄甫锡祥、邱君瀣山翙华两谢函,邱君并寄诗一章,用题礼部旧奏折后原韵。师郑又嘱致子威信,言樊山寿辰入份事,已不及面交子威。此事由治芗承办,拟明早径致函治芗附入。小坐睡。

廿六日 阴

巳正起。已下雪。复师郑,并致治芗,皆用明信片。检昨日社课,以朱印标记,遇便寄津录存。每会皆如此。午饭雪已止,犹阴。务观来,为玉□乞致信张又莱,即书与之。昨日在蛰园以诗题有谢叠山琴,偶论及叠山身世。征宇因言效忠一姓之义,至宋明末造,诸贤已发挥尽致,如群花怒放,绚烂极矣。自帝制推翻,而旧学说无所用,共和立国未几,国会一再散,总统一再逐,元首一席,近已无从产生。新学说又无所用之,此时只有人人自由行动而已。余谓人人自由行动,此大乱所以终不已也。军阀也,官僚也,政客也,商会也,工党也,流派也,土匪也,虽团体大小不同,而各有其势力,各有其派系,极言之,无非耗斁生灵而已。即吾辈今日之会,亦未始非自由行动之一团体,亦未必遽至销灭,但生计则另一问题。常语"生活"两字,今日则不难于偷活,而苦于无以为生,此则第一难题目耳。征宇比年来南北奔走,无所成就,余颇惜之。而平居议论,则往往莫逆于心。回忆三十年前,虎坊桥畔,保安寺街,文酒过从,意气豪宕,不可一世,岂料有此日耶?但凡事不可看得太透彻,惟勘到尽头时,只有自寻烦恼。前因后果,既往之事,说之亦无益。余之不欲诣人,亦不贪客过,以是无言可说耳。今日适无事,因追记书之。灯下改定《题襄愍狱中诗后》,自谓尚有精采。"明至天启无足论,但有委鬼跳天阍。熊公雄略备文武,亦共杨左沉冤魂。公之奏议幼习诵,洋洋洒洒累万言。《襄愍集》湖北书局曾为重刊,余随侍王父节署得之,尔时但喜其琅琅可诵,未及读《明鉴》及《本传》也。独有手迹未获睹,乃此圜扉片楮存。当时辽局误非一,敌国吁天憾且七。经略再出事〔益〕非,矧复群小阴忌疾。广宁之败由抚臣,留公或挽东隅失。封疆门户两不容,坐赃者名谁考实。对山号救胡能为,可怜断烂留绝笔。国步方倾朝纲舛,到此英雄真气短。武穆南枝自栖神，伍胥东门徒抉眼。任分阃外动牵掣，狱急朝端更偏袒。一腔热血七尺躯，至今读之为愤邑。从来失国由失人，晚明非必无荩臣。思陵手定逆奄案，亦凭憎爱为笑嗔。高阳终弃崇焕戮，国狗之瘈犹断断。诏狱围城同一惨，只馀姓字光星辰。公虽菇愤歌咄嗟，自有成劳在记籍。鲁公兵解理或然，真帖流传宜珍惜。吁嗟乎！为君不易为臣难，刑赏失柄来暗干。沅有茝兮澧有兰，汤汤江汉腾狂澜。殷鉴昭昭有如此，四镇幸完五忠死。拳匪之乱，朝士竟有联名请杀合肥、新宁、南皮三帅者，项城亦被召入卫，抗命不至。山头廷尉反掌间，后者辛亥前庚子。"养刚自津回。子初睡。

廿七日　　晴，有风

巳初起。临《董帖》数行。下午赴鲁青处，与鲁青、立沧、季友作雀戏十二圈。鲁青示平斋致渠书，谓寄余两书皆未复，可以绝交，为之一粲。子初归睡。

廿八日　　晴

巳初起。临《董帖》数行。临帖并无进步，此与雀戏皆不过练手腕，为体操之一端。但雀戏有竞争得失心，近极不愿为之。此则与古人相对，久之自得。稍得其神味，于身心两有益处，惜十年前未悟及也。下午赴海军联欢社幼庸耆年会之约，与承梅、立沧、季友作雀戏八圈。子初归即睡。

廿九日　　晴，仍有风

巳初起。临《董帖》数行。饭后夷傲来。林季良来，乞致书贞贤，再催借款。苏女及宛书来，晚饭后始去。子初睡。

卅日　　晴

巳初起。临《董帖》数行。饭后为季良致贞贤书。务观来，与同步行至猪市阅古董摊。复同至隆福寺阅庙会归。傍晚赴景山后晚饭归。子初睡。

十一月

初一日　　晨阴,有风,近午始开晴

已初起。临《董帖》数行。研墨一壶。傍晚赴樊山处拜寿,并贺乡举重逢得御书之赐。御书扁为"耆英瑞事"四字。殷老亦有诗二章。稊园社侣由鹤亭提倡献诗,皆佳。樊山以患疾未出,令子孙辈款客。座中除鄂省乡人外,皆稊、蛰两社诗侣。晤子威,言近迁居礼路胡同三十七号。席散后至惠侔处,以惠侔亦今日生辰也。子初归,即睡。

初二日　　侵晨睡醒,隔窗见雪光,雪已止,瓦背所积犹寸许,不意昨晚忽有此大雪

电约务观同游北海。务观来,言当赴执法处领薪水,改约午后,而云罅已露日光矣。饭后仍微阴,录《题熊襄愍诗后》及《次和太夷九日登高诗》。此诗作于前月,故未录入此册中。俟便寄津。务观来已交西,与同往北海。从后门入,湖水乍结,积雪平铺成一片琼瑶世界。隔岸望塔山景山,紫青缭白,落霞映其上,更呈画笔所不能到,惜暝色渐合,不能更攀跻。在五龙亭啜茗小坐,归已上灯矣。亥正即睡。

初三日　　晴,风犹甚大

已初起。研墨一壶。得殷老书,言痰喘尚未愈,腰疾亦时作,殊可念。寄津信,并附昨录二诗。饭后到叔海处拜寿。冒风出城,赴榕社之期,车中冷不可当。下车后与寿芬、梅南围炉啜茗,肌体顿舒,犹仿佛十六年前穷冬上陵在尖站中炽炭盆吃烧刀风味。是日到者仅数人,征宇、嘿园续至,鼓兴作三唱,已子初矣。闻童佑萱

久病，医药之费俱穷。棕舲附车入城，拥氅絮谈，顿忘严冷。棕舲亦窘甚，亟欲谋一授徒之馆而未得。四海困穷，文士尤罹其厄，可叹也。归即睡。

初四日　　晴，风已止，稍暖

巳正起。连日阅报，福州正在纷乱之中，不知结局如何。下午务观、惠侄来，与家人雀戏。灯下作贺樊山乡举重逢诗四首，未脱稿。子初睡。

初五日　　晴

巳正起。录昨晚枕上改定贺诗寄樊山。"槐安梦里话槐黄，接武南陈与北张。弢庵太傅、安圃制君皆于甲子重逢乡举。此日耆英奎藻重，当年姓字榜花香。骊珠犹见新程墨，津门诸子近作'不降其志'八股文，公为评定甲乙。并拟作一篇，谓题眼在'降'字，老人于此，有一日之长。鹤氅差宜古道装。蒋心馀贺熊涤斋重宴琼林诗用'鹤氅'二字，随园讥之，谓宴琼林不披鹤氅，今则前朝冠服已废矣。谁分含元仙杖散，泚毫尚许纪恩光。""华堂朔旦正悬弧，禁扁光增家庆图。大集渭南题务观，中兴江左望夷吾。宾筵鸣鹿诗虽废，胜具游龙杖可扶。汤文端晚年以水蓼枝作杖，号游龙杖。五叶一堂谁比盛，笑看新服舞氍毹。""一罋已足重巍科，四美还联赵吕柯。比拟扬州金带瑞，于喁商岭紫芝歌。偶拈朝字思元祐，公于双十节日赋诗，谓中历十月十日乃孝钦皇后万寿圣节。首二句云：'朝字书成此日生，女尧宵旰致承平。'自注：朝字，乃十月十日。肯信霓裳渺大罗。看取天边南极朗，寰瀛会见戢兵戈。""扈巡回忆翠华〔西〕，读诏兴元感涕齐。置局三司初草创，识荆尺地许攀跻。北扉久叹巢痕扫，南省犹能掌故稽。学寿从公应未晚，杏林他日阮追稽。阮文达初入词垣，刘文正引谒嵇文恭，谓嵇公事事可学，第一先学寿，文达因以'学寿'名其斋。"金台呈金霞寄来信，略悉崎寓近状。其所用陈姬已遣回，今日亦来，所言多一面之词，此心终悬悬也。下午治芗来，问甲午、戊戌、庚子、戊申四年中宫廷及政府事，余亦仅能记其大概,谈甚久方去。"白头宫女在,闲坐说玄宗",可悲也已。晚赴二侄女处,渠今年五十生辰,本系月朔,改于今日请客。子初归,风极大,却不甚寒,小坐即睡。

初六日　　晴

巳初起。寄长崎信,言留支事。临《董帖》数行。饭后录近作诗入册。接长崎信,则济于家庭间颇多牢骚语,果如所料,不知何时能放此心也。晚饭后务观来,谈极久。前日得贞贤复书,嘱务观转达季良,据云已面晤照道矣。夜寒甚,交子即睡。

初七日　　晴

巳初起。君坦来,同午饭。渠新得财政部秘书室帮办,昨部令送由此处转交,来取也。饭后啸龙嗣子纯官自九江电局回来,谈甚久,略悉江右情形。师郑遣人送来邱瀣山翊华来书,并惠寄瞿氏《铁琴铜剑楼书目》、张氏《疑年录汇编》各一部。略一翻阅,明季殉忠诸臣,独瞿氏子孙至今书香未替,谓为忠义之报,固不尽然也。但人生处世,只有尽吾分之当为,行吾心之所安,所谓存顺没宁也。利害祸福,一身且不能自主,况身后乎?夜闷坐无聊,亥正后即睡。

初八日　　晴

巳初起。研墨一壶。饭后室人以崎寓事约魏俦来谈,纠纷一场,亦无结果。务观续来,留魏俦同作雀戏,子初方散。临睡友椿复拉务观来,闲谈许久方去。睡已过子矣。

初九日　　阴

巳初起。致疑始书,附贺樊诗。养庠自津回,来略谈津事。四妹亦自津回,晚来寓,与务观、养〔庠〕同晚饭。友椿又来谈,至子正后方去。睡已交丑矣。

初十日　　微阴

巳初起。临《董帖》仅三行。午饭后孙昌应来,谈至申初,务观亦来。理斋送来《匏庐诗》已刊七卷及未刊写本一卷,嘱再详校一过,灯下略翻阅。亥正睡。

十一日　　阴

巳初起。寄崎信。校《匏庐集》三卷。下午天色尤阴沉,似有雪意。季良来辞行,云回福州,闻实乃赴汉口也。亥正睡。

十二日　　晴

巳初起。君坦来,同午饭方去。庠侄来,上灯后同刚、庠到灶温小酌归。灯下校《匏庐集》一卷。得师郑书,催复瀣山信。务观来谈,至子初散即睡。

十(四)〔三〕日　　晴

巳初起。复瀣山信,并附诗一章。"南面何须侈百城,异书老眼若为明。已无脉望成仙想,重感嘤鸣求友声。画革旁行人毁圣,曼胡短后岁忧兵。旧游梦寐湖山乐,扶杖犹须看太平。"仍函托师郑转寄。又作绹斋侍读寿诗。"胪唱曾听奏五云,朝衣犹带御烟熏。一门公望推瑰颈,两世交情话纪群。鸿案相庄高晚节,邺签无恙宝先芬。名山自有千秋业,天水深宁汉郑君。"浙省已入南军之手,不知战局如何。惟浙人手腕灵活,且犹知敬老宿,绹斋频年居乡,颇极优游之乐。不似闽中少年之派别复杂,互相倾轧也。下午到景山后街,旋赴车子营会馆,已傍晚矣。是日社课值会,到者十三人,作二唱,亥正散。归即睡。

十四日　　晴

巳初起。校《匏庐集》二卷。是日为先妣陈夫人忌辰。下午四妹、苏女诸人先后来,至夜深方散。友椿、务观亦在此闲谈。子正睡。

十五日　　阴

巳初起。饭后赴会馆开会,议萨省长来电言募赈事。到者芝老、幼苏、星夫诸君,熙民适由津到金。议先就存闽附加税赈款内提用,由策六拟稿电复。旋到潮州馆吊曾刚甫。刚甫与少莱同年,三十年前即耳其名,两次权户曹,皆以公事公见,未及倾谈。前月丁伯厚亦殁于天津。伯厚亦平生倾想之人,在张园虽屡晤面,而病体已羸,知其不久。岭南多志节之士,二君尤坚苦卓绝,可惜也。回车到熙民处,略谈津事。与熙民、季友、立沧作雀戏十二圈。座间并晤清如、仲起。子正归睡。

十六日　　晴

已初起。校《匏庐集》一卷。接长崎来信,寄崎信。《黄报》以元旦增刊乞题词,姑作二绝应之。"普天何日扫兵尘,弹指共和十六春。装点社新谈故事,不教旧鼎共沉沦。""震旦文明驾五洲,零缣断楮可胜收。茂先博物徒夸腹,福地婵嬛属梦游。"此等诗,意所不属,亦不求工也。致理斋书,并送重校诗稿请付劂工刊改。夜坐极倦,作应酬寿诗一首,极草草,不足录也。亥正即睡。

十七日　　晴,有风

已初起。饭后到那王处拜寿钜甫,超勇亲王之后。顺道至景山后,君坦交来代撰姜斋墓志,小坐归。姜斋诸子长者俱不学,所开形状极草,于其政绩无一字,谏垣疏稿亦无存。余虽略知梗概,究不能凭空结撰,因属君坦以汉碑之体为之。然于平日交谊,终觉歉然也。晚仍循乡风搓丸。务观来,至子初散即睡。

十八日　　晴,连日皆有风,旦晚极寒

已初起。樊山来书答谢,并和诗一章,云为经意之作,录下。"交从患难文章始,君与余在行京共事,是为订交之始。诗入幽并气概豪。寿酒同拼千日醉,天喜乞自五云高。君以余乡举重逢,领衔呈请御书扁额。箕牛到老缠时命,狱雀相怜为羽毛。他日逢君鸣鹿岁,霞路早办胆青桃。黄漳

浦诗:'绥山桃子青如胆'。"又有和弢庵诗一首,答沄儿书并和词一首,皆佳。书、词均交学群寄津。弢老闻已来京,当面致之。第六遣长班持电稿来,言动用附加税赈款,须报以内部所辖赈务处。原定章程不作兵灾用,又将电萨原文改以风灾,为词略提及兵灾,函达赈务处,此所谓掩耳盗钟也。全闽遍地皆兵,遍地皆灾,区区之款有济乎?午后欲往灵清宫候弢丈,而风益大,极冷不可当。拥炉研墨,以杜诗作伴。晚务观、友椿来。子初睡。

十九日　　晴,仍有风,寒度略减

巳初起。饭后到友椿处,务观拉同友椿往真光观电影戏。散后至王府井大街新开小饭馆吃洋点心,遇汪孟舒,名希董,苏州人。实业学堂旧学生,现在农商部。相隔廿年,尚能认识修敬。晚归仍寒,亥正即睡。

二十日　　晴,仍有风,寒又减

巳初起。杉疏来,索题新得改七芗画《一树梅花一放翁图》,云图中放翁像与渠面庞酷肖,厂肆遇之,以三十圆购归。在此候嘿园、笠士,竟未来,留同午饭方去。下午至德国医院看弢老,弢老十八日来京,至那府拜寿,感寒劳顿,痰疾又作,昨复迁入医院。晤杉疏,始知之。呈樊山所和诗,谈极久。据云入院后已见好,并出近作诗见示,其中寿箦斋令郎仲炤五十诗有二札辨奸句。云此次仲炤进呈箦斋奏疏,并附致李高阳二札,一论袁世凯,一论张謇,中间并及盛杏荪、李伯行,一时尚未敢刊集。箦斋自是高明人,然当时终惜其意气太盛,以致一蹶不振,于光绪中叶人才消长之机,大有关系。仲炤生时,适弢庵在箦斋所,因以志潜命名,亦弢老言之。座间并晤及吉庐、述勤。晚饭后务观来,告明早赴津积资。接沄儿信,言近日于鲁青处不即不离,此次组阁可以摆脱,甚以为是。又言中丞公手钞十三经已征羧老及寓京名流题咏。连日寒甚，惟取杜诗泛览。子初后即睡。

廿一日　晴，天气渐回暖

巳初起。临《董帖》数行。寄津信。饭后苏女及宛书来，留之晚饭。养庠来，告知明日赴津。子初睡。

廿二日　晴，有风

巳初起。组南来，留共午饭后，同往福寿堂贺征宇、寿芬两家儿女结婚。晤鹤友，言明日两社因社中诸友家多有事，暂停一课。旋到景山后一转即归。作《题移疏改七芗画箑诗》。"南渡诗家陆务观，海棠颠被蜀人唤。莲花博士酒千壶，梦中除授果真乎。诗人爱花动成癖，花与诗人应莫逆。但疑博取近不廉，更想化身作千亿。梅花最数孤山岑，梅妻故事传至今。一树一翁谁撮合，君倘前身处士林。七百年来几传写，玉壶晚出尤无价。古人不见见今吾，座客临观各惊诧。放庵集早放翁偷，画手今无顾虎头。冰玉湖山真妃偶，家家团扇足风流。邓尉寻山不辞远，昨闻瘦马朝天返。为君还诵龟堂诗，报得清贫是长健。"放翁《六十四岁诗》："六十之年又四年，也骑瘦马趁朝天。"又《八十三岁》诗："自爱安闲忘寂寞，天将强健报清贫。"亥正睡。

廿三日　晴

巳初起。内子自景山后归，知葵女昨夜生一女，甚平安。饭后同絷女到武功街视泉侄妇病。犹赴福寿堂吊黄念劬。值安国入都，警跸在武功街，坐约五刻，道方通。回车复至武功街一转，归已落暮矣。亥初即睡。

廿四日　晴，稍暖

巳初起。务观来，言因献臣即日来京，未赴津。下午赴蛰园第七十二课之会，值课为守瑕、荸仙、迪庵、履川，惟守瑕因事未到。同社到者有樊山、沅叔、书衡、闇公、子威、仲云、彤士、嘿园、颖人、吉符、君坦、疑始,钵吟二唱。子初散,归即睡。

廿五日　　晴

巳正起。阅昨日社课。饭后偕务观至北海观西洋人溜冰。后同往景山后,是日为葆葵所生女洗三也。归已子初睡。

廿六日　　晴

巳初起。闷坐一日。亥正即睡。

廿七日　　晴

巳正起。仍闲坐时多。下午蒯若木来,为其室人手写佛经乞题。蒯名寿枢,子范太守孙,礼卿观察之子也。宛书外孙女来。作雀戏毕,将就寝,务观忽来,乱谈一阵,睡已过子矣。

廿八日　　晴

巳初起。连日均不甚冷。君坦来,同午饭后,务观亦来,同往北海观化装溜冰之戏。至漪澜堂,索每人买票五角,遂不入。沿岸到濠濮处茶社,遇芝南、君卫乔梓,留共茶话,傍晚散。是日为民国十(五)〔六〕年元旦。街上国旗飘扬,游人络绎,尚不甚觉萧索,然闻昨日各公署仍领不到一二成薪水也。夜接长崎信,仍窘甚。亥正睡。

廿九日　　晴

巳初起。寄长崎信。洪儿以中丞公手写十三经装潢已就,于津埠社友征题。请题一长篇,连日思索,粗完稿。录下。"白纸坊西冷官宅,度陇归来拥讲席。晨书暝写日有程,阅二十年功始毕。鸿都石本尚聚讼,伊洛心〔源〕惟主一。籀经执友研经师,低首自任钞胥役。征书再起翊中兴,铃阁萧然一逢掖。盟心但饮长江水,归装并少郁林石。平生嗜好百无有,晚岁犹复勤书册。石泉集外诗文稿,杂著韵书与经说。当时翰墨亦见珍,柳骨颜筋昃风力。忆自弱龄弄翰初,奉杖将舆日侍侧。甲科忝摺与清选,拜觐重闱喜动色。词垣回溯四纪梦,故事旁征勖临别。首言国恩未酬报,次言先绪望继述。无物遗汝况金籯,喜汝名场早奋翮。睢州楹语人重官,匪重词华重经术。岂知传砚竟虚期,蓬山风引望难即。一官留滞历崎岖,归谒松楸空洒泣。词头纸尾事鸦涂,却寻旧学茫若失。白头更遭沧桑变,烽火年年望乡国。礼堂定本半飘〔零〕,劫馀仅此犹完璧。迩来邪说方横流,洪水祸逾秦火烈。斯文终丧非天意,不见东瀛罗古筴。文身章甫疑无用,经训菑畲必有获。藏庋仍开〔闭〕画楼,拜陈敢忘庚子日。丁宁还语洛诵孙,勉服先畴思旧德。"陈伯才来,言渠乡赈灾款事,会馆已允拨千元。下午长班持策六书来,并支票,签字付之。熙民昨自津回,约同立沧、朗溪雀戏。归已子正睡。

三十日　　晴

巳初起。作津信,交养刚明日带走。莼官送啸龙时文底来阅。下午熙民又电约同季友、立沧、克敬雀戏。子初归睡。

十二月

初一日　　晴

巳正起。连日皆近暖,久无雪,似有旱象。英女又有寒热,为延西医克礼诊,云系时令病,不甚要紧。都中常语以外感为时令病。四妹送可南电报来,同甫近由方城抵赊旗店,尚安静。连日为灯社拟题,泛览杜诗,秦州诸作自佳。因忆及庚子奔赴行在所历情景,今日避乱,恐并此而不可得也。一叹。亥正即睡。

初二日

巳初起。雪已寸许,午犹未止。饭后冒雪往景山后,乞君坦代题蒯若木夫人写经图,渠已外出,留字案上。看葵女气色甚好,在刘女处小坐归。笠士、志琴及同乡诸女眷在此雀戏。献丞、务观兄弟来,献丞告即晚赴津,留务观同雀戏。客散已子正后,即睡。

初三日

已初起。昨晚雪止,今晨阴甚,不冷,交午雪又下,傍晚方止。魏侪来小坐。群一偕六妹自津来,谈至上灯方去。出城赴榕社之期,已完一唱,作第二唱毕,散尚早。灯社题,梅南取"日暮倚修竹"、"心清闻暗香"十字,众无异辞。属题尚不俗,亦甚切我身世也。归寓子初睡。

初四日　　晴

已初起。有风,仍不冷。昨日檐溜滴沥,道杂泥泞。今晨尚有檐溜,北地天气已与往年不同矣。然庭中积雪尚寸许,腊中得此大雪,是为丰稔之兆。但兵氛不戢,未知小民得及播种收获否。务观来,同午饭。饭后君坦来,面致石孙信,并代题龚居士写经图七绝二首。录下。"三生夙证优昙钵,一暝疑归纣绝宫。只有辋川忘不得,绳床孤烛掩帘栊。""迦陵已是几生修,修到神仙蕲白头。为检铭徽彤管在,泪花不独写经留。""纣绝"二字再改定。与君坦谈青州近状,据云青州有满汉二城,满城尚有旗丁万馀,训练胜兵者约三四千,副都统至今未裁,任此者名延年,亦本地驻防,已十馀年矣。因所部尚能弹压地方,故未驻他军队。溯自民国以来,各省驻防芟除俱尽,将军到都统早无其官,此为鲁殿灵光矣。晚赴羧老之招,羧老病已愈八九,精神仍好,同席为次珊、樊山、风孙三老,艾卿、书衡、瑞臣、杉疏、闇公。杉疏出所得改七芗画图,示所绘放翁与渠殊肖,耆宿名贤,一堂雅集,谈艺论文,犹有承平景象,实不可多得之胜会也。三老与羧老皆八十上下,虽趣尚各有不同,而俱有一般潇洒之概。曩贺樊山诗,引仪征学寿故事,惜无从为后生小子告也。归寓宛书犹在此。子正睡。

初五日　阴

巳初起。是日约群一及六妹小聚，并四妹及诸侄作陪。至子正方散，甚疲倦，即睡。

初六日　晴

巳正起。师郑邮寄题中丞公手钞十三经七古一章。饭后往谒羧老，始知羧老晚车赴津，坐谈甚久。并晤艾卿、揖先、午原，艾卿言交民巷赁有贮书之室，《德庙本纪》及《实录》红绫本均可移藏。原书俱在满提调裕郅臣处。昨瑞臣正商及此事，俟与瑞臣、惺吾、郅臣再商办。送羧老登车后，在贻书处晚饭，晤述勤及戴君正诚，戴号亮集，郑叔问墥。又一客为高味泉，曾在可庄处教读，三十年前见之。作雀戏八圈。亥正归即睡。

初（八）〔七〕日　阴

巳初起。复石孙书。复谢师郑来诗。下午赴景山后，繁、葵二女招陪群一伉俪也。养刚自津回。接洪信。子正归睡。

初（九）〔八〕日　晴

巳初起。题秦佩鹤侍郎行状诗。"汐社遗民老，瀛洲宿望崇。通家忝世契，视学仰宗工。大集何时出，前尘一梦空。东南耆旧尽，轸惜动宸聪。"行状向无题后，其世兄曾荣坚乞再三，不得已应之。下午与务观同至北海，惜稍迟两日，山坡残雪无多，坐冰床至仿膳处茶点，由后门出，归已上灯矣。亥正睡。

初（十）〔九〕日　晴

巳初起。阅时报，知月前寿皇殿被夺列圣御容，碰头拼死之太监为张成和。现御容已由故宫博物院送还。张太监头伤已医治，可望无恙。若辈尚能激于义愤，不惜以身殉职，吾人能不愧死耶？作德宗瑞世寿诗，以时日逼迫，极草草。"迎岁梅花春已归，喜闻乐事说蓉闻。都钟社代人咸仰,尹嬉衣冠世已希。获事未忘慈母训,板丧犹是故皇畿。瑶环瑜珥看林立,遥映中天宝婺辉。"下午偕内人往候六妹,不值。晤若卿小坐。至皇墙根,四妹、六妹已在彼雀戏,至丑初方散,归即睡。

初十日 阴

巳正起。已下雪,至晚未止。宛书来,至亥正方去。子初睡。

十一日

巳初起。雪仍未止,瓦沟积有数寸。自丙辰冬后无此大雪,忆与樊山、叟老、姜斋叠韵和诗,忽忽十年矣。彼时项城虽死,而纲纪犹张,故宫无恙。睹景兴怀,岂独今昔交游之感哉?向晚雪更大。务观来,同小酌暖寒。亥正睡。

十二日 阴

巳正起。雪已止,庭院积将盈尺,似较辰年尤大。君坦来,同午饭方去。苏女亦来。皆因昨日内人滑跌,右足肿痛,来省视也。夜务观与其弟乌七来,谈至子初方去。即睡。

十三日

巳正起。雪又下,枕上补作雪中遣怀诗。"作骨南风昨夜猜,搴帷但见白皑皑。窗光大好供摊卷,炉火呼谁共酒杯。庭下玉龙犹自舞,竹间瓦雀尚能来。拈毫欲斗尖叉韵,已是江郎垂尽才。"又续作对雪诗。"连日严寒坐掩扉,重阴不散又经霏。可堪冻地穷黎怨,忍待来年大麦肥。灞岸已无诗思觅,蔡州可有捷书飞。天公故幻琼瑶界,无那新亭举目非。"劣于前作,须更修改。寄津埠信,并附师郑诗。晚至友椿处小酌,有务观兄弟及刚儿,畅谈至子正归睡。

十四日 晴

巳正起。风甚大,积雪乱飞,檐间亦有滴溜。午饭后君坦来,贻书旋来,谈甚久,先后去。晚林实馨名华,畏庐侄持函并所画《寒灯课子图》,以寒甚,未请见。函中求赐题并速落款持归,为开春其母七十寿。灯下草草脱稿。"簟灯光景昔如今,枨触天涯寸草心。自写春晖图一帕,不知门外雪花深。""柳丸欧荻媲□辛,难得佳儿染笔亲。底用南山申祝语,画中看取长松筠。"余诗构思甚迟,即酬应之作,亦非旬日不办,促迫交卷,但呼负负而已。亥正后睡。

十五日　　　晴

巳初起。风仍冷,而檐溜不断,似北方地气与前较异也。题龚居士写经图及林实馨昨所送图。接津信。寄长崎信。偶检汇刻书目,其中所列经眼者仅百之一二,令人兴望洋之叹。丛书最便于老年消日,但欲得闲钱买闲书,亦甚不易耳。宛书来。晚饭后务观来。亥正睡。

十六日　　　晴

巳初起。风虽止,仍冷甚。实馨来取画,据云赁大佛寺三间大屋,月仅三元,其状甚寒。此时靠卖艺为生活,亦所谓深冬缔绤也。下午赴景山后,君坦已外出。西屋有女学生在,于东屋小坐,与蘩、葵二女略谈一时许归。亥正即睡。

十七日　　　晴,风极烈,檐雪纷飘,冰筋垂盈尺,其寒可想

饭后养洪由津早车来。题贺孔才印存。"旁行画革走重溟,一变佉卢再腊丁。眼看六书委榛莽,独持寸铁战风霆。文何以后纷流别,仓史而今邈典型。斗室闭门有千古,人间富贵等秋萤。"此册由曾履川代乞题咏,置架上已半载矣。岁暮了笔墨债,草草应之,殊不足存。务观来即去。亥正睡,殊不稳。

十八日　　　晴,风已止

巳初起。兀坐终日。亥初睡,尚安稳。

十九日　　　晴,风止,仍寒甚

所谓"二之日栗烈"也。接可諒年假。回崎信。可咏亦由清华校年假回。师郑书来,增改前诗数句。饭后悦卿由浙至京,朴园与同来,务观亦来。养洪适在此,谈甚久。悦卿说浙事甚悉,乃知浙局亦变成一盘散沙也。灯下阅震在廷钧《天咫偶闻》。忆去岁夏蛰园社集,余偶谈及未见此书,邓守瑕在座闻之,归后即遣人驰送,未言其为赠为借也。嗣后见面,竟忘询问。余固坦率,而守瑕相爱之深,即此小事,亦可想见,不可不志之。亥初睡。

二十日　　　晴

巳初起。次薇来。饭后至车子营会馆议筹赈事。芝南亦到,与幼苏、星夫、睿卿、策六诸君,议决提拨二千元,汇交蔡镜湖处。又略提及首善医院展租年限事,归家已傍晚。作王叔沂令姊寿诗一首,草草不足录。又为苏后青题其亡室事略,诗亦劣。苏名恩培,泰州人。在合社。亥初睡。

廿一日　　　晴

巳初起。昨晚梦中得四句诗,醒后足成之,录俟再改。"今日非昨日,过去那可追。明日非今日,未来安得知。晨餐两块麤,暮啜一盂糜。青毡吾故物,青灯似儿时。展卷古人在,到门俗客谁。此外惟有睡,睡美忘辋饥。旬来雪盈尺,岁晏风凄其。起视窗下竹,未改苍苍姿。"何希逊来。务观来。刘保来,求为其兄致信威起转荐京绥车务处,即书付之。致若木信,交所索题龚居士写经图作。下午贻书来,谈甚久。旋赴蛰园第七十三社课,值课为书衡、寿芬、疑始及小陆,书衡因病未到。到者有樊山、闇公、沅叔、师郑、六桥、彤士、贻书、子威、志黄、征宇、嚊园、迪庵、君坦,钵吟二唱。征宇见示雪中作七律一章,意甚迂曲。子正归。悦卿、惠佺及四妹在寓雀戏,尚未散也。睡已过子矣。

廿二日　　　晴

巳初起。午饭赴君庸恩成居之招,地甚隘而肴馔甚佳。座中有肖旭、迎农、仙舟、小蔚等十馀人,似系公局,亦不便面问。肖旭略谈鄂事。崎馆无押票,据小蔚云部中照准,早已行文汪使,此时必已达到也。散后至四妹处,与悦卿、子雅诸人雀戏至十六转,极疲倦。子正归即睡。

廿三日　　　晴

巳初起。家中循例扫尘。和征宇诗并征宇原诗录下。原诗题《丙寅大雪不减庚戌呈匏庵丈》:"闭门三日雪未止,老仆能言宣统年。特与梅妆教识腊,不缘玉戏殆忘年。阅残陵谷途何畏,勘破台荒世自贤。白地光明须亥既,一寒将奈社灯钱。"次韵和云:"越雪知难语越犬,尧民只自说尧年。应怜吾辈蹉跎老,不及苍头混沌天。抽秘骋妍无一称,浅斟低唱故为贤。龙门久绝风流赏,更问钱王买夜钱。"和诗亦效征宇体为之,寓意俱在言外,难为浅人道也。又作林实馨母寿诗,前有题画作,此复勉强应付,无足录。偶检案上书,有《骨董杂记》四册,不知所从来,为江宁邓之诚著。似系孝先一家。其书以"骨董"为名,间亦杂载故事及琐事,大都从钞撮来,毫无义例,惟载李安溪自书纪事数条,为所创见。安溪手记,旧尝闻叕老说家有钞本,边润民督闽时借去重钞,并言记中极不满于徐健庵,于熊孝感亦有微词,与此吻合,或系从润民家转钞者。就中所言,则健庵之为人乃不值一钱,孝感亦纯系假道学,惟所载圣祖语谓蛮子那有一个好人,又有卫既齐已发遣,道学亦怕否云云。安溪亦讲学人,不应于私居翘,君遇如是。然当时朝事,于此亦略见一斑。因忆月前在叕老处谈及吴子傧《圭斋集》有《冢妇》诸篇,似有所指。叕老云《冢妇》指恭邸,《小姑》指沈文定，《邻家女》则指翁、潘。是时文勤以顺天乡试磨勘案削职，"悲啼毁容妆"及"因缘复助簮"云皆实有其事可指。大抵史传名臣，求其毫无瑕玷者，百中殆不可得一。吾于本朝，只服膺汤睢州、杨江阴，可谓粹然无疵，次则陈临桂耳。曾、胡早岁亦有不矜细行之处，其后刻苦建大功，遂成一代伟人，则所谓时势造英雄也。闲窗闷坐，故一发其狂言。是晚祭灶并祀先，亦循故例。亥正睡。

廿四日　　晴

巳正起。午间务观来，同赴东兴楼惠侄之约，座中惟友椿及泉、洪。饭后赴季友处，与朗溪、贻书雀戏十二圈。立沧来，少坐即去。坐间谈及闲中苦况。当前清时，军队不及今日十分之一二，官僚不及今日之三四，国用亦不及今日之二三，何以到处无闲人，人人皆自得。此等大问题，非一篇大议论不能发挥尽致也。亥正散。归即睡。

廿五日　　晴，天气渐和暖

巳初起。次薇来。洪来，言今日夜车赴津。师郑信来，复为休宁程氏诸烈妇事实册索题序。邮局寄到子修、绗斋乔梓诗各二册，当系绗斋所寄也。绗斋比年来颇领林下之福，前于日记曾及之，今则浙中亦成战场矣。养刚晚车自津回，余已于亥正即睡矣。

廿六日　　晴

巳初起。作《率溪（汪）〔程〕氏六烈妇合传题词续编序》。程君雄甫前以其先世六烈妇传寄示，余为作长歌记之。前以续编题词诸名作，又介郑斋吏部再乞序言。郑斋已为之序，且前序徐忠愍尚书外，又有绗斋、纫秋诸公，余又何庸再赘一词。无已，姑就所闻见者言之。尝忆胡文忠集中有唁某观察书，云尊夫人慷慨就义，可以愧今之宫太保，督两江而下贱无耻，不堪为君门作奴婢矣。宫太保者，何桂清也。文忠方以忠义倡同袍，故其言之激切如是。夫以闺闱弱质，得与堂堂开府相提并论，奇矣。乃并斥之，不许侪奴婢之列,斯更奇矣。可见人生富贱,不在乎当境之遭逢,而在乎后来之论定,且并不系乎须眉与巾帼也。曩者辛亥武昌之变,某督部闻警先逃,其罪更浮于桂清,乃竟逍遥法外。逊位诏下,则所谓疆帅者联翩去职,若不知有易代事者,何发蒙振落之易耶? 余每观前史,丧乱之际,女子之赴义者恒多于男子,非赋性之殊,盖其平居不出户庭,所习闻者皆古先相传之礼法,以为一失身即无以为人,故视死如归,而无复反顾。若(汪)〔程〕氏六烈妇亦其明征已。夫五伦去其一即无以立国,昔之人常以忠臣与烈女并称,即文忠之誉美某夫人亦犹是此意。自邪说盛行,更倡为男女平权之论。伊川所云饿死事小者,久为时所唾弃,桑间濮上之流风,几遍天下。至有不忍言者,惟其流极不尽,驱人类于禽兽不止,斯可为痛哭者也。粤寇之乱,蔓延至十数行省,当时如程氏之阖门殉节者,不知凡几。而程氏贤子孙能追述先烈,又得贤士大夫为之先后阐扬,至今凛凛有生气,盖不独家乘之光万古,纲常名教之大防,皆将于斯编寄之。余虽谫陋,又曷敢以不文辞。文甚卑弱,借题发挥而已。务观来,同午饭。六侄由哈尔滨回,来见。亥正睡。

廿七日　晴

巳初起。致师郑书,并交程序稿。下午至景山后街,葵女所生女弥月,宴请亲友。亥初散,小坐睡。

廿八日　晴

巳初起。研墨一壶。寄津、崎两处信。腹疾时作,以昨日饭啖过量也。为杉疏题册,笔书甚劣。饭后务观来,略谈即促其归。亥初睡。

廿九日　晴

巳初起。腹疾稍愈,便仍未畅。枕上阅《香苏山馆诗》。往时嫌其清薄,细读尚觉有清灵之气,乾嘉间浓缛风尚为之一涤。其牵率应酬之作过多,则藏园亦不免此病也。夜务观、君坦均来,共屠苏饮。友椿为林蔚文振翰索题《虎口馀生记》。此记去年林君即乞题，久未应之。醉后草草成二绝。"庄生能道东陵跖，太白曾歌蜀道难。君自吉人得天相，大千浩劫尚漫漫。""无主生民是乱源，不须成败问巢温。年来衔阙哀无语，且为君题说虎轩。"子正睡。

丁卯正月

朔日

辰初起。循例供年饭，祖先前行礼毕。拜年之客已纷来，彦侯来最早。高一峰自津来，谈稍久。吴晴波石琴亲家。其子乾，一名德元，石琴长女婿。与其子偕来，馀皆习熟戚友也。清晨梦奉派偕钱宝臣、耆寿民及某都统赴各使馆贺年，正在商订礼节，为电铃惊醒。余夜梦甚杂，此梦稍奇，亦缘今岁未到张园随班贺岁，不无耿耿于心也。亥正睡。

初二日　　　雪又下

巳初起。中庭已盈寸。贻书、吉逵来。葵女来，交到石孙贺岁书。饭后挈勤孙往中央公园，沿廊行至水榭，复缘坡至春明馆啜茗，水榭迤南土坡叠石雪景较佳，绕坛后出东回廊。归途至景山后及皇墙根，谈稍久，归已上灯矣。亥正睡。

初三日　　　雪已止，微阴，亦时见日

莼仲来。作王彦和寿诗。"不羡还乡昼锦荣，羡君孝谨称家声。斜街花市童嬉忆，新检榕阴壮著成。故里过从成耆旧，高堂色笑似承平。南滇曾见烽烟靖，何日重逢酒细倾。"彦和是岁五十初度，其诸弟曾为乞诗，逡巡未作，亦竟忘之。昨彦强又持笺催促，匆匆赋此应之。晚在家雀戏。务观饭后忽来。亥正后散，即睡。

初四日　　　晴

巳初起。致理斋书，因理斋前数日交来《匏庐诗》刊正本，又

续校出十数讹字付之。甚矣，校刊之不易也。且刊本并不佳，反不如排印之省事矣。交灯社课作付邮局致梅南。得石孙书。是日家中亲串会聚，子正后方散。甚疲乏，即睡。

初五日　　晴

巳初起。务观来，即去。下午务观复来，同到精一吃春饼。旋赴惠俭处晚集，亥正后始散。归睡。

初六日　　晴

巳正起。释戡邮送《鞠部丛谭校补》一册，系瘿公原著，释戡为之校订，有樊山眉批。余不喜观剧，于此道向未究心，略翻阅一过。书中可资以备掌故者，不过什之一二而已。饭后方拥衾卧，严孙、季友相继来，谈稍久。夜睡极早。

初七日　　晴

巳初起。养洪自津早车来。饭后务观来，即去。闷坐无聊，检架上惠定宇《精华录训纂》读之。晚得长崎信，济疾稍瘳，为之一慰。夜睡亦早，不如昨夕之稳。

初八日　　晴

巳初起。何希逊来，乞致彬侯信求加薪，即付之。君坦来，同午饭，下午方去。仍阅《精华录》，此书庚子春与许柳丞同游厂肆所购，今三十馀年矣。柳丞以赀为二部郎，年未及冠。先祖壬戌入都，与京僚钵集，渠即入社。天资优敏，能说咸同朝事及都中乡先辈故事，心跳，芸敏、健斋、平斋诸君皆乐与之游。余丙子计偕北来，即识之。庚辰榜前，索观闱作，决以必中，逢人辄诵，嗣后过从无间晨夕。然柳丞屡踬场屋，部员捐班补缺尤难，中年后郁郁不得志，沉溺于阿芙蓉，同人犹时就其烟榻作长夜谈。壬寅余权工右，适有都水司缺轮补，到水引见前一日，丁内艰，竟不获补。余往唁，柳丞云三十年老友求厕属僚而不可得，余亦为之叹惋不置。自后益潦倒，不数年即殁，无子，亦无可承继者。人生运命，不齐如此。偶因阅书而追忆及，为撮举生平，以存亡友面目。心觋、芸敏皆早逝，平斋虽健存，而晚景亦无聊赖。独健斋以直谏斥外，洊擢封圻，入赞论扉，身后得美谥，为末造名臣。哲嗣子有复能世其家，国变后，弃官为商，望实俱美，皆当时所不及料也。灯下无事，信笔书此。亥正睡。

初九日　　　晴

已初起。赴贻书处拜寿。车行衢路，大有春气，重裘几欲出汗。在林宅吃午面，观棋一局。尚欲他往，以热甚，亟欲回宅脱衣，遂径归。务观来，约同往北海，因热又疲倦却之。闻安圃、春卿联芳，前外部侍郎。皆于初六逝，旧臣又去其二，皆八十以上人也。因昨记柳丞事，又思及廉孙、弥俞、梅贞三君，弥俞在京曹，踪迹甚疏。朝考入枢垣，辛丑续赴行在，与余及梅贞、廉孙同住西安乡馆。弥俞治事极精敏，同直深资臂助，随驾回銮，一路同行，尤得其力。余力保之于荣文忠，得简兖州，旋擢陕西盐道。时陕抚为恩寿，任用群小，政以贿成，弥俞时有规正。一日上院，恩云秦中司道，惟足下为正人君子，但闻不免沾染嗜好，新诏禁令甚严，似非所以表率属僚。弥俞闻之大愤，回署后即将烟具掷毁，服断烟药太过，一病数日即逝。梅贞未冠即能为骈文，以拔萃分户曹，喜酒食，微逾时或使酒骂座。中年后忽殚精部务，出为杀虎口监督，整顿税务，积弊为之一清。旋简常德道。辛亥之变，为乱党迫逐，流寓沪上，时禅诏已垂下。梅贞致余书，极言其被迫情形，谓守土之责无可逃，但求贷一死而已，乞余向政府解释。余窃笑其愚，未有以答，旋以酒病殁。曩作四哀诗，前及之。以梅贞之跅弛不羁，而晚节忽迂拘如此,人固不可逆测也。廉孙性情竺厚,与余交最早,相爱如手足,复申之婚姻,而干才则不及二君。朋友亦五伦之一,余于故友,盖未尝一日忘怀也。元遗山"灯前山鬼泪纵横",今日真到此境矣。复作追忆三君诗一首。"忆昔趋行在,相依若弟昆。白头馀我在,青简向谁论。独对灯前影,难招地下魂。碑林残拓在,旧箧怕重翻。"晚到皇城根,明日为八弟妇生日,亲友聚集,至子正后方散。睡已不早矣。

初十日 晴

巳初起。裕郅臣来,言接毅老书,嘱将渠宅所藏《实录》、《本纪》,于十二前送津,已与瑞臣商定缮单呈进,瑞臣嘱来告知。惟上车须护照,瑞臣拟托慕韩向税务处请洽,当函致瑞臣照办。务观约同友椿及洪、刚、庠在王府井联记午饭,散后至友椿处闲谈。旋赴蛰园七十四课之会。接瑞臣电话,护照一事,慕韩于税务处未能代请,约明午来寓再商办法。诗会为樊山、颖人、征宇轮值,到者有六桥、贻书、吉符、寿芬、嘿园、仲云、彤士、迪庵、履川、子威、疑始。是夕备有门,只得第五彩。晚放烟火,子正方散。归睡。

十一日 晴

巳初起。推头。

邴庐日记一

识　语

　　余生于榕城通贤里祖宅。曾王父犹在堂,初得曾孙,取班赋语命名。壬申岁,随宦东欧,通守晏膏如先生春霖,蜀中名宿,精子平学,为推禄命,谓五行缺火,宜更名从火旁。先君子韪其说,命更之。既膺乡举,两应春官,不第。复更今名,滥秩京曹,卒丁国变,忽忽至今日。然向来推余命者皆谓寿不过六十内外,则其言亦有不尽验者。自去冬始为日记,旋复遗失,今春又续为之。回念过去光阴,总成陈迹。策名长已,咳命犹存,欲还吾初名,虑骇耳目,因以邴庐自署。取根矩之姓,而隐藏其字,用志穷而返本之思。世俗习传曾文正遗言"譬如昨日死,譬如今日生"者,吾亦窃取之。日记之大旨有四:一省愆尤,二辑闻见,三记交游,四则倾吐胸次之所欲言者,而诗文亦间录存焉。无一语自欺吾方寸,无一事不可揭诸人,此其的也。其戒亦有二:不稗贩报纸时事新闻,不言人过失。辽东一龙,管幼安非所敢望,华子鱼又不能为。邴根矩之清修,则窃慕而未逮者,过此以往,或有一知半解,忝附于述作之林,抑纵肆日偷,终坠于下流而不觉,余亦未敢自信也。丁卯春王正月,福庐老民识。

丁卯正月

十一日　　晴

瑞臣来，商运送《实录》事。申正同沄儿乘特别快车赴津，戌初一刻到站，至津寓晚饭。熙民及群一、六妹先后来谈，至亥正方去。倦极即睡。

十二日　　晴

晨起即赴张园。上是日小感冒，来者均未传见。晤赵君景祺，赵号时敏，即前绍兴守贵福乙未翰林治秋瑾之狱者。因此事不理于浙人之口，调守宁国。浙抚张小帆亦以此案调山西，旋引疾去。当时政府一味姑息迁就如此，然终不免于辛亥之变也。国变后易姓名，遁迹僚左。去岁始随京兆尹李垣来京，任政务厅长。初次见面，即极亲切，满员之漂亮者，亦谈及秋案，相与太息久之。与赵同来者有李西闻，系辽左名士，未与接谈。归途赴子有早饭之招。散后至六妹处，留晚饭，次耕、步兰皆在。

十三日　　晴

辰正同沄儿赴张园庆寿，在楼下分班行礼。午初在楼前摄影，上正坐，近臣及诸旧臣两行侍立，如去年例。旋赐寿谶。《实录》本定今日进呈，以护照请领不及，经羿老面奏，暂缓起运。是日同祝嘏者，除相识熟人外，有康南海，戊戌一面后，相距将三十年矣。略有周旋，聆其谈吐，颇近圆活一路，殆有会于圣之时者欤。散后回寓，阅灯社课作，熙民述范孙申订存社主课，即拟诗题付之。晚赴宝田之招，与熙民、次耕、群一手谈。闻南海于天津祝嘏后即赴济南，为张宗昌拜寿。席间演说中国之必须君主立宪，滔滔不竭，始终未变。宗昌惜在军，匆匆未与深谈也。廿晚酒座所闻，附记于此。

十四日　　　晴

熙民、群一俱来。立之来，未晤。晚赴熙民之约，同席有赵晴波，武清人，直隶政务厅长。馀皆同乡。席散后又赴白原、乐泉之约。归寓已交丑正。惠、庠二侄由京晚车来，稍谈即睡。

十五日　　　晴

晨起同沄儿赴东海处。前此赴津与东海晤，皆泛泛常谈。此次坐稍久，颇谈及光宣时事。东海谓当监国时，一切朝事多由近支操纵，庆邸亦嗫不敢言，情事或然，然终不能为政府诸公恕也。旋往苏戡处，未晤。因叕老即日回京，且连日多同席，故未往拜。此来同乡熟人如星冶、资颖，皆未及往，他乡人更无论矣。王君九来，未晤。送其尊人莆卿同年《写礼庼遗著》四种。莆卿同直枢垣，数年不同班，未尝深谈。其学长于金石考证，卷首《恭进平定陕甘新疆回匪方略表》为集中杰作，其他诗文亦谨严有法度，不愧学人。直庐同人无出其右者，殁年仅四十九。《集韵》：庼，音顷，屋侧也，又小室也。回寓后侗伯来，侗伯恂恂儒雅，犹是书生本色。民国初年，迭任东三省要职，一为吉林省长，当时用人尚未大悖也。晚冰社会期，憺仲为主，就栅楼设席。到者为白栗斋、查峻臣、叶文泉、周立之、李又臣、李子申、林子有、郭侗伯、徐芷升、任仲文。社中每会皆拈题分韵，是日即以上元雅集为题，余分得"桥"字。

十六日　　　晴

此数日天气俱甚暖，狐裘几不能御，又未带小毛衣，甚以为苦。熙民来，小坐即去。作冰社上元诗，并呈憺仲七律一首。"馀生踪迹付萍飘，灯月还能共此宵。旧雨隔年思倍挚，堂花一笑意为消。眼中东海犹三岛，梦里西泠渺六桥。过去未来都莫说，散愁酹我有长瓢。"下午赴六妹之约，次耕外皆吾家中人。养刚晚车自京来。

十七日 晴

无客来，与亦廉、步兰、惠倂辈闲谈。申初到老站，候关东来特别快车。申正开车，戌初二刻至前门站，乘汽车归寓。盆中水仙尚开，梅花亦甫破萼，尚觉春光之不负我也。此次到津，专为张园庆寿，未再请见，因请见未必即传见，或传谕一两日后再来，则不得不在津少候。而英女感冒多日未痊，急归省视，遂不告而行，但此心终负歉也。

十八日 晴

严孙、君坦、务观俱来，留共午饭。子有到京，遣人来取所借钱竹汀、洪北江画像。是日贻书处耆年会，因候西医克礼，至上灯后始来，即电辞未赴。

十九日 晓微阴，旋即开晴

早餐毕即赴灵清宫灯社之期。此次发唱，癹老分数极多，得第一标，至为高兴，同人亦兴高采烈。余得二标，季武得三标，应得灯彩，君坦为挑茫父雪景山水，别彩得水烟袋一，殊无所用之。今岁各处捐款有赢，故又另备彩。熙民于晚车赶到，已唱毕。与癹老、熙民、季武复纵谈久之，归寓亦仅亥正也。贻书日间为海六乞致书季湘，言补缺事，即托贻书代作书致之。

二十日 晴

巳初起。元旦日曾作书怀诗二首，以尚有馀意，故未录出。昨晚枕上复完成二首，兹并录之。"一醉屠苏万事忘，晨光促起揽衣忙。海东遥望红云拜，香案犹疑近玉皇。""斗室焚香燕坐清，水仙相伴有梅兄。岁朝亦自堪装点，只费朱提两饼赢。""宜春无字可书门，三五相交尚过存。客散闲庭还寂寂，瓦沟残雪照黄昏。""老屋通贤忆里居，高曾规矩岂忘诸。前修何敢希龙尾，聊志咳名自署庐。"余生时曾王父尚在堂，以初得曾孙，取班赋命名，嗣应试展转改今名。自去冬始作日记，今岁因自署"邴庐"，隐寓根矩字。太史公作《屈原列传》，谓"天者，人之始也；父母者，人之本也。人穷则反本"，盖窃取斯义焉。第三首复添一首："札记重新订日程，譬如昨死譬今生。喧天钲鼓从他竟，学得龟堂心太平。"又昨日贻书示平斋书，以久不复书见责，并录示渠去腊自寿诗索和，亦率成一篇应之。"经岁无书成我懒，穷冬何物寿君堪。故人见责诚知罪，近事而今益厌烦。久矣长安非日本，古来天堑说江南。河清难俟聊姑俟，看取玄黄战正酣。"枕上构思最伤脑力，余少时即如此，几成习惯，但衰年终不相宜，当戒之。阅《黄报》某笔记，谓《天雨花》小说之左维明乃影射贺逢圣，殊近似，前人未曾道也。饭后务观来，即去。师郑邮寄岁暮元旦诸作，意在索和，又为张君季易索题《小双寂庵勘书图》，皆恐无以应之。晚赴贞贤之招，未终席，复偕发老同车赴总布胡同石岱霖、蒋乃时二君之招。乃时为岱霖婿，现为奉军电话局长。岱霖自称门下士，未便询其所由来，俟晤梅南询之。发老车中询及津埠能否安居，余谓一时似无恐，须看上海变局如何。又云或劝迁大连，则与京师隔绝，皇产清理益难，而从者皆贫甚，不能远涉。亦有主寓辽者，宣明面目又殊不耐看，真所谓蹙蹙靡骋矣。检阅平斋夏间来书，所录近作有《八哀诗》，其一首为中丞公作。又作《题击钵吟集后诗》，追念少莱，语亦深挚，久置不答，是吾过也。廿二日补记。

廿一日　　　　晓微阴，旋即开晴

余冬月常以日上窗始起，然夜睡不逾两时即醒，常半夜披衣起坐，至旦复睡一二小时，故起恒晚。夏月则或半夜起，下床看书，或黎明起作字看书，稍倦复睡，故起亦不甚早，约在辰巳之间。忆少侍先王父节署及书院，无论冬夏，皆未明起，伏案披书，无童仆侍侧,燃烛数寸天始晓,至晚年犹然,夜卧皆在亥前。先君子起亦甚早,皆有恒时,不似吾之起居无节也。即此一事,已愧先德多矣。阅《渔洋精华录训纂》引陈弘绪《寒夜录》:"文衡山停云馆,闻者以为清闷,及见不甚宽敞。衡山笑谓人曰:'吾斋馆楼阁,无力营构,皆从图画上起造耳。'又引陆龟蒙《杞菊赋序》:"天随子宅多隙地,前后皆树以杞菊,人或叹曰:'千家之邑,非无好事者家,欲击鲜为具以饱君者多矣。君独闭门不出,率空肠贮古贤道德言语,何自苦如此?'生笑曰:'我几年来忍饥诵经,岂不知屠沽儿有酒食耶?'"此二条语皆极隽妙。饭后研墨消遣,作《题张季易小双寂庵图》七律一首,极草草,姑录之。"茅庵佳处谁留在,窃比前贤未碍同。仅有笑人来邓禹,岂无投阁悔扬雄。一官办作龙蛇蛰,吾道宁为虎兕穷。文献毗陵近廖落,看君述作踵孙洪。"晚因泉侄妇生日,赴其寓宅晚饭。归时正下雪,至东城则街路全白,雪犹未止也。

　　廿二日　　晨阴

隔窗望瓦背,雪犹厚积。交巳后渐开晴,雪亦渐消。午后杲日临窗,依然前数日气候。致师郑信,缴昨《题小双寂勘书图》作。务观来,告今晚赴津。阅《精华录训纂》,讹字太多,翻刻本反不如坊间石印之娱目也。傍晚坐睡片时,默思数年来泛览毫无所得,由心地不净之故。若能构一静室,屏绝俗务,以刚日读经,柔日读史,虽粗饭寒斋,万户侯不与易也。来日无多,岂可得乎? 仍早睡。

　　廿三日　　晨阴,交午始见日

达躅来,乞致熙民书。师郑昨晚又有书来,促和岁暮元旦作,恐不能不择一应之。甚矣诗逋之难了也。然藉此遣日,亦聊胜于闷坐。午饭前成和元旦二首,仍次原韵。"七十平头又三岁,信天只仰碧翁翁。号虫且过终思蛰,斗蚁时闻正病聪。应候条风还入律,迎年瑞雪倘占丰。辛盘生菜聊咀嚼，独欠锄园地数弓。""休问增年与减年，华胥梦破岂重圆。只宜闲处安稽灶，无复中原望祖鞭。久闭柴荆逃热客，忽惊珠玉粲新篇。宣南酬唱多吟侣，敢与王卢论后前。"此二诗以十数分钟构成，向来无此敏速，即邮致师郑。又预拟寿石孙七十诗二首。"握手金台又十秋，思君应亦雪盈头。清时坐见疏长孺，旧部犹知爱细侯。玉宇琼楼馀梦想，青鞋布袜恣行游。朱陈晚岁添新契，安得村居二顷谋。""伯霜仲雪数门材，玉树庭阶著意培。樽酒过从仍北海，笙诗更迭补南陔。难移独性弥倾藿，自托雌辰比瘿槐。眉案相承环珥乐，吉筵且看百花开。"石孙老友新姻，不能无真切之作，姑录之，俟再细改。午后风起，复微阴。得师郑复书。傍晚至景山后，与荪、葵二女闲谈，君坦旋亦归，留晚饭后方归。入夜风愈大。第七句改"领略魏城春月语"。

廿四日　　晨阴，风犹未止

日高尚拥被，张季易来始起。季易面致所著《帝王疑年录》，并出小双寂轩原图乞补题。海军部函送《海军实纪》一册，乃专记马江、东沟两次战事及死难人员，池滋膴所纂也。马江死难陈英最烈，竟无人为之作传。阅竟为叹息不已。交午风稍止。迪庵遣人来借《近代诗钞》二套。君坦来，示所拟乃翁寿日征文启。接济儿神户信，知与素君兄弟同作旅行以换空气。下午赴季友手谈之约，同席为立沧、朗豀二君。

廿五日　　晴

师郑书来，又叠前韵见和，即依韵再和之，并乞其作《匏庐诗序》。去年沄儿曾代向叕老乞序，已慨允，云将脱稿。去冬病入医院，因不复提。病愈后，沄又再请，虽已允而出稿仍无期。不得已，乞师郑亦作一序，如叕老未作，有此一篇，亦可敷衍。拟明日出城，顺路带去面交。诗录下。"屏居我慕鹖冠子，乐志君应桑苎翁。自信神交如沅澧，不妨俗耳任聋聪。露车暂宿行安适，破砚能耕报已丰。世变都非吾辈料，难将事始叩檀弓。""寰中

烽火阅年年,月里山河镜自圆。据险尉佗争拥纛,断流草付直投鞭。靖康播
越伤心史,天宝艰虞变雅篇。敬礼定文知不斩,未论后世及身前。"饭后倦
极,小睡片时。起为季易补题画卷。灯下阅桦湖七古,未终卷。桦
湖诗少色采,似逊其父,而胎息殊佳,无一句诗家口头语,读之但觉
书味盎然。近日选诗家皆未及录,吾以琴里贺若目之。顾著先倡
丁卯诗社,专作诗钟,昨函托刚儿代求任第一期主课并命题,即拈
诗社二字嵌首,又拈汉高帝戮丁公卯饮作分咏,取本地风光而已。
枕上复改和师郑作,似较前作略稳,再录下。"著书我愧聱隅子,乐志
君应桑苎翁。回望鹓班成昔梦,徒闻蛙井乱吾聪。露车暂宿行安适,破砚能
耕报未丰。扫地忍看文物尽,难将事始究檀弓。""龙拏虎斗剧年年,月里山河
镜自圆。莲锷当筵惊说剑,栀肤入市笑售鞭。雪香凭吊私家录,天宝呻吟变
雅篇。敬礼定文知不斩,未论后世及身前。"第二首次联本用"壮士挽河难洗
甲,神人驾石漫驱鞭",稍嫌其俗。然亦因此损眼也。

廿六日　　晴,有风

续作《感事》二首,仍叠前韵呈师郑。"祸福何须谈北叟,兴亡亦莫
问南翁。老怀只戚吾生寿,彝训空惭少日聪。起陆龙蛇弥大泽,谁家鸡犬念
新丰。九枝未落扶桑景,失笑逢蒙射羿弓。""唔碑想望中兴年,忍话共球旧幅
圆。天上挽河难洗甲,海东驾石尽驱鞭。谁传许子神农说,且诵庄生盗跖篇。
苦忆童时游钓处,五湖烟水白鸥前。"下午至西砖胡同访师郑,已外出,
留诗册及季易画卷,并留字交其仆人。旋赴烂面胡同宣甫耆年会
之约,与季友、立沧、朗谿手谈。席间询梅南,言岱霖系癸卯乡举,
曾由截取得官,当系吏部会考时所取士也。光宣间,奉派赴吏部会考
截取举人,计有六七次,乃科举罢后所定疏通正途新例也。

廿七日　　晴,微有风

阅《天津报》载号励平者数诗,殊有陶意。去岁《津报》载湘人
李洞庭诗甚多,皆有杜意。李不知名,励平并姓名皆不知。君坦云,

励平,渠识之,两字即其姓名,号半园。《黄报》常登半园诗。实今日诗界之杰出者,当再详访其踪迹。放翁诗"远闻佳士辄心许,老见异书犹眼明",吾常喜诵之。近日京师言诗者,不外樊山、师郑两派,樊山自远胜师郑,然徒以运故实、搜僻典见长,则不如问津牧斋、樊榭矣。海六来,渠已补金事,昨来未晤,故今日又来。午后无事,研墨翻书消遣。天气殊暖,暂止炉火,入夜亦不冷也。

廿八日　晴

师郑复书,允以骈体作序,并和《感事》二章。务观来,略谈即去。阅近人邓文如所著《骨董琐记》,邓名之诚,江宁人。不知是否孝先一家。其书虽以"骨董"名,亦间及故事,大都抄撮而来,多习见之书,亦有希见者。如所载李安溪自书纪事数则,于康熙朝局颇见一斑。忆数年前闻羧庵说渠家曾有钞本,为边润民借去转钞,其中所言昆山、孝感各节,与羧庵所见原书吻合,不知是否即从润民家得之。昆山之力排安溪,至欲挤之死地,可谓狠毒之极。孝感为安溪座师,初亦牢笼之。据所记,每造见必有健庵在,见时又不说及学问,但以明末门户人语胡乱说过。尝拟一书欲上之,为陈则震所阻,则震即梦炎,与安溪同出熊门下。谓熊老师岂道学耶? 又是一路作用耳。孝感之为人,亦可想见。大抵国初名臣,惟睢州、江阴可谓粹然无疵,张孝先、孙锡公晚年已不免刓方为圆。后此则陈榕门,虽无讲学名,而政治一本于儒术。中兴若曾文正、胡文忠,则因遭值艰危,以动心忍性之实功,建旋乾转坤之大业,又所谓时势造英雄者。罗罗山若不死,未知建树何如也。此一段去冬日记曾及之,原本遗失,复记于此。饭后,至鲍家街拜宣甫生日。闻柃疏在中央公园,回车访之,不遇。园中卉木虽未萌芽,颇有春气,水榭后沿坡丛竹尤佳,徘徊久之。至茶馆,遇叔晋及陈复心世兄,久不见,已忘其号。略谈数语,绕坛后一周而出。归寓,宣甫复电约晚饭,以道远不再往。灯下仍阅《骨董杂记》,可采者殊无多,姑消遣耳。

廿九日　晴

是日为吾乡拗九节,循例供粥。师郑复叠韵,先后和诗八章,滔滔不穷,真令人疲于应接矣。可立迭来催索前岁为其太夫人所撰寿序,略修改誊出。前作此序,上半就穉愔交情入手,质之征宇,以为不合体裁,且系同乡公祝之文,故藏稿未出,另嘱沄儿代撰骈文一篇塞责。可立闻组南说有此原稿,备纸索书,因复略改削致之。文虽不工,而叙述交游尚不泛泛,姑录下。"吾乡人文萃于省会。每春秋闱榜出,闽侯两邑获隽者,常占全额什之六七。近百徐年者,尤以闽县叶氏为极盛。自毅庵宫詹以文学敭历清华,屡司文柄,子孙蕃衍,掇科第者蝉嫣不绝。余始识穉愔侍御犹在髫龄,盖年丈恂予先生与先廉访公为乡举同年,而穉愔姊适吾堂弟士香,自其幼时即常至吾家。洎余通籍来京师,穉愔旋与吾弟南云同登乙酉乡榜,偕计北上,联捷入词垣。尝赓续乡先辈击钵故事,重辟荔香吟社,同社中有君家铎人丈、平斋、君常诸君及余兄弟。宣南僦居,坊巷密迩,盖无数日不相见也。未几,穉愔督学黔中,同人饯之江亭,碧幢双引,驰传南征,令人有刘樊仙眷之羡。自后离合不常,穉愔中年得肺喘疾,家居数载,还朝补御史,犹时为文酒之会。虽意兴不减囊时,而都门自庚子乱后,非复旧观。中外方竞言变法,国是日益纷,居恒感愤,思有所论列,恒申旦不寐,因之宿疾复发。赖中闺多方慰解,医药调护,无间晨夕,然卒以不起。每念旅居燕邸垂五十年,同乡京僚中不乏直谅多闻之友,而学识渊通、性行敦挚,未有逾穉愔者。自遭国变,杜门息影,益复寡交。而穉愔哲嗣可立已由欧西游学毕业,回国观政外交部,安舆奉母就养。今年八月,为太夫人六秩诞辰,征文为寿。余惟古来家道之兴,恒由于妇人,史册历历可征。太夫人自归叶氏,未久,而慈姑弃养。以冢妇综家政,随宦所至,内外肃然。穉愔在籍,尝任大学堂监督。太夫人念实业未兴,鸠赀创设蚕业学舍,延戚族妇女及里闾贫妇,躬亲督课,以费绌中止,里人犹有能称道之者。穉愔既捐馆舍,两世清宦,遗产无多,节啬经营,岁有赢利,督二子负笈求学。比年叶氏门风稍替，而可立兄弟皆学成，克有树立，能世其家。稚延祖鸡群鹤立，如见叔夜生平，为之喜慰不置。《鲁语》载公父文伯贤母之言曰：'君子能劳，后世有继。'太夫人之所以勤家训子者，庶几近之矣。余谫陋无文，顷者乡人见推为介寿之词，援古证今，略有陈述，终以骈俪行文，未能尽意。念累世姻旧，不容空言塞责，因复举平日交游踪迹，与太夫人行谊之稔知而确见者著之篇。太夫人虽年登周甲，而强健如少壮时，南陔洁养，爱日方长。可立兄弟其益磨错前修，思所以博亲欢而承先志，是则跂予望之已。"和师郑来诗二章。"执经同隶韩门籍，揽须俱成白社翁。尚有神交论沆瀣，不妨俗耳任聋聪。乡心各梦驰吴越，王气回瞻黯镐丰。何用杞忧来日，到头天道看张弓。""京尘旅食感频年，方鉴深知不受圆。偶托嘤鸣赓伐木，重惭驽钝辱加鞭。弁言敢拟三都例，瑶札惊传八米篇。落叶淮南无限感，可堪春思又花前。"

三十日　　晴

致师郑书，并附昨和诗。饭后与务观步行同赴真光电影，坐甫定，忽葵女偕宛书外孙女亦来，同观剧至暮。遂同到景山后晚饭。西洋电情节都无可取，以幻影视之可已，然细思之，吾身过去之境，何一非幻影？更上而溯之，数千百年之事，亦何一非幻影？而世人胶胶扰扰，日计较于目前之得失是非，与不可知之名利，自达人观之，不值一笑也。

二　月

初一日　　晴，风颇峭

数日前已停炉火，今日殊冷，且姑耐之。泉侄来，以大美卷烟公司售（买）〔卖〕康素、金银花而种，即以此烟名出启征诗，意在以风雅代广告，请函恳樊山任评骘，即书付之。寄津信。闿公邮寄近作《明史杂咏》百首,虽琐闻亦颇供谈助,惜所注尚有未详出处者。下午寄津信。夜坐,作《春寒》诗。"东风当解冻,蓦地又凝寒。花信灰心问,棋枰缩手看。乍教炉火撤,陡觉毳裘单。斗室无多地,犹愁应付难。"为荪女肺疾延医,肺疾颇深,殊忧之。卧后胸气不舒,向晓乃痛极而醒,勉强起。

初二日　　晴,风已止

读亭林《日知录》,谓:"六国首事之时,忧在亡秦,而不知刘、项之纷争者五年。春陵起兵之日,诛莽而已,而不知赤眉、王郎、刘永、张步、隗嚣、公孙述之各据者十二三年。初平起义之时,讨卓而已,而不知催、汜、二袁、吕布之辈相攻二十馀年。晋阳举事之日,患在独夫而已,而不知世充、仁杲、建德之伦十馀年而始克平之。"据此,则今日战争不定,乃自然之时势,不足为异也。特吾辈不幸,适丁其会耳。然亭林又谓"汉未绝则光武中兴,汉绝则昭烈再世,是以功德本乎祖。灭秦者秦,非六国;诛莽者莽,非汉兵,是以推戴系乎民心。才高天下则汉祖、唐宗,才丑德齐则三国、南北,是以戡定在乎人事。"今日者不惟光武、昭烈无可望,汉祖、唐宗亦未见其人,即求如孟德、仲谋者,且不可得,乱何时定耶?迭阅报纸,南北战事之胜负虽尚未可知,而北方军阀一味纵欲败度,南方政党敢于惑世诬民,以民心之厌乱觇之,彼武士剑端,终有屈于文士笔端、辩士舌端之一日。特南方胜北之后,若不回途改辙,恐犹是攘夺之世界已。姑志所见于此,以观其后。余平日最笃信望溪《原人》上下篇,顷又读魏和公致张一衡书,可与望溪相发明,特为节录出。"天下去朴久矣。朴者,人之本,万物之根,世道治乱之源也。夫惟朴至于尽,而小人、盗贼、弑逆、烝报、杀戮之祸害相寻矣。故世之治也,必先反朴。而其乱,必先之以浮靡巧诈、言行乖戾以酝酿杀机。天地莫可如何,遂听人之所为。日月星辰易其度,山崩川竭、震坼贸乱之变,成兵戈水旱疾疫之灾,其势有所不得已。盖不如是,则不足以芟除廓清其气运。使天下之人,困虑无聊,巧诈莫能发;财竭力尽,浮靡无由作。于是噩噩浑浑,太古复出。犹秋冬凋杀,木叶尽脱,元气悉反于根荄,而春始萌矣。而君子之修身亦然,善用其智巧亦然。智巧而不本于朴,则终必颠踬覆溺而智巧穷。夫土石至朴也,峻宇雕墙,黄金白玉之珰,资傅焉焉。草木之根至朴也,华实资生焉。故曰大智若愚,大巧若拙。古来当去朴之时,必有二三君子留其朴以还天地,使丝续于后。故一代有一代之盘古、中古、叔季,叔季复为盘古,理固然也云云。"张稷若《天道篇》所论亦相近,暇日再录之。师郑书来,并骈体序一篇,自云用四杰体,文近千馀言,自不免蔓衍之处,其意则可感也。又排印近作诗文二纸。诗文皆见过。今日大便通后人尚爽适,入晚胸间复微痛。

初三日　　　晴

晨起即出城,赴米市胡同,拜廉孙夫人生辰。与胥生略谈崎寓事。归途过梁家园,见横道巨木数十段,木质皆极佳,当系城中新斫者。燕都四五百年未经兵燹,树木之茂为各行省所无,此后亦将不可问矣。然以今日乱象视之,四万生灵一耗于兵荒,再沦于禽兽,人类行将渐灭,何论材木哉!叶肖建可坚来,未值。下午复来,为其尊人七十称寿以征文启见示,并求署签,即书与之。晚复师郑书致谢,并以序中前段铺叙处过于表襮,请其酌改,实则铺叙冗蔓,颇无法度,且此乃序诗,本不必铺陈以往事迹也。不知肯嘉纳否。又寄津信。

初四日　　　晨小雨止而犹阴

养庠带来津信。樊山来书,允阅大美卷烟公司征诗卷,并录《读孟子诗》见示。又云与午诒、晳子诸君作《季路颜渊侍》一章时文,日内当登《黄报》,嘱寄津令则沄同作,此老于无可逍遣中寻消遣法,吾万不能及也。下午雨复下,此雨亦有裨农田,但此乃太平话耳。贻书传语,令作石孙寿文,今日略拟架局,如文笔之未能入格何。

初五日　　晴

师郑书来,谓序文前段事实似不必改,只可仍之。何希逊来,言书投彬侯后已加薪十元。致组南信,托书石孙寿联及诗笺,并可立尊慈寿文稿烦转致。下午惠倂来。养刚夜车赴津。枕上作呈樊山诗。"仙翁八十尚童颜,炼句亦如丹九还。万首剑南惭数富,一窝洛下恣消闲。大年坐阅鸡庸帝,众喙难争鸠舌蛮。读孟忽兴名世想,先生志事本尼山。"皆搬掇来书中语也。

初六日　　晨阴,交午开晴

师郑又书来,于序中有改字,并言校出《和观奕诗》缺二首,不知所缺系第几首,亦无从补刊矣。又谓《船山生日诗》注徽宗亡国主二语可删,俟再酌。其实本不怕触讳也。即并前信复之。又致樊山书,附昨诗。下午复微雨。赴景山后街,有八弟妇在,同晚饭。雨变为雪,地上皆白,归已不早,雪亦已止矣。

初七日　　晴,有风

饭后推头,觉甚爽,盖不推头近一月矣。下午燮倂来,谈稍久,转瞬已暮。今日并无所事,而日似甚短,若皆如此,天即再假我十年,亦俄顷耳,何事不可看破乎?灯下阅《老学庵笔记》,其中多琐末事,无关大掌故,宋人爱讲苛细节目,亦其习气使然也。接樊山次韵和诗。

初八日　　晨微阴,过午浓云密布,似有雨意

磨墨。阅《湖海诗传》两册,康乾间诸大老,如香树、归愚、望山、松泉、芝庭、芛林、拙修、树峰、绳庵、葛山,不必以诗名,而所作皆有一种雍容华贵气象,自是盛世元音。吾所见同光台阁人物,去之远矣。饭后戏作《(平和)〔和平〕门诗》。"十二通门又辟门,和平取

义费评论。白宫罗设今无主，碧瓦窑荒旧是村。利市侧肩争捷径，形家指掌漫多言。香车逛厂来如织，听说金吾展上元。"字句均未稳，尚须改。次联第二句改"燺阙灰飞已燎原。"杨子云《甘泉赋》："前燺阙而后应门"，晋灼注："燺阙，赤色之阙，南方之帝曰赤燺怒，应门正在燺阙之内也。"

初九日　　晨微雨，止后犹阴

闻张家口前数日大雪，故城内亦较寒也。枕上作《故宫博物院》、《北海公园》二诗，拟与前诗并标为《都门新咏》，以前诗列此两诗之后。诗亦不佳，姑存之。《故宫博物院》诗："麦秀何人念旧都，但论文物亦区区。谁令大力负舟去，只当群盲评古图。公等岂忘盟府在，他年正恐故钉无。伤心神武门前过，犹有残荷未尽枯。"《北海公园》诗："中央开放又城南，逊此风漪百顷潭。伫把纤腰宫柳斗，久无法驾渚莲参。水嬉逐逐拏舟去，御膳津津说饼甘。"下二句已另改。次首末二句仍再酌。末二句改"留在琼华终古泪，遗山不作共谁谈"。比原句较不落套，亦未佳。饭后到贻书处，以石孙寿文示之。贻书担任书写，约旧友数人联名，本欲顺路访理斋、樊山，被留手谈，至亥正始归。寿文录下。"余与石孙观察交垂四十年，而相知之深，实自庚子始。是年八月，九国兵逼都城，两宫仓皇北发。吾乡京曹聚居懒眠胡同，君所居在南半截邻巷，朝夕过从。时联军画地驻守，都人率深居不敢出。君则日奔走内外城，探问乘舆所至，及东南疆帅动止，有所闻，辄相告，时或相对泣下。其冬，余由海道溯江赴行在。明年，扈跸还京，君旋补御史。款议初成，中外复竞言变法，君独深维治本，以激浊扬清为己任，所弹劾皆贪墨吏及贵近倖臣。卒以积忤当轴，不安于内，出守徽、青二郡，再移济南首郡。辛亥变起，大府虑其非肆应才，欲为量移，檄令离任，遂杜门不复出。君累世清宦，自为诸生，即笔耕授徒，时或饔飧不给，乡举计偕，座主孙文愍知其贫，命馆于家授读。既捷南宫，清苦犹昔。荣文忠在政地，与君家世旧，时有馈赠，悉却不受，文忠益敬重之，然君终始无所干祈。泪为外吏，饮冰茹蘖，不渝初志。乱后屏居胶峇，复迁青州，青为君旧治。邦人感怀恩惠，偶出行游，父老儿童皆起立致敬，君亦乐而亲之。尝一至京师，感朝市变迁，匆匆遽返。课诸郎研精旧学，布衣蔬食，安之若素。德配支夫人，江右名家，通文史、工书翰，能与君共甘苦。理家政井井有条，诸郎咕毕得之母教为多。既次第成立，出其文学结交南北名流，莫不倾襟推挹。岁时归省，一门之内，雍雍如也。君之在谏垣，与王病山、高城南齐名。于先进尤倾服林文直公，俱以建言斥外，文直敫历封圻，入参密勿，为近代名臣。君历典剧郡，膺上考，强台垂上，遽赋遂初，迄未大展其志，论者咸为君惜。然余观国变以来，昔之践台司、拥节钺、觊觎事会，以身尝试，卒至身名俱败、进退失据者，不知凡几。而君优游泉石，自得天机，年届古稀，强健如少壮。玉树林立，孙枝苗起，朗陵、太邱之家风，海内可一二数。天之成就君者，固未始不厚也。今年三月，为君七十诞辰，乡人之尝同官京朝者，争欲一言介寿，问序于余。回忆危城烽火，患难相依，江海一麾，临岐执手。曾几何时，而沧海沦胥，玄黄易位，王光禄之以寿为戚，与君同之。聊发狂言，以博当筵之一粲，比诸南内宫人重谈天宝，北窗征士跂想羲皇。君阅之，其亦有相视而莫逆于心者乎？"

初十日　雪

自晨起至午，庭中积已寸许。去冬气候甚正，现已仲春，乃复行冬令，人事如此，何怪天时乎？实录馆裕、李两提调录骙老来信，传谕《实录》诸书于十五早进呈，前一日运津。拟十三先赴津，仍俟晤瑞臣诸君再定。下午雪益大，至薄暮方渐止。务观与其弟同来，谈至亥正方去。

十一日　　晴，风犹寒，雪积俱未消，仍是寒冬气象

阅《顺天报》内蒙发见刘汉时彭城郡王刘继文字敏素墓志，刘知远之侄孙。文为文章大德赐紫沙门文秀所撰书，骈语亦颇条畅，可见五季时尚重文学，虏中沙门犹有此手笔也。又据报载，发见在卓索图盟喀拉沁东旗，旗署西南十五里有大山，俗呼西山，在该山阳坡发见。考石洲《蒙古游牧记》，载喀拉沁左翼旗署在古瑞州地，又该旗署西南方十五里有山名图萨喀拉，此墓志即发在此山之麓。继文为彦崇子承赟之子，叙其家世甚详。郭威篡汉，辽册彦崇为大汉神武皇帝，乾祐九年没。次子承钧嗣位，改

号天会元年。至天宝六年，遣令入国为质。后十二年，钧没，其子继恩嗣立。才三旬，为侯霸荣所灭。以下尚未登完，俟明日再录。据考证，志称葬于辛巳年十一月。按：史载五代后汉亡于宋太宗太平兴国四年戊寅①，盖灭国后已三年矣。又云敏素国灭后出亡于辽，或怀兴复之志，竟作异域之鬼。其事未成，其心可悯，特表扬之以补记载之阙云。养刚自津回。赆书来电话，述杨子勤传语，谓师郑所作序有甚不妥语。电话不分晓，以意揣之，当系指"汉文短丧"及"和岭曼珠之俗"数语，前段恐不能不改也。早晨极思往北海一览雪景，逡巡未赴。午后渐融，园内泥滑，恐不易行，遂作罢。论雪景终以冬为佳，春雪终不及，去冬已误矣。若想到袁安之高卧，昌黎之蓝关，李愬之蔡州，等而下之，叫苦者不知凡几，吾辈计较及一饷之游乐，实大罪过也。下午致惺吾书，询《实录》运津事。得复书，言即转询郅臣，并订十三晚车同行。晚复来书，言书箱由荣绍先押送，十四早车赴津，住德义楼。并求商军界派一二军队照料，俟到津即托群一。务观兄弟及莲蕃先后来，手谈至子初方去。

　　十二日　　　晴，仍冷，瓦雪犹未消

　　《顺天报》载刘碑后文，摘录后。继恩弟继元，复被辽册为大汉英武皇帝，继文为右金吾卫将军，历检校太师、兼中书令、上柱国彭城郡公。洎赵氏犯阙，继元又亡，继文复归辽，敕授上柱国彭城郡王、知昭德军节度事、检校太傅，年仅三十二云云。草草摘录，未尽，俟再改，并待考证《五代史》。瑞臣电话来，言现感冒不能出，属到张园为代陈。午后郅臣来，言渠亦于十四早车押箱赴津，箱先运羧老寓。咸、同二朝《实录》，清室委员会向惺吾索取，已付之。现所运仅装七箱，与约是日到羧老处会面。又据云已晤瑞臣，仅止伤风咳嗽，稍愈或能往，亦未可定。日

---

　　①　按：太平兴国四年（公元979），当为己卯。

来以蘩女肺病喉哑,又发风疹,英女心跳旧疾复作,此次赴津,虽不过三四日勾留,终悬悬也。

十三日　　晴

贻书来,商定送石孙寿序。务观、君垣来,同午饭。申正同赴车站,遇惺吾,即同上车。四妹适到西河沿购物,亦到车一叙。众异亦于是日赴津,对座闲谈,车中尚不岑寂。至新站下车,熙民、次耕、群一已在津寓相候。群一言癹老已函托其派兵到站招呼,当照办。与诸君手谈,至子正散。

十四日　　晴

晨赴六妹处小坐。午饭时电询癹老,知书箱已运到。癹老传语晚间潞庵处同席,可不必来。因复约熙民、次耕、群一手谈。傍晚赴毅夫、潞庵之约,燕集在潞庵宅,肴馔则毅夫家,庖甚精美。席间有栗斋、公雨、琴初、侗伯、子有,作诗钟一唱归。熙民诸君尚未散也。

十五日　　微阴

晨起即赴张园,瑞臣及裕、李诸君已先到,瑞臣于昨晚赶来也。午初与瑞臣、郅臣、惺吾并奉传见,癹老亦在座次,上慰劳数语即下。午正呈进各书,计《实录》一百三十五函,《圣训》二十九函,《本纪》十八函,另《宣统政纪》十三函。由癹老持第一函,率同馆诸人至台阶下,交辅国乐将军忘其名接捧至中堂。明久、琴初立案畔,启袱恭陈,退至阶下,同行三跪九叩礼毕,两旁侍立。上至案前展阅首卷,亲行三跪九叩礼,各退野次,不能具礼,如斯而已。命毅夫、潞庵率同收掌供事,开箱捧出各函,陈设案上。又命瑞臣及余率两提调督同排次,上亦在案前指点,其《政纪》十三函另陈于堂右长案上。事毕,至传达处午饭方散,至寓已未正矣。晚赴次耕之约，手谈至子初归。此次同赴津之供事，王溥在馆十馀年，亦始终其事者。近询家世，始知为侍朗王公之孙，乃壬辰太年伯也。王名上茂，字下一字与先祖同，在台谏颇有声。王君虽屈身掾史，亦尚有故家风范，办事极结实可靠。

十六日　　雪，晨起遍地皆白

世缃来，小坐即去。下午熙民、群一来，同赴资颖之招，同席有叕老、星冶、子有、芷卿、慎丞及沄儿，至亥正散。

十七日　　雪止犹阴

星冶来，坚约明日晚饭，与言次女病情，不能久留之故，尚承见谅。群一约午饭，后与稚谛、亦廉诸人在六妹屋内久谈，候次耕来，同赴熙民之招，手谈至亥正归。

十八日　　阴

晨起至老站，熙民、群一，同步兰、沄儿送上车，巳初一刻开车。车中对座者，为吉林少年张姓，人尚谦谨，惜未问其名，据云在本地中学毕业，来京考大学者。阅报知金陵甚危急，恐东南终非北军所有矣。报载某人言家藏旧书画多被蠹蛀，有以报纸包者俱无恙，以报纸字皆油印，能辟蠹也。此虽细末，志之亦可试验也。过丰台已有微雨，午正二刻至京。两女病仍未大减。接理斋信，送校改印本二册。师郑信，为其友隆赓南求题《縻研盦填词图》。下午雨止。是日养刚生日。贻书来，留手谈，并将石孙寿文底面交。亲眷聚集，至子正方散。

十九日　　阴

终日无所事。晚蓉甫内侄来，与眷属斗牌，作壁上观。灯下阅《写礼廎读碑记》。其记阙特勤碑，谓此碑见耶律铸《双溪醉隐集》，自来金石家无著录者。特勤，新旧《书》误作特勒，以此碑证之，则凡同俄特勒、杨我支特勒之类，皆特勒之讹也。其馀考证亦详洽。碑文有"爰逮朕躬,结为父子"及"可汗犹朕之子"语。据史称小杀乞与玄宗为子,故碑云云。此与嫁女和亲,皆汉唐前驭戎之特例,当时中国犹强也。寄津信。莆卿没,未及五十。与潘文勤为中表亲,故尤肆力于金石考证,诗文皆有法度。庚辰同年节庵、乙庵诗皆能自成一家,晚节卓然。仲弢、晦若皆不愧学人,遗诗间传一二。晦若在北洋幕,文忠公牍多出其手。伯愚诗亦不俗,死难甚惨。袁子才数同征友谓,吾于稚威则师之。余所低首者,此数公而已。此外则左笏卿,今年逾八十,尚健在,诗文亦渊雅。王文敏殉庚子之难,其文学又是一路,颇近驳杂,要亦庸中佼佼矣。

二十日　　晴

连日阴雨,愁闷异常。晚间为炉火所薰,头昏喉燥,晨起见日光,头目为之一爽,病霍然若失。阅报纸南军入沪,似已证实矣。研墨消遣,阅王兰泉《雪鸿》,再录一卷。兰泉于乾隆五十三年自滇藩调赣,北上陛见。过湖南时,正值荆州水灾,而所遇文武大僚招饮观剧者,不绝于道,可见承平风气。但以余少日所闻,官署演一日剧,亦不过费十数金,非如今日京师之以千金起点也。其自长沙北上,所经皆今日南北交锋之地。《记》称大寨岭即鸡公山,亦谓之鸡翅。上有武胜关,古谓之直辕,又谓武阳,俗又名恨这个关,过此为信阳州境。《左传》:左司马戌谓子常"子沿汉而与之上下,我悉方城外,以毁其舟。遂塞大隧、直辕、冥阨"即此。信阳为周申伯故封,至宋始有信阳之名。郾城即楚之召陵。许州至新郑百里,又九十里至郑州,又五十里抵黄河岸。录之以资参考。《记》又云:"湖北十馀年间,大吏二三人,黩货贿,穷侈靡,百务(靡侈)〔弛而不张〕,州县无不亏帑者。"则尚在和坤未用事之前矣。津报载杨云史《早春南归述怀四十韵》,于吴军湘楚败退后事极为叹惋,为剪下,暇再录之。晚务观兄弟在此手谈,至子正后方去。

廿一日　　阴，仍寒

疑始邮致王小航《读左随笔》及《增订三体石经时代辨误》二书。小航戊戌在礼部，以陈请代奏条陈，与许筠老冲突，致六堂皆被严谴，而小航特擢四品京堂。筠老向来贵倨，而小航又粗戆，遂致不相下。是日余适感冒未到署，致演成此局，不然尚可从容排解也，然亦适以成小航之名。训政事起，遂在名捕之列，亡命久之。晚年乃豪气尽敛，闭门课子，自侪遗民，其人自可取。戊戌之后，至今未一面，不知于余亦尚有芥蒂否也。下午作《题麋砚斋填词图》五古一首，交师郑转致。"吾宗祥伯翁，诗得宋人髓。亦传蘅梦词，哜嚌及姜史。浮眉楼何处，留在行看子。百年嗣响希，君复生同里。芦墟水一方，园植富花卉。坐拥图书豪，不独虾菜美。石交有陶泓，曾伴眉公几。时为侧帽吟，自扫闭门轨。胡然赋远游，悲歌来燕市。牙弦孰知音，跌宕聊适己。频年南北争，兵戈无宁晷。颇闻具区旁，林立皆战垒。故庐无恙否，满目烽烟是。画图载行箧，室远人则迩。吴中吾旧游，经行多可纪。每谈湖㳚胜，犹赢见猎喜。安得还太平，相将归概理。柳岸风月遗，蘋洲烟雨里。秘帙发遵王，细律研菉斐。天河洗甲馀，倒注入砚水。为君纵豪语，聊博磨一粲齿。""自扫"句拟改"足供磨墨使"。"牙弦"二句拟改"新县避风灾，固知非得已"。诗已写去，定本时再酌。此诗又续有增改，前所改亦不妥，先乙去。已将改后稿录，亦诗本中。

廿二日　　晴

昨晚灯下阅小航所著，于三体石经断为东汉，据正史而斥南宋后耳食之论，其说甚辩。余独爱其与某公书，中间引及《新五代史》，谓《新五代史》之名，出于后人追谥。永叔初作原不为史，未尝欲取开宝诏修之史而代之。不过于读《五代史》时，痛恨五季之忠义沦亡，风节扫地，爰别记其有关褒贬者，著为一家警世之言。其中以冯道为丧节之尤，故特创奇格，以大多数之冤黩躬桓，总名之曰杂人，列之义儿、优伶、阉竖之后，不啻骂之四十九层地狱。此欧公嫉恶之严，大有造于世道人心云云。所论至为痛快，为之浮一大白。午间携书至西院，坐藤椅曝日，通体极爽快。所携杨秋室凤苞集，跋《南疆逸史》各条，于明末三藩时人物考证极精审。末载乾隆四十年两次谕旨：一命四库馆将唐、桂二王本末，撮叙梗概，并将当时死事诸臣事迹登载，诠次成帙，候刊《明通鉴辑览》；一命查明季殉难诸臣未予谥者，照世祖时例各予补谥。此正可与小航所论欧史并为一谈也。

廿三日 晴

连日报载金陵事已证实。南军掠及外侨，死伤者不少。回溯八十年前，白门定约之时，想碧眼儿亦不无盛衰之感也。此场大劫，将来究竟如何，且观其后。午间仍至西院曝日。饭后到景山后街与两女闲谈，君坦已外出，嘱葵女催其代作惺吾寿诗，一并代书。旋到羧老处，略谈张园事及津埠将来情形。晤策六、行陀，始知榕社已改于每月朔望，即回车返寓。熙民寄来存社课卷，题为《费宫人故里》七古，《春月春云》五七律。佳作寥寥，定甲乙尚不难，每卷加批乃一苦事耳。存社为严范孙所创，略仿旧时书院之法，并课诗史词章。去年为章太史钰主课，经费由省长岁拨三千金，闻不甚可靠，恐难持久，脩脯更说不到也。

廿四日 晴

师郑书来，询中丞公、廉访公生日，待编入《重辑名贤生日录》。午后絜勤、台同到北海公园，飞虫沿路扑缘，可憎之极。柳眼微舒，水波微漾，别无胜景可娱。且值星期，军队纷来游街，高唱军歌，都不入耳。乘船至仿膳处吃茶，稍避飞虫之扰。旋由东岸步行出，至景山后小憩归。灯下复阅存社卷，略定甲乙，并加批。燮侄来，告明日赴津，察看军情，再定南下进止。

廿五日　　　微阴,旋开晴

连日五更醒后即患头痛,起坐约两小时再睡,故起时常在巳午间。头痛当系肝木作祟,年年患此。今年甫发尚轻,未知过此如何。复师郑信。汇次存社课卷甲乙,交邮寄津。试卷陋甚,一斑可知全豹也。是日蛰园第七十五期社集,值课为巽庵、子威、彤士及余。同社到者樊山、师郑、守瑕、沉叔、治芗、吉符、颖人、征宇、寿芬、疑始、迪庵、菶仙、履川、君坦,子正后方散。卧后头痛甚,终夕不安,浑身亦作痛。

廿六日　　　阴

头痛稍差,仍觉不适。下午延行维来诊,云系感冒,用通解之剂。莲蕃、务观在此斗牌,作壁上观。服药先睡。

廿七日　　　早起微有日光,傍午复阴

昨晚服药后睡甚稳。晨兴披衣坐,出有微汗,头痛亦止,复睡两刻许。昨两顿皆糜粥,今日早饭能吃两馒头。大便亦通,病似脱体矣。前日履川以近作诗文见质,稍为翻阅。履川文由八家溯源两汉,架局甚好。吴北江评谓“裁其冗散,一归沉炼,乃可臻于大成”,颇中其弊。诗五言较有前贤胎息,七古亦嫌散漫,吾乡后起之隽,甚望其有成也。前日与征宇诸君谈及曲园《梦呓》九首,欲访阶青,询其真赝。忽感冒不能遽往,今日病愈,灯下先为录出。“历观治乱与兴衰,福有根源祸有基。不过循环一周甲,酿成大地是疮痍。”“无端横语起平民,从此人间事事新。三五纲常收拾起,一齐都作自由人。”“才喜平权得自由,谁知从此又戈矛。弱人之肉强人食,膏血成河满地流。”“英雄发愤起为强,各画封疆各设防。道路不通商贾绝,纷纷海客整归装。”“大邦齐鲁小邾滕,百里提封处处增。郡县穷时封建复,秦王废了又重兴。”“几家玉帛几干戈,又见春秋战国风。太息当时无管仲,茫茫杀运几时终。”“触斗蛮争年复年,天心仁爱亦堪怜。六龙一出乾坤定,八百诸侯拜殿前。”“人间从此又华

胥,偃武修文乐有馀。璧水桥门修坠业,山崖屋壁访遗书。""张弛原是道似弓,略将数语示儿童。纷纷二百馀年事,都在衰翁一梦中。"前数首于近日时局略验耳。而无一字及"赤化",又疑其言之不验,抑"赤化"终无成耶?第八首曲园胸中应有此思想,末首乃有"二百馀年事"之语。如其言,则大乱之平,不特吾身不及见,即吾子孙亦不能见矣。湘蘅书来,约明日午饭。务观、莲蕃复来斗牌,至亥正后方散。晚睡甚不安。

廿八日　　晨阴

午间往西堂子胡同吊王蓁生。蓁生为文勤相国孙,穉夒太常子。文勤署鄂藩时,先祖正权督篆,至为契洽。庚辰殿试读卷,余卷在其手,列第二。殿试读卷,大臣八人分阅,各定甲乙。除进呈十本为同拟定外,馀即以所取次第编排。其再入枢垣,余正充帮领班,随赴西安行在,与穉夒亦日夕晤面。癸卯再充殿试读卷,挈沄儿叩谒。文勤向余云:"我一生未掌文衡,仅得两次殿试读卷,适与君家乔梓相值,天缘亦佳话也。"旋对沄儿云:"我于朝殿门生向不受拜,对汝则不敢谦矣。"予告旋南时,犹亲来话别,念旧之情,极可感。文勤薨后,穉夒旋亦下世。后起极凋寒,在京者仅蓁生,与其同怀弟养之。蓁生考试汉荫生,曾出余门下,年甫四十,以急病亡。虽近年踪迹稍疏,而回溯累世交期,与承平旧话,有不禁感怀恻怆者。顺道出城,赴广和居湘蘅之约,同席为贤丈、向之、贻书、师郑、闇公、守瑕、午原,皆至熟人,痛饮畅谈而散。旋赴会馆榕社之期,榕社新改于每月朔望,以贤老明日赴津,提前于今日。下午阴寒有风,炉火重裘,尚形瑟缩。作诗三唱极酣,散已子初矣。守瑕津寓日界蓬莱街寿宝堂一号。

廿九日　　阴

阅报知康南海于前日在青岛逝世。庚子之后,于今春张园始再接晤，一面之缘，殆亦天假也。闻吾乡已撤去文庙先师神位，改奉孙中山，果为南海尊孔之结局欤？一叹。是日廉访公忌辰家祭。君坦来。午后往拜新吾寿。新吾今年七十，假座会贤堂音觞。以家忌不入席即归。下午莲蕃、务观复来斗牌，以感冒初愈早睡。

三　月

初一日　　阴

早起寄津信四纸。下午乃有微雪，距清明仅五日矣。拥被披书，糊涂过了一日。晚得津信问疾，知孟纯已到津，拟流连数日。

初二日　　晴

郅臣来，言现存馆中只有《实录》、《政纪》恭阅本各一分，《政纪》渠欲留存，《实录》则瑞臣主张分储诸总裁处作纪念。然以整部书而分散，窃不谓然，不如全交瑞臣保存为是，俟再商之。午后贻书来。是日刚妇生日，亲眷多有来者，夜深始散。

初三日　　晴

《题宋桐珊女佩琅书画册》，佩琅甫十七，幼慧能文，去岁病殁。诗极草草，不足录。午后闷坐无聊，复成《寿钱新甫八十并重谐花烛诗四首》，即次其自述原韵。"华阀相承二百年，斗南人望尚巍然。鳣堂幼日亲传砚，螭陛薰风久绝弦。晚景娱情只邱壑，前尘过眼尽云烟。阎浮五浊今何世，独握牟尼照大千。""虞渊逝日已难留，寰宇何时战劫休。虎口馀生终脱险，凤毛继起见贻谋。闲云史局仍遥领，旧雨吟简迭互酬。美意延年君自有，丹砂句漏岂须求。""青庐佳话亦堪欣，记取鸣鸡视夜勤。花甲重周赓旭旦，贝多双捧礼慈云。诰绫装帖弥矜宠，簪绂传经共述闻。一水鸳湖接明圣，频罗晚福许平分。""恭勤雅望继文端，国士蒙知愧授餐。庭训饫闻因习鲤，巢痕易扫失栖鸾。心香怀往终身蓺，腰笛逢场一笑欢。乔木清阴无恙在，莫将棋局问长安。"新甫为恭勤长子,恭勤在文正营,与先中丞尝共事,至契洽。余入京数年未往谒,恭勤向平斋询知,颇有责言。平斋以告,急修刺往,即蒙延见,叙旧谊极亲挚。嗣莅容台、晋枢密,皆为掾属,优眯有加。余两膺京察,记名未得简放,极为不平,屡向恭邸、礼邸及常熟师言之,仅越次充帮领班,迄其去任,未晋一阶。然知己之感,没齿不能忘也。晚闻君坦明日早车回青,与内子往送行,适又外出,候其归已亥正矣。附致石孙信。

初四日 　　阴,下午微雨

樊山送诗二首索和,并托交石孙寿诗。务观饭后来斗牌,至亥正方去。

初五日 　　晴

今日为清明节。一春阴寒,柳芽才苗,插户殊无色也。和樊山上巳遣问诗原韵。"禊游又届重三节,芳讯犹悭百六春。老我乱离天宝世,从他装点永和人。""临流侧想群贤乐,酬句仍愁一句贫。安得黄棉同送暖,南荣来觅偓佺伦。"樊山尚有《三月朔甚寒》一首未和,末二语乃答前首也。前日颖人诸君临时集北海漪澜堂,余与樊山均以得信迟未赴。晚同务观至景山后斗牌,归已不早矣。

初六日 　　晴

阅报知昨日军警包围俄馆,被捕七十馀人,获"赤党"证据甚多。年来北京政府厌厌无生气,此举于前途成败未敢知,总觉差强人意也。此事非得东西各使团默许,亦办不到,且徐观其后。养刚今早赴津。下午与务观同到北海啜茗,至暮归。仲云书来,乞补作前日修禊诗,并代拈"托"字,兼录示所作。莲蕃、乌八复来斗牌。

初七日 　　晨微雨,午后犹阴

今日寒山社六百会,已捐备奖品,初拟不赴,颖人一再电话来邀,遂往。作嵌字、鸿爪、明暗各体至四唱,亥正先归,尚有二唱未完。是日到者有二十馀人,题名照相,遐庵亦到。社友晚饭后多先散,存者不过十馀人而已。

初八日 阴

作《北海修禊诗》,粗脱稿。孟纯来,同午饭。今日石孙寿日,葵女备有筵席,约亲串下午往。饮酒过多,头目昏眩,斗牌未终局。归后夜卧尚适。

初九日 阴

季友来,约手谈,以下午有他约辞之。改昨诗脱稿,录下。"绿杨十里扬州郭,一字红栏跨略彴。银灯官舫赋冶春,酒半酣歌金戟拓。翩翩司李初登坛,出乎新篇见标格。于皇倔强陈髯妩,座上众宾俱不恶。雅集重逢水绘园,豪吟更上湘中阁。尚书北斗世所瞻,山人终忆江湖乐。益都门下盛桃李,玉峰弟兄艳花蕚。祝园禊事躧亦园,画卷流传未落寞。万柳堂又名亦园,见《西河集》。此地由来属禁籞,金元遗址堪约略。康熙天子轩舆羲,戡定三藩举鸿博。离宫暇日奉宸游,唐之九成汉五柞。龙亭相望讲幄开,儒臣时有矢音作。十全纪胜启神孙,文治武功弥震铄。快雪嵌石摹锺王,紫光写像雄褒鄂。燕都十景入御题,岛上春阴常漠漠。万年有道宜久长,纥干飞去枝头雀。蓬莱弱水几清浅,犹有西山未铲却。兔儿山话兔儿年,人事天时吁可愕。东南烽火远连天,北地苦寒风雪虐。病夫经旬掩关卧,兽炭不温驼裘薄。良辰邂逅失前期,急札何来诗债索。春明十度际被除,城北城南倏如昨。新亭无限风景悲,晚契漫思文字托。不祥第一是佳兵,聚铁知谁铸此错。乱离不说说承平,窃比船山书梦恶。"午后至会馆春叙,芝老已先到。有春明学校女校长冯女士亦到,陈述校中成绩,意在增加津贴。冯为陈介存孙女,适河南冯氏者。下午有许苓西大同公寓书画会之约,值合社期,同人挽留,因令长班打电话辞之。苓西此局,悬揣必多阔人,余甚怕与时流周旋,本逡巡不欲往也。作诗二唱,亥正归。

初十日　　晴

鲁舆自闽来。据云群一处已派分局，下午即赴津。并携来中丞公手录诗一本，仅卅馀叶，自壬午至庚子止，其中多《石泉集》所无，当系刊刻时删去者。而《石泉集》诗之未录入者更多，盖后来所作也。饭后挈勤、台孙男女往北海泛舟，先上塔山一览，脚力尚可勉强。因董事处划船数支皆为人乘去，在漪澜堂久候。勤孙挐舟至，并中途邀镇潮甥同来。至五龙亭未登岸，闻项周说学群在隔岸相候，复回舟漪澜堂。绕塔山一周，仍由漪澜登岸出园，抵家已曛黑矣。四妹自津回，在此斗牌。接迪庵书，以修禊诗见示。

十一日　　阴

复迪庵书，并以昨致仲云修禊诗，尚有未妥字句，另改数处，托其转交仲云。先后贻书携其两侄来斗牌。彦和亦自闽来，至晚饭后方散。

十二日　　晴

连日录近作，拟增编《云萍麓稿》一卷。昨津信亦将毁老所作序文寄来矣。晚接仲云书，并示津门禊集近作。

十三日　　晴

午初赴北海画舫斋，叶遐庵展禊之约，到者约六十人，摄影分韵如常例，余拈得"陌"字。饭毕先散，至景山后与孟纯闲谈，归已曛暮矣。北海杏花虽开，皆新种者，无足观。惟新柳颜色正稚，较为可人耳。

十四日　　晴

午后贻书来，论崎寓事，作一信寄去。即留手谈，至晚饭后方去。

十五日　　晴

漪竹来，索《论诗绝句》，检数册付之。下午赴榕社例会，毁老适早自津来,作诗二唱,极酬。行陀亦自闽新来,略谈闽事,多可慨者,尚不如两湖江右之纷乱耳。东南迩日党军左右正自斗,且看后文如何。

十六日　　晴

枕上阅《五代史》,偶成绝句二首。"五朝太匆匆,长乐那便死。犹恨不假年,留眼看天水。""天生一王朴,复生一赵普。驴背著希夷,且觅混沌谱。"又作《挽康南海》一绝。"班荆一握亦天缘,大变俄惊三十年。万刼宫墙任推倒,遗书终待国门悬。"次薇来。孟纯来,言晚车赴津。傍晚务观来,同晚饭。天气骤暖,竟夕不能成寐,苦甚。

十七日　　晴

昨晚彻夜未睡,强起人甚不适。饭后君坦来,昨日晚车自山东回也。养洪由津早车来,务观由二条同来。下午至阶青处拜寿,座间有王少侯、丁佩瑜、劳少麟、许佑之诸君。阶青出示曲园先生《梦呓》九首手迹,系行书,信为真矣。闻刊集时为陈小石所尼未登,日来已有用西法影照者,惟所录纸乃文房寻常所用之起草纸,余劝阶青装裱藏之。今日报载,南海门下前数日在畿辅先哲祠设奠,梁任公所作祭文极佳。任公于复辟一事,自谓意见不同,亦终推其能独行其志。又载南海病中作赐寿谢折有千馀言,遂为绝笔。临没亦颇了然,此老抱定宗旨,终始不变,实为可敬,无怪瞿文慎、沈寐叟诸公之倾倒也。光宣末,闽人不出狡黠、顽钝二派,此时且不必指其人也。午后天阴,向晚尤甚,微有雨点。南海生日自撰寿联,有"祝宗祈死及诸天,无量人生实难慕"语,亲近以为不祥,阻不令书。到青岛后,作书训二子,草谢折未数行,即痛哭。写竟,告家人曰:"吾事毕矣。"命印二千份,分送门人及故旧。想外间必有传录者,行当觅之。任公祭文中一段云:"复辟之役,世多以此为师病。

虽我小子，亦不敢曲从而漫应。虽然，丈夫立身各有本末，师之所以自处者，岂曰不得其正报先帝之知于地下。则于吾君之子而行吾义，栖燕不以人去辞巢，贞松不以岁寒改性。宁冒天下之大不韪，而毅然行吾心之所以自靖。斯正吾师之所以大过人，抑亦人生之所由托命云云。"

十八日　　阴。昨晚风劲，晨起甚寒

阅丁卯诗钟社课作，佳者殊少，姑就其中为定甲乙。养庠来。务观下午来，言靳翼青又到京。与务观同到中央公园看花，玉叶梅方盛开，紫丁香及绯桃方含蕊，碧桃开几谢，相映尤可爱。垂杨亦佳，皆在水榭一带。沿石级上坡一转，至春明馆前树下茶棚坐，久之，归寓。已酉正，天色犹未暮。在西院海棠树下，携粤雅堂马氏弟兄集阅之，秋玉诗殊平平，佩分稍胜之。当扬州盛时，以鹾贾延揽名流，樊榭、寿门、授衣、谢山皆常客其家，觞咏风流，令人神往不置。谢山之《困学纪闻笺》，樊榭之《宋诗纪事》，皆客马氏时所成也。

十九日　　晴

风峭甚，又著羊裘。昨晚睡又不稳，午后熟睡一小时，始稍清爽。是日蛰园七十六期社集，值课为六桥、师郑、沅叔、噩园，惟沅叔未到。同社到者樊山、子威、彤士、吉符、颖人、征宇、寿芬、疑始、巽庵、莘仙、迪庵、履川、君坦，子正方散。睡仍不酣。

二十日　　晴，风未止，尚冷

下午赴季友手谈之约，季友日来已作黄鹂三请矣。同局为立沧、绛生。子初归，夜卧尚适。

二十一日　　晴，风止

改《旧题近代名家诗集后作》，录存六首。"丙科廷对记联翩，诗

和昆仑叠锦笺。谁道尹邢终避面，俱将诗话寄闲缘。《瓶庐集》有叠昆仑关韵和迟庵诸作。文恪自中日战后即谢病，亦常以书画自遣。""众女蛾眉谣诼繁，荃兰哀怨两王孙。偶斋自得孤游趣，几辈倾襟为意园。""绝塞风沙迁客悲，陈涛功罪尚然疑。辨奸论在无人见，泚笔闲评闺秀诗。黄斋自戌前身话梦中，一生低首为壶公。浙西不作村人老，应羡严陵有妇翁。袁重黎太常为薛桑根婿。""邹衍谈瀛妄听之，百年世变孰前知。一庐人境小天下，新曲愁闻今别离。人境庐《今别离》曲为时传诵，其戊庚《感事》诸作，亦可供诗史。""荆舒变法竟如何，一鼓横流动万波。不谓闭门范当世，也曾奋笔诤东坡。范肯堂作《东坡生日诗》，极推崇荆公，而斥坡公之不附新法，此自当时士大夫风气使。倘在今日，不知作何感想也。"文恭虽与文恪同年，当时颇以才名不相下。和诗时，孙在枢廷，翁直毓庆宫，有交欢之意。东事起，以和战异议，复成参商。二公去而执政又归满人，与否泰消长之幾，颇有关系也。午间小睡甚适，已过吃饭时候。盖连日无好睡，故睡味较酣也。施北研《丛说》有宣光铜印一则，云闻先辈言印于乾隆三十六年北方新屯土掘得，右署太尉之印，左署宣光元年中书礼部造。又言为顺帝子昭宗所铸，凡十馀年殂。考丁鹤年诗有"独有遗民负悲愤，草间忍死待宣光"，正与印合。又王逢《感秋》诗"本是宣光中兴日，腐儒长夜泣遗编"。乃知此号盖取少陵《北征》诗语。惟遗编为何书，迄不可考矣。按：元虽以异族入主中夏，而相承将百年，明祖起草泽，本无功德。当顺帝北走时，民心尚无所系，故国故君之感，想自在人心。而漠北尚属荒疆，固应有嗣统建元之事，惜记载阙佚，不知再传后又如何也。章实斋《丙辰札记》：元顺帝殂，谥惠宗。其子走和林，改元，有宣光、天元之号，立十一年殂，是为北元昭宗云，见朱竹垞《高丽史跋》。北研博极群书，尤熟于金元史事，有遗山诗注。乃困于诸生，晚年至请给衣顶，为鬻棉花肆司会计,于肆后小室题以"吉贝居",所作《吉贝居暇唱》五十首,自拟打油钉铰,实则诗中所用僻典方言甚多,特体近俳谐耳。其《给顶诗》云:"除名论合市流芰,别却黉宫把木镵。墨艺久应书白榜,皇恩终许著青衫。长孤友谊频颜忍,痛负亲心永劫衔。忽乙闷怀三日恶,虞家骨相总非凡。"甜乡初起,录之以遣闷。今日则济生日,有亲眷数人在此斗牌。晚接崎信。

廿二日　　晴

昨晚梦中时惊醒,然尚睡得着。今早大便亦通,人较畅适。西院曝日,海棠东一株有一半花,西一株寥寥数花。回溯三四年前,与畏庐诸君,如在锦绣洞天。花时觞酌,不独旧雨凋零,而名花亦憔悴矣。饭后挈勤、台二孙至中央公园看花,桃杏已过,丁香、海棠犹未大开,梨花一两株已开过十分,半落矣,视前数日殊减色。旋由后门乘车至北海泛舟,中流遇沄儿与立之、务观同舟,匆匆数语。复绕至金鳌玉蝀桥下,折回漪澜堂,归寅小坐。赴承梅耆年会之招,归甫亥正。座间询叕老南海谢折,谓未之见。又云其中有指斥那拉后,此外尚多庞杂语。则又似曾见之者,不知何故讳言之。然南海遗嘱,已刊印二千馀分分散,则此稿终将发现也。此君究竟何流人物,前数次日记但据传闻,谬有推崇之语,尚待参考也。

廿三日　　晴

叕庵门下午刻在钓鱼台为其预祝,邀作陪客。沇叔亦约午饭,遂先到石老娘胡同,沇叔外出未回。王少溥恩溥之子住其家,出来招呼,因与言赴城外应局,恐回来不早,可代向沇叔致谢。出城车路甚难行,未初入席,至者六十馀人。散后入城,顺道至景山,葆葵之女四周月,即在彼晚饭。归已子正矣。樊山寄近作三首索和。

廿四日　　晴

偕孟纯到二条。少顷,阶青亦来,谈艺甚畅,同午饭回寓。孟纯昨交来谢退谷先生诗,仅数十篇,粗阅一过,气味甚好,毕竟是道学人吐属。其后人希齐托送《晚晴簃》,近日晚晴编辑如何,能否增入,须晤理斋方知之。退谷之学,主躬行实践,而于圣门文行忠信四教,谓尤先者文。圣贤之学,一伦常尽之。然伦常之理,至切至近,至平至易,而即至赜至隐,至繁至艰,不可以一时浅易之语概诸古今,亦不可以一己境遇之偏概诸天下。博学于文者所以致其知,以为力行也。于本朝经术,独取胡朏明、顾复初、任钓台、方望溪四家,胡之《禹贡锥指》,顾之《春秋大事表》,任之《周易洗心》者,皆所服膺者。谓《洗心》首卷图说太繁,若其卦爻注说,独能征求象数,使学人知圣人之立言,字字有根据而穷极事实,无一不切于伦常日用云云。余于《洗心》,未尝寓目。先君子晚年笃好其书,终日不离手,家书中屡言之。尔时方昕夕治官书,于庭训襄如充耳。比年遍购其书不可得,拟向南中求之。而近者东南烽火弥天,六籍灰烬,恐此生于此书已矣。又退谷教谕语,亦幼时先君子所讲授者,箧中久亡之,今已不记一字。吾闽近事亦不可问,其书不知尚可觅否,皆此生憾事也。下午天忽噎霾,小睡片刻,傍晚始复晴。

廿五日　　晴

孟纯来,言明早赴东,领出差津贴。附致张季骧栋铭书,托其向省长吹嘘。张为癸卯门人,现为实业厅长。癸卯闱中得其卷,文笔甚佳,而次场策痛斥新政,语多迂谬,抑置副车。不意一别数年,论调一变,竟成新人物,迭充参众议员。尝对人言,得闱中批语后,始稍讲求时务,深感陶铸之力,然矫枉又过正。甚矣,新学之坏人才也。和樊山《新卸敝裘》及《涉园》二诗,俱次原韵。"小雪清明殊未断,颇闻闹市寂花儿。及兹北陆寒才敛,已惜东皇去莫羁。贳醉岂论狐白价,寻芳且趁牡丹时。诗翁三昧随游戏,真乐何曾损启期。""陈柯几日遍青葱,亦有馀花问彼秾。脱襁竹萌行轧茁,铺茵苔发已蓬松。风光渐暖趋初夏,雪片横飞记一冬。隔绝软尘门外路,犹疑石隰住尧峰。"子植湖北来信,言近得财政办事员,此人乃能于赤帜下觅生活,奇哉!孟纯云当系翁剑秋所荐。午后小睡未稳。申酉后风大起,黄沙蔽天。三日不到公园等处,恐花事尽矣。傍晚隐隐闻雷声,有雨点,旋止。

廿六日　　晴

昨晚风竟夜,至今日犹未止。以人事觇之,入夏必将有旱象也。午后小睡,甫合眼,惠侄来。傍晚风沙起,天色复黄。闷坐阅《遗民录》,按《录》中所载,汐社中人及兰亭义士,并所南、水云、圣与,大抵山林枯槁一流。然当时巨儒伯厚、身之、东发而外,可数者亦复无几。若以明季夏峰、梨洲、亭林、船山、桴亭、确庵、二曲诸公视之,不啻泰山之于培塿矣。尝与征宇论晚明气节之盛,超轶前古,遂开大清二百馀年之景运,亦恐因以结前此二千馀年之成局也。午运将终,日中必昃,能不惧哉?明季遗民如方、谢一流者,尤指不胜屈。即如傅青主、杜于皇、李元仲及易堂诸子,皆有独立千仞之概。

廿七日　　晴,仍有风

务观来。叶肖建来,以几道手迹乞题跋,并催乃翁寿诗。饭后往拜芝南夫人寿,与芝南、君庸乔梓谈甚久。阅《焦氏笔乘》,引罗近溪说牛山一章,云:"'牿亡'二字,今人只看作寻常。某旧为刑曹,亲见桎梏之苦,自顶至踵,更无寸肤可以动活。良心寓形体,形体既牵良心,安得动活?直至中夜,非惟手足耳目废置不用,虽心思亦皆休歇,然后身中神气稍稍得以出宁,及平旦自然萌动,而良心乃复矣。回思日间形役之苦,何异以良心为罪人,而桎梏之无所从告也哉。"解此二字甚精,偶录之,以资省察。下午小睡一时许。

夜风益大。

廿八日　　　阴,风稍止

接长崎信。阅报知俄党李大钊等二十人已于昨日绞决。余日记禁例不入时事,偶摭其大者书之。作寿叶建信诗二首,甚空泛,以时迫,姑塞责而已。阅初白集徐建庵遂园修禊,系在南中,前诗误引,应更正。据《竹垞集》,徐有《祝氏园禊集图》。

廿九日　　　晴

连日风沙,今晨始见杲日,精神为之一爽。向午又有微云,风又起。务观本约今日同往中央公园,电话来请,改明日。阅初白集有《题道山亭诗》,道山堂本程公辟所建,曾南丰为作记,林鹿原寻碑,得擘窠三大字,乃林希所书。鹿原特取后山诗句别采"瓣香堂",绘图征诗。余向闻"瓣香堂"之名,未考其由,诗中叙述特详。以吾乡故事,故志之。饭后往吊刘嘉树同年。嘉树,粤西人。弱冠入词林,出守琼州,甫逾三十。中年得心疾,家居多年。辛亥之变,在淮安府任。前岁以家居不安,来就其子,晤面数次,多世故周旋之语,疑心疾犹未瘳也。吊客寥落,为之恻然。在六条胡同见一空宅,门联题"天下兵虽满,南阳气已新"十字,书体学平原,不知前住者为谁,亦有心人哉! 又一宅题"未成四方志,又是一年春"十字,可断为既不通又不安分之后生。茫茫人海中,大抵皆此辈也。比年人家贴春联极少,偶触吾目,记之。下午睡起感寒,泄泻一次,尚无他苦。

四　月

初一日　　　晴

幼梅来。务观来,约同往中央公园。在长美轩茶棚候立之,久之方到。遇玉双、仲云、帅郑、子威及陈子衡。名铭枢，河南人。壬寅乡榜。子衡乃初面，索《论诗绝句》。与立之、宝田、务观、沄儿饮藤花下，张仲郊续到。燕谋子。饭毕，至来今雨轩前看牡丹，即于花丛中觅坐。牡丹不下数百株，已开其半，佳者殊少，群花已垂谢矣。杨采南杏城弟来，立之邀之入座，纵谈旧事。至申正，余先散。出城赴榕社之期，作诗四唱，甚酣。而社侣日寥落，此局颇不易支持也。归途有微雨。夜间风又起，睡尚适。

初二日　　晴，风未止

笋玉自南来，略谈闽沪事。嗯园来，言已就津门军署秘书，并代慎臣交来所得松雪砚拓本长幅属题。作《题几道临晋人帖手迹诗》。"曾听天骄说凤麟，匡居竟老著书身。墨池一勺留馀沈，犹是人间希世珍。""符命方兴竞美新，陵云题榜又何人。毛锥且当渔竿把，想见狂奴故态真。""一编天演论推陈，不是乘槎浪问津。晋帖唐临看晚笔，依然矩矱守先民。""宿草阳崎秋复春，仙山今隔几由旬。壁间短幅龙蛇舞，尚记谈诗一段缘。"丁巳岁，在瘤垫堂论渔洋诗，几道有手书见和七古一章，尚悬斋壁。几道诗文书翰皆取法乎上，故其所译书并择精语详，雅驯可诵。当代学人，殆无其匹。偶题四绝，以橘叟前题押真韵，亦全用此韵，吾乡击钵吟例也。几道初见项城，即极言共和之不宜于中国。洪宪事起，颇滋物议，要亦守其成说，初无攀龙附凤之思。疑始曾为申辩，余亦信之。洪宪建元，项城曾改三殿名，书扁者亦吾乡名流，事后并未闻有疵议之者，舆论之不可凭，类如此。四妹自津来，与幼梅及林八在此斗牌竟日。

初三日　　晴，仍有风

蛰园牡丹正开，与刚儿往赏花。务观续来，同午饭方回。君坦在寓小坐。即赴庆小山处行吊。小山为内务府有名人物，光绪中叶被参劾,闲废十馀年。选江西盐道,旋值辛亥之变,回京以稗贩古董与西人交际,甚获其利。苏龛总理内务府时,曾访之,允为暗中帮忙,然为时已晚矣。此人虽亦巧宦,然使清廷早用之,犹胜于世博、轩绍、越千一流也。回车往拜蒋乃时尊人之寿,乃时与石岱霖均赴石家庄,梅南代为招呼。借对门严君潜宅安排笔砚,留诸诗侣作折枝会,不得已,勉应之。作二唱后上席,散后即归。沄儿晚车回津。许苓西来访,未遇。

初四日　　晴,风又大

苓西昨留西湖西园别墅照片乞题。已题者有伯严、颂年、仁先诸人,枕上作一诗应之。"我久不作西湖梦,君来袖出西湖图。西湖胜处说不尽,何人知有卧龙庐。园在卧龙桥侧。""湖堤花柳几春风,野老吞声哭曲江。人生会合那可料,惆怅桃源是画中。"苓西为筠师侄,少年豪气,挟策奔走,今亦垂垂老矣。释戡与勇庵、秋岳约起吟社,昨柬订今午在弓弦胡同看藤花,即作为第一集。所约者为贻书、董卿、征宇、宰平、众异及陈半丁、陈名年。浙人。向来宴聚于同席生人,往往忘问名号,以后当猛记。初拟社名,众异谓不如"丁卯诗社"为雅切。释戡出横幅宣纸,推敷庵署题,半丁画紫藤于其后。此次即以释戡宅看藤花为题,不拘体韵,席散复纵谈甚久始归。近来极怕作诗,牵率老夫,实乃强以所难。且结社赋诗,乃承平之事,否则山林遗逸,今日为此,余极不谓然也。灯下作题慎臣松雪砚拓本诗。"真砚不损东坡云,后来砚史何纷纷。玉带生存文山死,大都争说赵承旨。此砚相随几何年,独孤惠赠亲题镌。停云天籁递传守,最后乃归鹿原叟。我读娱村陶舫诗,已嗟门巷改乌衣。当时手写三家集,想见辛苦研渝麋。楚弓楚得差无恨,海水群飞石不烂。征南武库有裔孙,肯作寻常马肝玩。"入夜风益大。

初五日　　晴,风仍未止

阅报纸连日大风,四郊麦苗多被吹槁。天时人事,理固然也。

午后阴，风稍定，傍晚又起。笋玉子自法国游学回，来见。幼梅诸人在此斗牌。闷坐披书终日，昨日谈及京师古藤，检《藤阴杂记》，吕氏宅藤花刻有"元大德四年"字，为最古矣。若吏部厅事，乃成化时吴匏庵手植，较在其后。吕宅在给孤寺旁，今已无访之者，不知如何也。珠市口有一大宅，现为某俱乐部。在市上望见，有藤棚甚高，花亦尚盛，或即其地。

初六日　　　晴，仍有风

饭后至朱艾卿及润德卿贝勒处，贺喜艾卿女嫁润贝勒公子吉期也。旋赴景山后，流连至暮，君垣尚未归。回寓约务观来夜谈，亦无聊之极矣。枕上作释戡宅赏花一首。录下。"紫金垂处认行窝，畅好风光卓午过。入座端思花作介，当轩况有鸟能歌。还从香界参禅悦，不碍狂飙撼酒波。看取群公骋奇思，衰迟自笑鬓戎幡。"致颖人书，托作补褉诗转致退庵。

初七日　　　晴，风略小

昨务观面约赴中央公园看牡丹。诸孙又欲赴北海泛舟。午饮过多，醉倒海棠花下，家人强扶登卧榻，不知伯伦。幕天席地，即时埋我，(亦)亦大乐耳。醉中乃得吾真，不特世故场中面目皆假，即如此册上，每日拉杂书写，亦不外闲人说闲话，满腔热泪，仍是无处洒也。韵白适来，略谈即去。务观、君坦皆来看，刘、黄两女亦来服侍，闲谈至晚饭后又久之。余时坐时起，倦甚欲睡，遂促之散去。

初八日　　　晴

昨晚睡至寅正醒，不复成寐。英女扶病送来汤瓶，中开水饮之甚爽。天明后又睡去，睡味较酣，故今晨较适。孟纯及沄儿均于早车来京，饭后偕务观至中央公园，牡丹虽已有开过，尚存什之七八种，亦有佳者，若前两三日来，当更好也。园中遇君坦。在上林春茶座小憩一时许，即出城吊立沧令郎之丧，归寓尚未暮。接张季骧复书，叙旧尚亲切，陆庄荒尽，在今日已不多得矣。上林春东家祁姓，为赞老旧庖人，前开瑞记饭馆。每来，招呼极殷勤，今日竟不肯收茶钱，云连日生理甚好也。

初九日　　晴

童佑萱家来，报初五逝世。今年榕社逝者藕生与佑萱二人，皆寒儒也。宋芸子邮寄来《重修四川通志例言》一本。国变后，与芸子久不通讯，前数年亦时寄所编国学会月刊来，得读其撰著，惜首尾不全。蜀虽纷乱，而尧生、芸子尚为彼邦人所重，未至流离失所，吾乡远不逮矣。为漳侄致书桐珊，招呼裁员事。

初十日　　晴

侵晨头痛甚，急起至西院受空气，甚有效，盖痛乃肝郁火炎也。桐珊来，面复昨所托，云各路局与调部员原薪由路局领，本与部预算无干。但此项人员甚多，此时不能预断也。又出黄石斋先生白云库所写《孝经颂》原草乞题跋，颂长千馀字，虽为草本，而细楷一笔不苟。石斋自跋亦云"后来复有改定，以此稿本尚不潦草，不忍弃之"云云。桐珊云以校石斋集，实有删改十数处，后有"王庆云敬观"一行，乃雁汀先生名。桐珊得之于山西贾人，则雁老之题，当在其抚晋时矣。此外题跋无多，余以真迹珍贵，不敢留玩，匆匆阅后即面还，允为另纸题跋。晚葵女电约到渠处，留连至夜静始归。

十一日　　晴

连日阅《甘泉乡人稿》。余于本朝诗，酷嗜嘉禾诸名家。自竹垞后，香树一门，则二石为嫡传，旁枝为择石、百泉，裘抒楼之汪氏丰玉、康古兄弟，丁辛老屋王氏父子，此外又有万柘坡、蒋春雨诸人。而竹垞后人，自笛楼至育泉，皆以诗鸣。梓庐亦竹垞同宗，尤为后起之劲。至吴牧驹、张叔未，才力稍逊矣。乙盦同年复起而振之，皆不落寻常蹊径。雅材萃于一郡，且多以风雅世其家，真令人神往也。警石作教官三十馀年，寝馈书丛，以校勘为乐，尤想见儒官风味，今岂有此世界乎？饭后至灵清宫贺笠士续弦吉期，匆匆即返。

十二日　　　微阴

苓西来，取回西湖影片并题作。接崎电，济儿明日可到津。苓西谈及在杭流寓三年，生活程度视沪上约低至十之五六，湖上结庐极为惬适，今则江浙亦涂炭矣。锦绣江山，被一般政客破坏至此，彼等沦落无聊者不知凡几，其死于非命者尤历历可数，无非欲望太奢致之，孟子所谓"不夺不餍"者。有人言近日湖南每县每日平均计算，残杀有名人物约在三人以上，历朝鼎革后之祸，无此惨也。入夜后，有微雨两阵，俱不大。卧极不适，稳睡未及两时许。军阀之局，政客开之。孟子谓"善战服上刑，连诸侯者次之。"吾谓尚须一倒转也。

十三日　　　阴晴无定

谢君希齐来。午后至吴晴波处拜寿，又回拜许苓西，均未晤。归寓适沄儿、惠侄在，秋岳旋来，略谈即去。下午云阴四布，甚有雨意，又被大风刮散。

十四日　　　晴

终日泛览无事。师郑邮寄《莪蒿永慕录》乞诗。文君组堂庆，晚往拜，在彼晚饭。济儿晚车由津来。

十五日　　　晴

孟纯来。便后痔疮大痛，牵连疝气，皆多年未发之旧疾。卧床展转不安，下午少愈。今日为榕社会期，闻叕老已至京，扶病前往一谈，作诗三唱，归尚未甚晚。

十六日　　　微阴

风沙又起。痔痛已止，惟体中殊觉惫耳。阅《云左山房集》，有《沅两君歌》，一为沅守蓝凡石，未著其名。由中书起家，守沅至四十年。原诗"乾隆之间大郡除，卅年仍羁铜虎符"，不知是否并前贤计之也。一为典史蒋宾隅，由孝廉作令贬秩者。相传文忠居官，留意人材，此时犹在词馆。典试滇中，滇邮近万里，乃独眷眷于此两君，度其人，必非俗吏。诗有"我来楚南停轺车，一时投契苔岑如。两贤官守崇庳殊，要以同志道不孤"之句。然一则垂老羁郡，一则流外卑栖，非此诗，则其人亦终湮没矣。偶摘而录之，亦表微之意也。篇末又及卢明府尔秋注云："宰芷江有声，以忧去职"，则文忠并未见其人也。人生升沉显晦，各有定分，承平之世，人各安于义命，此天下之所以治。末世倖门一开，士争躁进。光绪中叶，如瓜分之恫喝，变法之条陈，皆曾文正所谓"欲以语言欺人，先登要路"者，彼何尝真有国家观念在其胸中哉？一波动而万波随之，生灵受其涂炭，可哀也已。如钱竹汀、卢抱经、王西庄、赵瓯北、姚姬传诸公，亦何尝不从容寿考。君坦来。午后到东兴楼，沄儿约理斋、立之及儿侄辈便饭。微雨数阵，仅湿地皮而已。下午蛰园第七十七期社集，值课为杨疏、仲云、富侯、治芗。到者有樊山、师郑、子威、彤士、吉符、颖人、征宇、寿芬、疑始、迪庵、孟纯、君坦。立之适来京，亦与会。

十七日　　　晴

便后防痔偃卧半日，沉闷之极。饭后迪庵来，问慈仁寺顾祠故事，连及龙树院吕氏园藤花。慈仁寺余久未到，据迪庵云，顾祠仅有木主，其画像则前此张仲仁与吴中同乡修葺时，藏于某家，寺僧尚知其所在，松已无一株矣。龙树院本因龙爪槐得名，庚子乱后，陈玉苍拆屋材重盖，碑碣扁额俱为木厂抛弃，无复旧迹。张文襄入政府,偶来访旧,意极不慊,讽令北洋改造。杨莲府、端午桥先后派员勘修,大兴土木。午桥罢职,工亦随罢,几成瓦铄之场。民国后,顺直绅士鸠赀改建抱冰堂,祀文襄,工程草率,无可憩游之处,槐亦不知何时亡去。吕氏藤花,前已记之。昨与征宇谈,已证明珠市口所见,确是吕家旧宅。其邻近给孤寺,庚子后为姜桂题驻兵,寺门已改,故近人无复知其处也。下午天阴沉,极有雨意,雨竟不下。傍晚赴季友耆年会之招,席散与殁老、稚辛纵谈,许久始归。

十八日　　晴,下午风又起

迪庵函示《慈仁寺谒顾祠》七古一章,并所译《苏俄外交政策》一册,系日人布施胜治所著,原名《苏俄东方政策》,去年十二月初出版者。傍晚四妹来,在此晚饭斗牌。

十九日　　晴

侵晨风极大,拥衾犹冷甚,晌午始稍止。熙民来。孟纯晚车赴津。今日人甚不适,睡时肺气大动,咳而兼喘,亦多年未发之旧疾也。风竟日至夜。

二十日　　晴,时有云阴

枕上阅《苏俄东方政策》,最后结论云:“中国之长江战事,在十月中旬,南北两军互有胜败。迨十一月四日,南军用奇兵战胜孙军,奄有九江之地。以形式推之,直派之新旧势力,恐不复振,党军与奉军接触,旦夕间事耳。将来必成为奉粤之白赤两军阀南北对峙之局。以中国内乱之表里极形复杂,殊难料此后如何变化。第就今秋鄂、湘、赣三省战局言之,则南军胜矣。夫南军制胜之处何在,据某军事专家近日视察长江一带战事,归云南军强长处不在兵力财力,而在其背面之政治组织。盖即学苏俄革命之经验,仿照苏俄赤色军而编制军队,于革命军之要素,无不备具,故能制胜等语。

是则南军之胜利,则实由苏俄之援助,而其援助之主要部分,实为苏维埃革命之经验,是在有识者静以考之耳。"录之,以观其后。午后赴秋岳甥招,在灵清宫陪叕老作折枝吟,座中皆榕社人,作三唱方散。

二十一日　　晴

连日皆有风,下午后更甚,至可厌,真从来未有之气候矣。今日人极不适,终日昏昏,垂头欲睡,疑为中气虚弱。夜睡约四小时醒,而背脊作痛,腹中胀满。食药制青果两枚,乃稍舒,始知仍系愁闷气郁阻滞之故,非虚也。天明后复朦胧数小时,腹亦平复。

二十二日　　晴

午初赴宰平松筠庵诗社第二集,到者有健斋、夷俶、董卿、众异、敷庵、征宇、秋岳、半丁。松筠庵已十馀年不到,谏草堂后又辟数楹,其北向厅事一座及回廊皆新辟者。阅所题扁联,似系东海当国时所构,气象尚修整,不知属何人典守。席散后,拈谏草堂前双楸为题,仍由半丁绘图。楸一树较高,一树仅过檐,大约皆不出数十年物。归后阅《顺天府志》,知庵中旧有忠愍手植槐,惜未及知,不知仍在否,俟再访之。忠愍风节,自应令人起敬,而其宅适在宣南,为京僚聚居之地。以故礼谒者独多,谯集亦常借此,所以二百馀年常新也。归途至老墙根吊志琴夫人熙民长女接三,晤熙民伉俪,亦无可慰解。复至上斜〔街〕,四妹外出,与若卿略谈。入城至钱粮胡同聚寿堂,拜新甫八十寿。归寓后,在西院树下久坐,受空气,尚爽适。今日与昨日俨如两人,因未动一念虑也。下午微阴,风已止,夜半又大起。

廿三日　　微阴,风未止

君坦来。务观下午来。与济儿谈崎馆收束事,仍不得要领。其脑筋近颇乱,懊恼之极。

廿四日　　晴,无风

幼梅、魏侪来。午后笠士来,适在西厅卧,未晤。是日苏女生日,在景山后晚饭。归寓已过子矣。

廿五日　　晴,仍有风

饭后闷极,酣睡甚久。肖建来,方睡,未晤。下午四妹及务观先后来,留共斗牌,亦无聊之消遣也。

廿六日　　晴,早起微阴,尚未有风

检《顺天府志》,松筠庵国初已有之,渔洋笔记有《与高念东冯益都酬和诗》。在《蚕尾续集》。乾隆末,曹慕堂、阮吾山倡议鼎新,榜曰"忠愍故宅"。《志》云:"庵不祀佛,壖幞头神像,相沿为城隍神。乾隆丙午,杨给谏寿楠、李都谏融视城,访知为忠愍故宅。按《池北偶谈》谓念东以老病得请移居松云禅舍。高诗有"户倚双藤梵宇开"之句,不及忠愍一字,是当时犹未知为忠愍宅也。但既云禅舍梵宇,则奉佛有明证,与《志》云不祀佛者又有矛盾。记载传闻之不可尽信,类如此。道光戊申,僧心泉出谏草付张受之刊石,受之名辛,叔未解元犹子。始有谏草堂之筑,主其事者为沈文节炳垣。文节视学广西,殉粤匪之难。受之刊石竣即婴疾,没于庵,文节有诗记之,何东洲为作志铭,视亨甫尤为可痛。大抵庵故址甚湫隘,自谏草堂成后,咸同士大夫多就此为文讌之地。后来台谏诸君,每会议皆在此,其实忠愍并非谏官也。庵中老槐,传为忠愍手植。楸两株,一较高,一仅过墙,皆在谏草堂前,似筑堂后所植者。昨偶撰题图诗,枯窘殊甚,姑录俟改。"崇效无枣花,五楸补其隙。松筠遗谏草,双楸人罕识。城南游骑多,花时判喧寂。先生龙比从,岂眷一区宅。后贤奉瓣香,祠宇递修葺。玄黄有易位,忠佞况陈迹。楸乎独何心,负墙犹耸立。忆昔宣坊居,去庵仅咫尺。十年足不到,拜像空跟踖。词流百辈尽,参天馀古迹。藤萝不敢干,扶持倘神力。玉几今画宗,着墨颇矜惜。看君放直干,吾诗但疥壁。"下午阴云密布,微雨如散丝,入夜声渐酣,达

旦未已。

廿七日　　交午雨始止,云开日出

据报称雨有四寸馀,不知于旱麦尚能补救几分否。幼梅来,留其午饭。终日泛览,卧后方构师郑《莪蒿永慕录》题后文。肝气大冲动,竟不能睡,盖迩来直不能构思也。

廿八日　　晴

仍以泛览遣日。晚饭后乌八来,乞致星甫信。亥初即睡,仍终夕不成寐。夜间并未构思,似又不关乎此也。

廿九日　　晴,下午阴有微雨

以昨夕未睡,午饭后即偃卧觅睡,虽合眼两小时,仍觉不酣。幼梅、韵白来,(皆)皆在睡中也。秋岳遣人来,取樊山所书条幅两张去。夜卧仍转侧不成寐,闻寅正钟点,始稍朦眬。天明后略有梦,较前两夜为愈矣。枕上闻雨数阵。

三十日　　阴。上午仍有雨阵,午后雨又连下,但俱不大

林榆园来,未见之。乌八来,取信去。师郑《莪蒿永慕录》曾拟题后文,殊不惬意,改题七言一章,用柏梁体,姑以塞责。"国朝文献盛海虞,骈肩接踵多名儒。君家系溯唐金吾,云溪再徙来定居。百年乔木存先庐,黄巾祸起连江湖。步青先生抱遗书,奉亲避地频饥驱。乱定归来三径芜,上庠食饩中兴初。和璞屡献仍怀瑜,闭门著述称潜夫。门前不绝问字车,高堂色笑时将舆。年跻大耋犹康娱,芝兰玉树环除俱。一经遗之勤菑畬,伯也早达翔天衢。金陵就试携两雏,重违母命心踟蹰。遽闻母病急转舻,炎熇六月汗浃肤。关津迢递嗟难逾,方寸乱矣昊天呼。同日与母归泉垆,事闻九重诏旌闾。至今乡里传孝乌,同心更有佳耦吴。早娴女诫习德隅,义方奉子敬养姑。习勤不惮井臼劬,推恩六姻罄所储。一室之内常怡愉,含章可贞坤德符。我交令子廿稔逾,世德耳熟颇能胪。证之纪述信不诬,古闻风树悲皋鱼。明发之感谁则无,滔滔世变今何如。邪说充塞杨墨徒,大伦既灭无亲

疏,伤心岂止乾侯鸛。封狼平地生貔貅,不惜同种相剪屠。知君不独至性殊,锡类兼欲砭顽愚。佛云片石留画图,红豆岁时还纷敷。积庭□莽成邱墟,镌之金石定不渝,千载当与陇阡俱。""我交"下另改"我交令子廿稔逾,幼尝从宦游吴趋。世德耳熟颇能胪,证之纪述非虚诬。人生除是空桑墟,明发之感谁则无。滔滔世变今何如,邪说充塞杨墨徒。大伦既灭无亲疏,岂惜同种相剪屠。湘乡家诫鱼蔬猪,箴言亲揭益骄胡。大儒勋业炳寰区,特语学子方笑迁"。下接"知君"云云,仍耕韵。"迁"韵下添"年来人海同羁孤,秋风岁岁思莼鲈。安得普天偃戈殳,墓田丙舍亲耕锄"四句。"敷"下添"积善门庭袭庆馀,文学志行为世模"二句。务观自津来,留共晚饭。子正睡二小时,后夜仍不成寐。阴分渐亏矣。

五　月

初一日　　　阴

午睡仍不甚酣。下午因有味云之约,榕社会期未能到。同席为樊山、闇公、剑秋、肜士、子威、疑始、映北。除樊山外,皆吴人也。谈艺甚畅,归已逾亥。是日繁女生辰,亲串来近一桌,尚未散也。

初二日　　　阴,昨今皆浓阴,远处似有雨

连日徐豫战云甚恶,首都不久必有变。处堂燕雀,未知身命所寄也。君坦来,共午饭。晚赴海军联欢社。笋玉在津嫁女回,今日设筵谢客。同乡陈君耕斋前数日以退兵为其军长挟嫌枪毙,顷客座所闻较详。其人颇有血性,勇往善战,为后起之英才。明珠暗投,卒罹奇祸,士生乱世,复何说哉!夜睡尚适。

初三日　　　晨阴,交午微有日

卯初西院树下坐片时,稍舒堙郁,复回屋中小睡。为蝇所扰,起后致师郑书并诗。幼梅来,烦其代书贺燕孙封弟保三先生重游

泮水诗。"九江门下得传薪,二曲功夫在反身。难得沧桑留硕果,还从泮藻溯前因。云梯接引三千士,雪案辛勤四十春。今日辟雍钟鼓寂,圜桥观听若为新。"保三出朱九江门下,著有《四书日录》三十卷。燕孙兄弟入民国后,崇高厚实,烜赫极矣,当非其所及料也。此次重游泮水,燕孙代向成均行谒圣礼,亦前此未有之例,与泮水名实殊不称,民国固无所不可也。此诗才五分钟草草成。午后往吊童佑萱,座间遇芝老、行陀、叔沂、蠖生诸君,谈至一时许方归。天已晴矣。

初四日　　晴

师郑来书,送还《匏庐》原稿,又代南中某求题《三世耄耋图》诗。此君交太杂,势不能一一应之也。嘿园自津来,谈甚久。幼梅来,交代缮梁太翁贺诗,用磁青纸金字作楷,极精工,惜此手今无所用之。

初五日　　晴

师郑又书来,谢昨诗,并寄示《诗史阁丛刊》书目。闻王静安前日自沉于昆明湖。静安,嘉兴诸生。游学日本归,曾为学部主事。国变后,以教员糊口。癸亥岁,内廷因南斋人少,求堪充其选备顾问者,罗叔韫、沈子培交荐之,与杨子勤、温毅夫同入南斋。二君皆词林宿望,静安特赏五品顶戴。甲子秋,逼宫之变,奔走日使馆,颇有接洽。张园定居后,回京就清华大学教员,仍不时赴津。闻此次沉渊,乃因赤氛紧迫,恐以后乘舆益无安处之地。忧思无计,愤而出此,其死与梁巨川相类。然巨川愤共和之失政,在以死讽世,于故国之痛,尚在其次。静安则纯乎忠赤大节,炯然又在其上。余癸亥后于内廷始识之,其诗文皆根柢槃深,又博古多通,心窃敬仰,惜共事日浅,未共深谈也。闻其怀中尚有遗草,必非寻常文字,当有为之刊布者。午前笋玉来。饭后为君坦强邀至景山后,与葵女及刘外孙女、小外孙至北海，游人如蚁，竟无一识者。茶座竟无虚席，徘徊久之，始遇和侄于临水棚下。腾挪一座处，正值雨来，啜茗看雨景，霁后复回景山后。又震雷大雨一阵，傍晚归。闻君坦言晤毅夫，谈及上次删削南海谢恩折，语徐善伯到津向毅夫大闹，善伯，徐勤子，于南海为小门生。自携折稿向张园呈进，上累次未传见，愤甚，归怨于癸老，欲寻癸老理论，幸未值面，闻已回沪矣。又闻陈诒重有劾南海折，致身后赐扁尚迟迟未下也。

初六日　　晴

数日前失眠之病，听之竟自愈。早晨起后，愁绪纷集，支枕复睡，午后再睡，皆甚酣。奈醒后愁闷依然，能如静安之长睡不醒，岂不大乐哉！盖必如彼之勇决，乃能得死所，空言祈死，皆惜死之人也。午后幼梅来。嘿园书来，乞为陀庵遗诗作序。下午有雨意，未成。寄津信。

初七日　　晴

昨睡竟达旦。午前群一自津来，略谈近事。饭后第六来，言欲辞省馆董事，约日会商。幼梅来，斗牌至夜深方去。接津信。

初八日　　晴

贻书晨来，言顾仲平逝世。务观来。午后至国子监贺燕孙尊人重游泮水，是日燕孙代行释菜外，并延任公讲经文。又有襄讲、赞引诸人，大抵皆一时名流。此举名实不称，质言之，直可斥为僭妄。意本不在观礼，因成均久未到，欲顺访古迹。而石鼓在大成殿前，为车骑所阻，竟未往访。仅阅石经一遍，匆匆即出。以后礼节如何，概不之知。甲辰考试从中书充阅卷官，借此作考棚，住宿五日，距今廿馀年矣。归途至景山后，小坐始归。晚务观来。

初九日　　晴

则济早车赴津。孟纯自津回来，同午饭。昨与务观本约同赴公园,乃下午云阴甚浓,大有雨意,遂未敢出,雨亦竟不下。留其在寓斗牌,亦无聊之极矣。

初十日　　晴

是日为先大夫冥寿家祭。君坦来,知孟纯昨晚得东电,已于早车出京赴济。连日雨意不成,热度骤高,着单衫犹苦热。下午务观来,与同到中央公园,葵女亦偕往。观书画展览会,皆近人手笔,且多扇面,无甚佳者。在茶棚下小坐一时许归。

十一日　　晴

则济自津回。下午至会馆,商议策六辞会计董事。芝老亦到,刘幼苏、李梅阁、曹勉庵三君俱不肯接受,无结果而散。

十二日　　晴

长日无事。傍晚务观来,作斗牌戏。

十三日　　晴

高一峰来。饭后至会馆,与芝老及刘、李、曹三君议决,策六所经管款项簿据,由春叙公举董事王吉臣暂行代管,吉臣颇籍芝老劝驾之力。俟秋叙公会再推定议。散后值洽社会期,为漪午强留,勉作一唱。今日本约务观在景山后相候游北海,诗会散已傍晚。务观已在彼久候,云阴四集,大有雨意,游兴为之一扫。君坦留晚饭,闲谈至亥正方归。阅晚报载皇室有王国维恤典谕旨一道,并予谥"忠悫",不胜骇愕,不知是真是赝。年来旧臣如吕海寰、张人骏,皆无恤典,但独为此破格之举。即使出上意,左右诸臣亦应谏止,况王公自有千古,并不因谥法为重轻。愚见先令词臣作一篇沉痛之诔文或祭文,转可感动人心,此等浮荣,徒滋谤议,期期以为不可也。

十四日　　晴

李叔耘前日殁,今日接三,饭后往吊之。顺路到征宇处,畅谈至久,将登车,征宇夫人又遣挽留吃点心。合其自津来,在寓相候,久之始去,竟未晤。归寓魏侪来,略谈即去。一峰来,言日内回南。李仲言逊遣人送其尊人尧琴《甓盦诗录》二册,刊刻装订皆甚精。尧琴为壬秋弟子,工词章之学,尝任邮传部参议,与共事数月,诗册尚未细阅。下午云阴密布,极蒸郁,至后夜始有疏雨一阵。余已入睡乡矣。

十五日　　晴

下午赴榕社会期,作折枝三唱。戌亥间又下雨一阵,散时已止矣。

十六日　　晴

接津寓寄来王静庵讣文,赐恤予谥皆载之,果真有此事矣。其开吊即在明日,假全浙馆,匆匆不及作挽章,仅作一联挽之。"一代经师朱竹垞,千秋骚怨屈灵均。"亦太空泛矣。夜间复拟一联云:"止水自澄,在先生固堪瞑目;浮云皆幻,愿来者各自折心。"较为超浑,惜前联已送去矣。合其来,谈甚久。幼梅来。

十七日　　晴

幼梅来。饭后出城至全浙馆吊静庵,座间晤凤孙、艾卿、珏生诸人。静庵易名乃忠悫非忠懿,珏生云此举纯出宸衷,并未与左右商之。但愚见终未以为是。归途畏热,就近访季友,畅谈至日斜,复顺道往看严孙。严孙端午日翻车,致左臂脱节,有人荐刘姓俗呼桶刘者,误延一张姓,治数日无效,始知其误。日前始复延刘治,乃日有功。都中常有此专门老医,近人喜延西医,不必尽胜中医也。特志之。又昨闻诜孙说理斋中风,顷座间闻已见愈,惟右臂尚无知觉,恐成痼疾。本拟往看,以又须枉途二三里,未及往。

十八日　　晴

昨雨意不成,寒暑表已升至八十五六度。阅俞理初《癸巳类稿》遣日，考据之学，于夙性极不近，取其耐看而已。

十九日　　晴

接厦门吴渭渔书，索《亥既集》。渭渔为韵石师世兄，师母犹在堂，去年九秩，曾作序文寄祝。今日安国军大帅就大元帅职。晚间步兰来，谈甚久。

二十日　　晴

君坦来，同午饭。下午同到中央公园，至傍晚归。

廿一日　　早晴，向午沉阴，蒸郁非常，雨终不下

下午赴季友之招，与季友、贻书、郎溪手谈，至亥正散。座无生客，虽楚囚相对，而气味尚不恶，此半日算在羲皇世界矣。

廿二日　　阴

雨仍不下，惟热度较减，不如前两日之蒸郁，恐成亢旱之象矣。合奇、孟纯来。晚得津信。

邴庐日记二

五　月

廿三日

晨阴,未申后忽开晴,入夜雷雨交作,约一时许始止,可谓甘霖矣,意者天尚不绝人乎?是日为蛰园第七十八会期,值课为守瑕、仲骞、吉符、迪庵。到者为樊山、杉疏、秫乡、颖人、征宇、寿峰、子威、巽庵、仲云、莘仙、孟纯、君坦及余。作二唱,散时雨已止,甚爽适也。

廿四日　　晴

饭后睡一时许。晚与内人先后到景山后。小九所携日妾出见,与孟纯谈至亥子交方归。熙民夜来访,适相左,未晤。

廿五日　　晴

阅《杜茶邨集》。望溪为茶邨作《志》,谓有三子,一幼迷失,一为僧远方,惟世济后茶邨死。而《黄州志》则谓茶邨二子,世农字湘民,世厦字柏梁,世厦早夭,世农亦先茶邨卒。又有世捷字武功,湘民与武功兼工诗,与望溪《志》不符。茶邨既为望溪父执友,望溪何以考之不详。《黄州志》并载吕德芝书杜和尚事,云:"靖州天柱县边苗地有一径四十里,可达黔中,而丛菁荆杞,弥亘山谷,诸苗穴之肆剽掠。有行僧杜和尚者,能诗歌,语天下事如指掌。熟游其地,募赀斩伐成坦道,诸苗阻之。杜持铁杖独战,毙苗三酋,馀披靡散,竟成康庄。当事欲旌之,却去结庵,中途独居,以护行旅。暮年尝语人,吾黄冈人,先人邱墓在黄,思归正首邱,言之泣下。后不知所终。"疑望溪所云迷失为僧即此一人,非二人也。然茶邨不忍故国,壮岁即自侪于遗民以至老,而其子乃忍于其亲,遁于方外,殊不可解。要之茶邨,狂狷一流,非中行之士也。明季遗民,吾最服陈确庵、陆桴亭,能循分自得,在当时无赫赫名,为征聘所不及,而遗书皆可传。茶邨集世多有之,以杜和尚事迹甚奇,姑录出。下午移疏、熙民、幼梅在此手谈。局散后,熙民又闲谈一时许方去。夜寐极不适。

廿六日 晴

君坦、幼梅、魏侪先后来。昨晚失睡,特早睡,尚酣适。

廿七日 晴

饭后往吊胡迟圃,及曾履川嗣母之丧。因弢老昨入都,顺路至灵清宫,与弢老、夷俶畅谈甚久始归。下午热甚。

廿八日 晨微阴

阅《黄报》载师郑《天刑篇》咏唐继尧病中见鬼事,兼及蜀中颜楷、尹昌衡之惨死。师郑如此等诗,不必论其工拙,要自可传,且其诗笔于说此等话亦较长也。诗不具录,录其序。"伯兄少元先生光庭,久客都门。昨以其胞弟光仪自滇中来函见示,函中备述唐督冀赓病中为冤鬼所祟,种种惨状。又闻蜀中前议员孙君言,尹昌衡、颜楷之死,亦由鬼来索命,事甚确凿。孟子言杀人父兄,人亦杀其父兄,其去自杀也,仅一间耳。十馀年来,杀机一动,循环无已。其气焰方盛,亦若可以无道行之。究之怨毒既深,乖戾日甚,人力所不能报复者,鬼神得而殛之,此即所谓天刑也。吾为此诗,非以张迷信,诚痛夫争夺相杀,其祸益烈,欲世之拥权位而逞干戈者,有所觉悟云尔。"尹为蜀中第一任都督,赵季和即死其手。诗注言"尹、颜二人生前均见季和来索命,泣涕求饶不止。颜乃戊戌翰林,颜登第年尚未及冠。与尹为亲家,其父为蜀耆绅。蜀事亟时,季和以家财及书画珍品托颜氏父子,颜氏力任之,不特不克践言,并下石以速其死云云。"按:尹失职后,改业作文人,来京尝拜樊山门下,称诗弟子,尚未闻其死也。余致师郑书云:"读大作《天刑篇》,俯首主地,此等警世文字,可以悬之日星,惟我兄能放笔为之。乞以白纸录一通见惠,弟当装潢珍藏也。观数君之终被冥诛,而赵樆村、宋芸子、赵尧生数君子老寿无恙,吾辈亦可以自壮矣。"叶奂彬涉猎虽富,而人品近驳杂,自有取祸之道,但不知赵启霖之死确否。又报登退舟吊王观堂诗一首。"一编我读观堂集,不见斯人已系思。刚值怀沙初赋日,又当大陆欲沉时。频年恶月新传警,往事明湖旧诵诗。闻道国良无处赎,百身争为写哀词。"诗亦平平,然观堂身后挽章尚未有见者,故亦录之。嗟乎!同是死耳,一则使人称快,一则使人致敬致哀,此即天堂与地狱之分也。赵樆村方伯挽唐云:"功罪分明,野史稗官,我能直书一十六年事实;冤亲平等,夜台孽镜,公应惭对千七百万生灵。"又一联云:"叹息我言不纳,撒手独行,隐使众人消积忿;思量君质良佳,师心自用,甘为群小送长终。"较不如前联之痛快矣。樆村为锡文清所识,拔任黑龙江度支使,与黑抚周少朴不相得去职。据关东舆论,皆右赵而左周也。师郑续得友人信,似尹昌衡犹未死,颜死则确,见鬼事亦无实证也。午后沉阴,闷热非常,寒暑表升至九十馀度。夜熙民来,略谈即去。

廿九日 晨微雨一阵,午未间连雨数阵,皆不大,而天气陡凉,胸襟为之一爽

致伯玉信,并送去越园乞书扇面。录船具十咏应之。书殊劣,诗则自谓不劣也。晚霁,欲出门,而无可适。庠侄来,闲谈破闷,无聊极矣。

六　月

初一日　　晴

嘿园来,促陀庵诗集序文。下午赴榕社会期,余与熙民值会。戣老适在京,作三唱,甚酣。

初二日　　晴

幼梅来。下午季友招同熙民、立沧手谈。酉戌间雷雨大作,一时许始止,久旱得此为一快。

初三日　　晴

君坦来。师郑来书,并送《读经救国论》十部。此书时人皆视为陈腐,当此邪说横流之日,实不足以悚动人心,无可分赠也。夜睡甚早。

初四日　　晴,下午小雨一阵,即开霁

是日葵女生辰,与亲串在景山后晚饭,归已不早矣。

初五日　　晴,热甚,午后至九十二度

是日又值惠侄妇生辰,赴晚饭,与惠、燮二侄谈极久。饭后至景山后,与孟纯、君坦有所商榷询访之事,至三鼓始归。

初六日　　晴,热如昨

下午尤蒸郁,傍晚略有雨点,至上灯后连雨数阵,始有凉气,得以稳卧。孟纯来,言明日赴津。

初七日　　晴,热度稍减,午后复炽

君坦、燮侄来,谈甚久。入夜电光频闪,至夜分风雨大作,枕上略闻檐溜声,雨似较昨为大也。

初八日　　晴

昨得快雨似稍凉,而过午仍热。连日除把卷闷坐外,无所事

事,日记亦只及晴雨,且懒于动笔,勉强应课而已。阅报知胶济路又有变动,未知下文如何。陈梦陶同年八十诞辰,畏热未能往。乙亥同年在京者,只梦陶及景苏、玉苍矣。

初九日 晴,午后微阴

陈鼎丞自日本归,来谒,谈此次赴文学会情形。下午幼梅、合奇、组南先后来。务观自易州回,晚来,留与组南同晚饭,至子初方散。浪谈无根,聊破积闷。

初十日 阴

晨起视庭院犹湿,似昨晚有雨也。下午雨连下,入夜兼有雷声,凉爽之极。悦卿来。灯下录昨所作陀庵诗序。"陀庵天资卓荦,博涉群书,自幼时即有神童之誉,余早闻之。杨洵若茂才举秋赋,入京一见,欢如旧识。顾累困公车,橐笔奔走。武进盛尚书方经营南北铁路,余为推毂司书记。在事历年往来燕豫之郊,亦常以事至京,与文酒会,独未见其所为诗。庚子别后,遂疏音问。微闻君里居,与诸名流结社唱酬,诗名噪甚,为倾想久之。国体既更,文士大都失职。民国初元,尝北来过访余于沽上。未几,复归。癸亥,再至京师,则久病之后,颓然老翁。又以游山伤足,不良于行,犹强自支厉。近事无可谈,暇辄过从谈诗,余偶出《论国朝诗家绝句》相示,君见之甚喜,互举所闻印证,怂恿赓续成之。君凤依族父太傅公,诗学亦得自亲炙者为多,太傅既扈从,徙居津门,君益茫然无所向。感愤世变,宿疾复发,遂以奄逝。今夏嘿园携《身云室诗存》一册见示,皆录自其遗箧者。嘿园为校订编次,将约同志集赀刊行,问序于余。余诗功短浅,何足以论定君诗。独念与君交垂四十稔,世局变幻,匪夷所思。君虽坎壈一世,犹幸此锦囊心血未付劫灰,后之人,必有读其诗而悲其遇者。余衰疾杜门,惟赖三五知心相娱寂寞,乃天又夺君之速。前尘如梦,来日益难,追溯生平,又岂止聚散存殁之感已哉。"文虽不工,亦非雨窗新凉,不能了此债也。

十一日 晴

饭后往景山后,孟纯自津回,微有感冒。君坦电约务观来谈。

傍晚与务观、君坦、葵女至北海五龙亭啜茗。上灯后划舟至漪澜堂,望廊下游人已渐稀,遂不登岸,复划舟返。小坐即分散,已近三鼓矣。

十二日　　晴

得蒋彬侯书,并《大学正释》及《救世正教》各一部,皆悟善社乩坛中乩笔也。人事无权,乃托之神灵,欲以觉昧警顽庸,有济乎?君庸来,赠所印《章草草诀歌》,并出扇面二乞书诗。因面托其崎馆所借留支展期再扣,允届时酌展云。傍晚务观来,谈至亥初雨骤至,始去。

十三日　　雨

自昨宵至今日夜半,雨始终未断。闻西城街市水有深至二尺馀者,要亦都中从前所常见,不足怪也。寄津信。又致宰平书,并交去《松筠庵双楸题图作》。

十四日　　晴

白原来。孟纯、君坦、幼梅、魏侪先后来。傍晚务观来,至晚饭后方去。入夜小雨一阵。

十五日　　晴

笠士来。实馨来书,言前为题《篝灯课读图》在沪因乱遗失,复续绘一图,乞补录前诗及补题。因樊山、茫父皆有补题之作,亦草草作一绝应之。"巉画通灵偶赚痴,泷阡借读事尤奇。一般光景重摹写,总是天涯陟屺思。"下午赴榕社会期,作三唱。前后到者虽有十二三人,而输值太密,其间有极贫窘不能值课者,甚费支持也。征宇赴津未归。

十六日　　阴

昨晚甚蒸郁,今日却不热,疑夜间有雨。得君九书,送来叶鞠

裳《奇觚集》续刻诗词二本。据云前有《奇觚集》三本送在沄儿处,
尚未及见,此殆其零缣碎锦也。近所得芨卿、子修、尧琴遗集及此,
皆不失为当代学人诗文较有法度者。比来后进之学诗,但恃聪明
掉弄笔锋,而根抵不立,气味终逊,此则时代为之矣。宰平复书,言
《双楸图》尚未绘就,渠诗亦未脱稿。济儿晚车赴津,附船回崎。
来日茫茫,无一处乐土,心绪恶杂,至不可言。曾鲁南来。

十七日　　微阴

连日皆凉甚,早晚早着夹衣。昨晚忽腹痛,至天明连泻三四
次,早起复泻两次,但较少。午后始稍止,困惫之极,煎神曲服之,
偃卧至傍晚方起。荪、葵两女皆来看。务观、鲁舆来。

十八日　　晴

昨晚睡甚安。午前后又泻两次,腹中较昨为清爽。孟纯、君坦
先后来。接津信,济已于今早开船。下午作《题尤和赓尊人事略
诗》一首。"汴水闽山溯始迁,手修谱牒纪瓜绵。乙科早岁膺秋赋,丙舍终
身守墓田。卓行允为当世范,清芬自付后昆传。百年真见伊川祸,诵到遗言
一慨然。"事略题诗,前人所无,漫应之而已。又作《宝瑞臣六十寿
诗》二首。"玉叶金枝地望崇,词流百辈仰宗工。宣和书画归精鉴,庆历文
章接巨公。大集允追宸尊后,前尘都入梦华中。岁寒留得贞柯在,肯羡鸥波
松雪翁。""台省叨陪鵷鹭行,黑头公望重岩廊。史戎藏役藏绫本,琐院联吟忆
烛光。历历巢痕馀故事,翩翩彩舞看诸郎。风尘颂洞人间世,输与蓬莱日月
长。"致伯玉书。

十九日　　晴

李庆成来,宇兆一,孟鲁子,叔耘孙。以乃祖䜩文底见示,略为斟
酌。傍晚至玉苍处拜寿,伯炅兄弟已赴忠信堂款客。仆人引入内
室,玉苍气色尚好,而两足不能动,语多即微蹇,大似数年前轩举病

况。据云饮食尚照常，然似此带病延年，纵不即死，亦殊无生趣矣。《洪范》五福以康宁次寿富之后，有旨哉！连日为人书筹，皆不惬意。余书本极劣，不可示人，而近来乞者渐多，绝不解其嗜痂之故。今日为君庸书便面，谛视颇似十数岁学童初习卷楷者，老马为驹，正可供一笑耳。夜热甚，未明即醒，在室中盘旋，至日出始复小睡片时。

廿日　晴

腹疾已渐愈。晨起饬小僮收拾里间套房，为逭暑静坐之所。以彼室中稍凉，亦归熙甫项脊轩之类而已。余自逊政诏下，即疑共和之不可立国，自项城死后，即知大乱之无已时。当民国三四五年间，朝野欢娱，一般号为政客者，樗蒲倡优，挥金如土，气焰咄咄迫人，常敛衽避之。今则若辈落拓者什有八九，其奔走而横死亦略可缕数。而吾敝衣补绽，日食两盂粥、数胡饼，十余年来，已练就能向难民厂中过生活之一人。天必欲留此顽躯，备尝万苦，惟有顺受其正而已。接鹤友沪上来书，言此次附新铭船南下，因载笤帚遗火，几肇焚舟之祸，幸浇救尚速得无。渠上次附通州轮船，即遭火劫，仅以身免。两次遇险得脱，真厚幸也。鹤友稳练笃诚，同乡中所不可多得者，以海军部不能安身，就南中另觅枝栖，吟社中失此一人，令人惆怅。其濒死得生，一而复再，亦足见皇天之有眼矣。致君庸书，送还扇面，并录《题松筠庵双楸图诗》，请其转呈芝丈。夜仍热，不能安寝。

廿一日　晴

自午后即热，闷不可当。并头筋亦作痛，不知今年之热，果异于常年，抑吾之身体与往年异也。下午愁郁不堪，姑袒衣习字为消遣。得芝老书，寄示《题双楸图诗》。晚饭后忽护兵连头得急病，医药皆不及,仅三四分钟即绝气,幸其家人已赶到抬回,亦奇事也。亥正雷雨大至,彻夜方止。

廿二日　　雨止,犹浓阴

昨晚雨声中得饱睡,今晨人稍爽。作津信。师郑书来,送新印就《禹斋骈文》样本。又龙泉寺主僧明净寄来征启,属题《检书》、《听琴》二图。《检书图》为程春海侍郎殁后,侍郎没于寺中。阮文达率何子贞、陈颂南、汪孟慈诸公往检遗书,戴文节为之图,诸公皆有题跋。乙丑四月,明净曾具蔬筵见邀,出以见示并索题咏,同席有书衡、退舟、申甫、治芗十数人。退舟先有五古长篇,叙次极翔洽。余以珠玉在前,为之敛手。此次征题,乃索旧债也。《听琴图》乃今春李星樵诸人在寺雅集,贺履之为之绘图者。春海与文达诸公皆一代斗山,文节丹青尤希世之宝,因私衷所至景仰者,履之亦多年旧交。而在座诸人,虽闻名有素,多未谋面,况二图声价悬绝,并题颇难着笔,题其一而遗其一,又恐开罪时贤,且置之再说。又黄执斋允中自闽来信,并寄纸乞书其家庙楹联。联语乃其自撰,拟托组南代书应之。午间仍热,忽大风起,雨亦旋至,天气骤冷。连日炎蒸至极点,其势不能不变,天时较人事为可信者在此。夜雨不绝,至侵晨方止。

廿三日　　晴

阅报载李星老于十七逝世,当非讹传。今日为先妣陈夫人冥寿。先妣殁于同治丁卯,恰六十年矣。余与同怀两弟先后登甲科,戚族啧啧称羡。然先妣殁时,余等皆幼稚,非特未及见其成名,而余等并未曾承一日之欢,尽一日之养,虽有子,亦与无同耳。今少莱、南云两弟皆前逝,同怀两妹则嫁后即逝,无可语儿时事者。人生久长,在世复何乐乎?孟纯来,同午饭。饭后学群来,沄儿嘱将代拟星老挽联呈酬,知报载确矣。学群昨乘人力车赴署,途遇军用汽车,撞翻坠地,幸所伤仅皮肤,甚轻。而车则全压坏,车夫臂伤较重,已送医院,亦险极矣。君坦来。傍晚征宇来,云刘资颖亦于昨日逝世。渠此次住津旬日,于近事无所得,所谈皆往事。又云叞老腰疾复发,日来略愈,尚未赴园,大约张园事迄无善策。以耄年遭此艰屯,固不能有好怀也。

廿四日　　晨阴,旋即开晴

漪竹来,尚未起,渠不能候,留《翠眉亭稿》及《燕台鸿爪集》二部,不知何人作,俟见面再询。余极不喜风怀艳体之作,此种诗,刻之徒灾梨枣而已。吴星夫来,谈使领馆经费,探询仍无办法。下午桊疏来,谈至傍晚去,云赴北海。漪竹复来,以桊疏在坐辞之,约其明日来晤。接津信,言叞老已赴园矣。

廿五日　　晴

陈伯材来,促为其族祖母寿诗。漪竹来。海六来。下午熙民自津来,谈至傍晚,与俱至北海漪澜堂,遇桊疏茗话。少顷,复观棋一局,坐中所识者惟杨子安一人。孟纯、君坦拏舟来,遂偕熙民登舟,至五龙亭吃烧饼、荷叶粥散。归已子初矣。

廿六日　　晴

昨室内热度至九十四五度,庭中已逾百度。晚酿雨不成,夜卧甚苦。次薇来,说闲话即去。下午赴季友手谈之约,同季友、立沧、熙民竹战至十二圈,大汗淋漓,甚以为苦。归已子正矣。

廿七日　　晴

有人言昨市上热度最高时至一百十度,未亲验也。午前芝南来,系往宣甫处贺其女公子结婚,便道过访,并谈会馆事。余亦旋赴贺喜,礼堂在南河沿欧美同学会,相距仅六里馀。车往来,汗已浃背。是日蛰园第七十九次钵集，嘿园来小坐，与同去。值课为书衡、季武、莘仙、履川，惟书衡未到。社友到者嘿园外，有樊山、彤士、仲云、子威、沇叔、征宇、寿芬、吉符、孟纯、君坦、履川、迪庵，如此酷热，犹得此数，亦良难矣。傍晚尚有微风，夜更热，与昨等。循例作诗二唱。叟老寿文托履川预拟，已允可。

廿八日　　晴，热与昨同

郭侗伯由津来见访。瑞臣六十诞辰，在福寿堂款客，延至酉初往，犹热不可当。入夜始有微风，睡至黎明，觉有凉气。携书至廊下坐，阴云四布，极盼得雨。倦甚，复小睡一时许，则呆日临窗矣。

廿九日　　晴

昨晚有风，热度较昨似稍减。新馆以义园拓地事，由蒲子雅、李次贡出头，向省馆借四百元，吉丞不能决，芝老谓须邀诸董事公决。早起馆中有知会，约今日午前会议。余以连日酷热，头目昏眩，往还廿里实当不住，只好据实告之。其实余于馆事灰心已久，知区区公产，将来必不能保存，而直年一席，讫不得辞去。去年强拉芝老，即为稍卸仔肩计也。吾乡在都门本无省馆，在南下洼者为福州老馆，有叶台山所题"万里海天臣子，一堂桑梓弟兄"楹联。大门外又有"皇都烟景，福地人文"一联。因乡人每元夕于此放烟火，下洼烟火，为宣南相传之一景。台山福清馆即在其侧，馆中燕誉堂，为承平谦集之所。京曹散直后，每就此憩息，长班预备茶水接待。每夕阳西下，三五知心相从谈话，或擘笺分韵，作击钵折枝之娱。陈缄斋同年言，少年时犹及见其盛。同光以后，寓公杂沓，有人满之患，庭宇芜秽，非复旧观。然上元灯火，犹相沿故事也。在虎坊桥街西者，称福州新馆，为陈望坡尚书故宅。尚书告归，舍宅为馆。光绪中叶，陈玉苍复于东偏拓地，用洋式添建南北厅事。

是时平斋方提倡荔香吟社，每数日必就此作吟局。初仅粗具盘餐，而庖人善于烹调，乡人亦时就此谦客。外省京僚因亦假座福州馆，名厨遂藉藉一时，谦会几无虚日，直至辛亥国变后方止。据故老传闻，则谓前期明时，会馆本在东城某处，为八旗没收，乃别购下洼地。又传洪文襄降清入关时，尝就会馆谦同乡，乡人不义其所为，到者寥寥。即在馆寄居者，届时亦多他出避之，文襄颇不乐。比晚出外者旋归，则床头各有红笺包，封大元宝一个，并名柬一，可想见其豪侈也。文襄所构之洪庄，即在金鱼池旁，与下洼为近，疑下洼老馆亦文襄所构置者，然无可考矣。今之全闽会馆，旧为财神馆，乃盛伯熙祭酒业产。光绪初年，可庄太守向伯熙转购，备作省馆。玉苍为京兆时，就此建闽学堂，仅留后屋十数楹为会馆地，另于西偏车子营辟门，署以全闽会馆。入民国后，学堂以乏经费停止，复将故址出赁为首善医院。近日颇有建议收回作学堂者，此亦将来一争端也。今日暑热微减，闲窗漫记，亦孟元老东华之思耳。漪竹信来，求代乞季武书，当即致季武。午后暑热复炽。夜彻晓不能寐。

　　三十日　　　阴，傍晓有微风

　　睡两时许，比醒已午初矣。食胡饼两枚后，即雇人力车赴景山后，以孟纯昨有约游公园。在彼午饭，忽大风骤起，凉不可当，腹中时时作痛，电家中送夹衣，雨亦旋至。与孟纯、君坦及两女作竟日闲谈，候车至上灯方归，雨尚未止也。今日视昨日，寒暑表落至廿度以外，天时之不可测如此。

七　月

　　初一日　　　晴

　　早晨泻一次，不畅，腹中略舒。昨得季武复书，为漪竹代求季

湘书致何丰林,即交邮局寄漪竹,但许书未必有效耳。下午赴榕
社,作诗三唱归。

初二日　　　晴

致彬侯书,为王员官言电局事。又致君庸书,言崎馆留支事。
饭后修改贞午志铭。傍晚天阴甚,夜雨达晨始止。师郑邮寄《诗史
阁丛刊甲集》二部。

初三日　　　晨微阴,忽冷忽热,似又有酿雨意,下午忽开晴

复师郑明信片,以懒于作书,姑以数行致谢。寄津、崎信。饭
后访芝老略谈,君庸已外出,未晤。顺道到景山后小坐。旋赴移疏
之约,与移疏、季友、熙民手谈,至子初归。日间芝老谈及张子武其
锽,谓此君颇忠实有肝胆,在吴军数年,不名一钱。吴败后,幕客散
尽,独相随不去。报纸传其中途遇难,虽未证实,然终惜其委身非
人,至此收局也。谓当今霸才无主,张之依吴,亦不能尽斥其明珠
暗投。以最近者言之,如徐又铮之文武兼资,岂非有数人物,不过
锋颖太厉,无容人之量耳。下此若林宗孟、邵飘萍、林白水,若生在
承平,彼等手笔,决不至坐困风尘,卒为时势所乘,走入死路。饶宓
僧亦逝矣。去年辽东,去死亦仅一间。吾于此辈,只有怜悯之,不
欲作快心之论。就中子武、又铮,实庸中佼佼者矣。即以吴佩孚
论,使在中兴曾、胡、左、李麾下,虽不知视江、塔、罗、李何如,断不
在刘铭传、刘松山下也。夜醒偶思及,聊抒所见书之。

初四日　　　晴。晨起稍凉,午后热度渐高

孟纯来。务观自津来,小坐,与同到景山后访孟纯。少顷,君
坦亦归,遂同到北海。入门沿塔山西,至傅沅叔所设书铺,及吕威
伯骨董铺一览。至漪澜堂,途遇移疏观棋散,欲上塔山,余以畏热
登陟为难。遂沿长廊过桥,至西岸茶棚,复遇彦侯,畅谈一时许。

复至漪澜堂观烟火，是日为北海开放周岁，故有此设，然实无可观。在漪澜堂各吃汤面一碗代餐，杉疏独吃窝窝头，孟纯初食之，甚以为甘，余亦初次尝新也。散时仅亥正。

初五日　　晴

接崎岛济妇来信，即复之。连日知交以笺面索书者，不下十数处，今日甫打扫净尽。君庸复送来两笺，不图向不搦管之人，又凭空添一债累也。君庸书又言崎馆留支展扣事已照办矣。

初六日　　晴

接津、崎信。龙泉寺僧又来信，催题图之作，甚苦，无以应之。长日阅湘绮集，其《笺启》一门为人求事者十之四五，可想见承平时，冗席乾馆之多，名士声气之盛。黎元洪所谓有饭大家吃者，盖虽非藏富于民，犹不失为藏富于官。自刚毅南下搜括而官贫，至辛丑回銮变政，而有财政集权中央之说，则各行省库局无不贫。向之待养于官者，无所得食，则铤而走险，土崩之祸，此亦其一端也。

初七日　　晴，天气复热

鲁南来，言即晚暂回哈尔滨了家务。下午务观来，与偕至景山后，同君坦往北海。游人如蚁，无觅坐处，盖是日为七夕节，而昨日各衙门又发放数成薪水，故携眷来游者多。雇小车至北岸，复趁船回漪澜堂，徘徊至子初归。

初八日　　晴

闷热尤甚，又不减数日前矣。阅报知冯梦华逝世。林榆园来，以乍起未见之。次赣来，言老馆乡人无理取闹处不一而足，皆一群无赖之人，可恨而实皆可悯者也。傍晚韵白来。

初九日　　晴

杉疏来，因朱聘三方辑《馆选录》，托其查道咸以后，吾乡馆选诸人仕履，余亦只能识其大半，就所知者加注归之。午前往叔筠宅行吊，晤子雅，略及次赣昨日所谈事。归寓若卿已在座，畅谈至饭后方去。是日四弟妇生日，赴炒面胡同晚饭归。夜半腹大痛，起坐摩挲，久之稍愈。比就枕已天明矣。

初十日　　晴

睡起腹仍痛，仅食糜粥一盂，通便两次，皆干粪。午后食面包两块，腹又大痛，连泻五六次，服午时茶，傍晚稍止。疲倦之极，呼张老太婆按摩，据云尚有停积。夜尚能睡。

十一日　　晴

腹痛已止。接崎信。关思敬来，号性存，崧振青中丞侄。求致季武书。樊山书来，送所阅卷烟公司课卷。系石琴求其阅定者，题为金银花七绝。康素二字凤顶。金银花、康素，皆卷烟名也。该公司征诗代广告，即以烟卷作奖品，此事发端于数月前，以资本未集，因并风雅游戏，亦为之搁置。樊山甚不悦，余居间亦甚惭歉也。午后泄泻一次，尚通畅。明日为内人生日，沄夫妇早车来。晚间亲串来祝，坐四席皆满，与常年不甚相远。入夜小雨，稍凉。

十二日　　晨阴甚凉，向午开晴又热

戚友来者不能不周旋，幸腹疾已愈，尚不觉劳顿。傍晚群一自津来，邀其至二条，与务观及朴园、侨民二侄手谈。午原、释戡、秋岳自东兴楼席散复来，在小楼玩月，至子正方散。家中女眷尚未尽散也。夜益热，不欲睡，作题《龙泉检书图》七律一首。"城南名刹犹馀几，容得闲人读画来。师友一时见风谊，江山此日足悲哀。寂寥副墨空传本，辛苦辀轩费镈才。猛惚高秋蒲硐会，古榆无语傍经台。"此诗数易稿，皆不称意。以春海先生为平日景仰之人，画中诸君及作画者，并第一流人物，非一诗所能包括也。又题《听琴图》一首。"检书人往抱琴

谁,九十年光一刹驰。幸不王门安道厚,笑妨道服水云疑。筝琶俗耳休教溷,瓶钵闲缘且自随。聊与招提添掌故,披图谁识画工悲。"此更草草塞责矣。

十三日　　晴

下午浓云四布,微有雷声,仍不成雨,傍晚虹出矣。长日无事,以昨题龙泉二图诗甚不惬意,复另拟七古一章,七绝四章,似尚不落套。夜不成寐,复加改削,录之。"国朝学派凡几变,考据词章能兼擅。仪征晚出集大成,谁其继者惟歙县。南斋再世叨侍从,辀轩四驰收英彦。龙门在望士所归,棘列超跻帝尤眷。东京复见郑司农,六艺九流尽贯穿。僧庐结夏偶寄居,公暇依然亲笔砚。是时阮公亦还朝,白首挈经未厌倦。门生门下喜传薪,每集胜流共文讌。橡茧初编黔播诗,椒馨细订毛韩传。无端鸡梦忽逢占,顿失替人泪成霰。东洲早蒙国士知,孟慈颂南并旧掾。相将萧寺访遗书,别乞鹿床写横卷。百年陈迹履綦荒,东南乱起谁及见。月斋落拓子尹穷,斯文不绝仅如线。追思蒲硐醉中言,谭生当日犹婉娈。副墨终刊粤雅堂,修廊莫问懋勤殿。此图偶脱劫燹馀,留镇山门足叹羡。题诗并语辩才师,有酒勿轻出缸面。""检书人往抱琴谁,古刹城南亦仅遗。聊与伽蓝添掌故,风光休负牡丹时。""飘飘云表飞鸿远,洒落野游大□行。满地烽尘厌鼙鼓,闻根到此各为清。""旧梦春明那复谈,人间佳处只茅庵。宫弦绝后焦桐在,此意应从画外参。""远公故事传三笑,中散同心得七贤。想见解衣磅礴乐,消除百虑是真禅。"绝句亦无聊之甚,以题本无聊也,但略胜于律诗之落套耳。兰亭集竟是帖末二句拟改为"慈仁香火倘可援,岁岁花时申盥荐"。"东南"句下添"文选楼倾甲第非,钱塘涛涌狼烽遍"。

十四日　　晴

阅报见师郑有答余绝句数首,尚佳。师郑前以《诗史阁丛刊》见惠,余复书有"陋巷虽贫,名山自寿,此吾辈所差堪壮气者"。渠乃以此意衍为数章。饭后务观、孟纯、鲁舆先后来,孟纯先去。傍晚与务观、鲁舆同往中央公园玩月,游客殊不甚多,闲谈至亥正归。

十五日 晴

致明净书,缴所题检书七古一章,前作又略有删改。其《听琴图》因不惬意,且搁之。饭后出城访群一,未遇。与若卿略谈,旋赴榕社之期。羧老于昨日来,熙民晚车至,天气过热,仅作二唱散。

十六日 阴

熙民早晨来,与同到润贝勒府拜寿,贝勒号德轩,今年五十正寿。遇毅夫。旋到二条午饭。熙民去后,余亦旋寓。与务观同到景山后,因孟纯五十诞辰,今日补觞客也。座间与履川论《黄报》登闇公所作羧老寿文,虽气格不高,而措语极得体,布局亦好。履川以汉魏六朝之法眼观之,固宜其不满意也。履川所允捉刀之件,云旬日内可完,未知结构如何。在景山后手谈,至亥正散。

十七日 天明睡醒,微闻有雨声,起来尚渐沥不断

昨日沉阴,闷郁终日,始得此一场甘澍,或冀渐入秋气矣。午后雨稍止,申酉间竟大放晴。今日榕社合社同人,每人出赀半圆,为孟纯补祝,到者廿馀人,作诗三唱。羧老亦到。征宇寿孟纯一诗,极有意致。今日世界,卓、鲁、班、扬一齐束阁,复何说哉!

十八日 晴

热度渐退,可着单衣矣。年后复稍热。务观、孟纯来。是日为蛰园第八十次钵集,余与樊山、颖人、寿芬轮值,到者有守瑕、师郑、杉疏、治芗、巽庵、彤士、子威、征宇、吉符、仲云、嘿园、莘仙、迪庵、孟纯、履川、君坦,而熙民与沄儿适在京,共二十二人。视前数次为盛,诗亦较佳,作二唱散,仅子初也。

十九日 阴,午前微雨,又有凉意

日来因蘩女病又深,殊焦急。而戚属之赋闲不了者甚多,筹思无策,饭后借媒黄妳逃之黑甜。是日为午原堂庆,昨本与杉疏、熙

民约赴彼手谈。正沉酣时，电话来催，大雨方滂沱，遂借词回报，失礼爽约，不复计矣。夜雨稍止。兀坐无聊，拟作叕老寿诗，竟不能成一字，亦心绪恶劣使然也。

二十日　　晴

早晨风甚大，可着夹衣，过午方稍暖。孟纯、君坦来。饭后孝吉来，取所乞珍午墓志，志文乃君坦代草，略有删润。因所送行述，于台垣建白及在官宦迹，简略之极，询奏疏，亦无存稿。余虽粗知一二，不能架空立说，只得以汉碑之体为之，敷衍塞责而已，殊负亡友。然古人固云"身后名，何如生前一杯酒"，思及此，则文字亦赘物也。

廿一日　　晴

漪午来，言赈务馀款事，嘱再商洋人，用会馆名义，提取其前汇闽之款。蔡镜湖至今未报告有无拨用，民国人办事，大都如此，可叹也。饭后熙民伉俪来，约戚友女眷数人斗牌，至晚方散。

廿二日　　晴

饭后赴季友之约，与季友、熙民、朗溪作雀戏十二圈。散尚早。晤小真。

廿三日　　晴

晨起接崎信。午间赴熙民广和居之约，坐有小真、杉疏、朗溪、志琴及沄儿。散后偕杉疏、熙民至季友寓斋作雀戏十六圈，散亦不迟。连日稍热，傍晚得大雨一阵，旋即止。归亦不迟。

廿四日　　晴

赴芝南宅，贺其次孙纳妇。芝南谈及赈款事，谓须开董事会，订立保管提用章程，深以前此策六作事颟顸为不然。此翁毕竟老练于事，远胜于叕老之一味长者。坐间晤梦旦，新自沪来。旋至征宇处贺其介弟夙之嫁女,卓、陈盖新姻也。征宇假座福寿堂款客,坚留午筵,在座有伯玉兄弟及宰平、幼庸,谈甚畅。午后小睡。幼梅、魏侪傍晚来,留共手谈,至子初散。

廿五日

向晓睡中闻雨声,滂沱约一时许始止,朦胧一觉,红日已上窗矣。午初复大雨一阵,霁后尚有微云。伯南自闽来,借幼庸宅约耆年会。此会创自琴南,初约每月一举,嗣改于各人生朝前后款客,行之已十稔矣。今年玉苍、贞贤、朗溪、幼庸生朝皆未款客,在会者人亦寥寥,不久当废矣。

廿六日　　晴

君坦来,同午饭。午后熙民来。有同乡亲眷同牌局,余未与。

廿七日　　雨,连绵不绝

饭后冒雨至二条视诚孙病,已清热通便矣。与沄儿商酌寿弢老长排,复有改定。雨至半夜方止。

廿八日　　晴

改定弢老寿诗,尚有斟酌。又为仲云作《居易斋丙丁集序》,极草率,俟再录。傍晚务观来,留共晚饭,作手谈。

廿九日　　晴

下午孟纯来,与同到景山后小坐。同孟纯、君坦赴中央公园,途遇熙民赴北城,约随后往。先后遇桼疏、彤士、贞贤、梅生、嘿园及和侄,闲谈至亥正归。贞贤病后,憔悴特甚,神经似亦不无错乱。执手絮语,谓吾辈何以生于今日?其实中国之乱,岂自今日乎?又谈及辛丑迎銮事,余亦为之感动。盖辛丑回銮,贞贤与景溪,皆盛杏荪尚书派令筹备两宫车辆及一切供应事。其时火车仅通至正定,余随跸至彼。同乡西来者尚有廉孙弼、俞梅贞,其驻跸三日,与二君晨夕盘桓,是为相识之始。贞贤之得武进信任,亦始于此时。自此积赀逾百万,民国前十年间,犹能为长袖之舞。比年来种种损耗,将近破产,遂忧郁成疾。人生穷达得丧,皆时运为之,营营者可以返矣。

八　月

初一日

晨起闻沄儿昨晚汽车陷沟,脑后碰伤,即晚赴德国医院,今早由医院回。皆方拾珊商同德医,暂用麻药止痛,因即往视。幸筋骨无伤,皮肤亦未破,而震力过重,致负痛不能转动。据拾珊来云,大体无伤,惟犹须偃卧三五日方能复元。下午赴榕社例会,作诗二唱,亥正散。

初二日　　　晴

务观、孟纯、君坦由二条看病,顺道同来。沄儿痛尚未大减,留三君午饭。饭后移疏来,约莲蕃同手谈,至晚饭后即散。夜坐无事,录昨所作仲云《居易斋集》序文,其实不足存也。"《三百篇》录《国风》,终于《曹》、《桧》,而战国遂无诗。其果无诗耶?抑有之而不尽传也。晚近来,争地争城之剧战,与夫纵横捭阖、重阴谋,不亚于战国。起翦仪秦,交相为用,惟诗最无用。然而海内诗家方兴未艾,岂诗终不可废欤!仲云囊以榆园诸集见示,余既为序而行之矣。顷复汇辑丙丁二年所作诗,删存得二卷。君之诗,大抵与年俱进,而又博闻强识,充其才力所至,不难与古作者争衡。今读卷中《北海杂诗》及《海子行》诸篇,皆有关国故。上巳禊集诸长篇,并顿挫淋漓,有横扫千军之概。其稊园、蛰园社作,则分编为外集,亦见别裁之审。余精力衰耗,近已不复能为诗,泛览而已,然舍此竟无以自遣。每得时贤流传佳什,辄为之讽诵不置。昔曹孟德一世之雄,犹以酾酒横槊自负,建安七子,实老瞒为开先。魏郑公出入群盗中,亦有感时之作。贞观嘉谟,斯其嚆矢,今之世复有其人乎?'风雨如晦,鸡鸣不已',使人人皆以风雅为依归,则诗教之所益大矣。吾甚愿仲云之锲而弗舍也。"

初三日　　晴

往二条看沄儿，痛似渐减，饭后回寓。芝老来，谈赈款事，甚愤愤，决定开会讨论。下午务观、合奇、惠侄先后来，手谈。和侄遣人送伯玉嘱致几道《瘝垫堂诗集》一本。夜微雨一阵。

初四日　　时阴时晴，午后复阴，雨仍未下

阅报云长崎大风雨，水灾漂没数百家，领馆亦在海滨，不知有无损失，甚为悬念，邮寄一信往询。孟纯、君坦来。饭后往二条看沄儿病，候拾珊诊后即归。痛虽未止，人似日有起色也。

初五日　　晨起微阴，向午始见日，蒸郁似夏令

饭后到二条，旋出城至车子营会馆，讨论闽赈款事。到者仅芝老、漪午、策六、吉臣，经策六报告一切，芝老意少解。但嘱作信致闽赈务处，询前汇十万之款曾否动用，尚存若干，详细作复。散后至季友处，与季友、立沧、熙民作雀戏十六圈，以夜深遣车先归。另雇汽车，临时不至，复候车一时许，归寓已向晓矣。

初六日　　终日阴，至晚始开晴

饭后至那家花园贺绛生令郎结婚。回寓小憩。同务观至二条。改乘汽车，赴龙泉寺逸梅和尚之招。龙泉寺龙榆，即在春海先生著书室窗前。前殿有楸树一株，亦甚古。座间熟人有陈梅生、贺履之、吴莲溪，而邓北堂为之招待员。逸梅出所藏书画展玩，候治芗不至。傍晚登蔬筵，散已天黑矣。同座尚有江西壬辰翰林某君，叙年谊，因未便询姓字，俟再查。尚有称前辈者一人，亦不便询之。

初七日　　晴

饭后到二条，沄儿痛仍未差，大约复元尚费时日。晚饭后始归。务观来。

初八日　　晴

午后阴甚，傍晚复开霁，似有秋旱之象。务观来。夜甚凉。

初九日　　晨阴，申酉后复见日光

到二条回。复到景山后，君坦外出，留托书寿联及寿诗交葵女。与孟纯闲话，至上灯归。若卿、幼梅在此手谈。务观来。寿仲枢五十联："画禅署室金门隐；寿骨传家玉署仙。"似尚雅切。

初十日　　阴

履川来，交代撰羧老寿文。孟纯、君坦同来，共午饭。傍午雨意甚浓，仅下一急阵，数分钟即止，旋开晴。赵次珊前辈接三，往吊。归途至二条，沄儿痛渐差。晚务观来。鲁舆亦来，告后日赴东。灯下改履川所作羧老寿文。

十一日　　晴

连日斟酌羧老寿文。下午熙民、若卿来，俱小坐即去。傍晚赴灵清宫晤羧老，呈履川所作寿文，并自拟寿文及诗。羧老于履川作微嫌冗散，阅余作尚无贬词。但余序文实不逮寿诗，自知之明。而寿诗作排律，只能做到工整，不能有真挚之语。羧老并出伯严寿文见示，正大老当，恐当为此次介寿作之冠。座间晤升枚、行陀、吉庐、征宇，留晚饭，又谈片刻始归。

十二日　　晴

陈鼎臣来，未晤。熙民、立沧先后来。约伯炅夫人与内眷手谈，为壁上观。灯下稍了笔墨馀债。

十三日　　晴

晨至二条，沄儿已能涉园，午饭后回寓。旋到聚贤堂，贺羧老第三郎止士结婚，羧老于结婚之先即回本宅，未及晤。座间为熙民约，同立沧、朗谿到渠宅手谈，子正归。

十四日　　晴

琴庄、海六来，呈柬帖，十六东兴楼午饭陪弢老，尚有己酉拔贡数人。陈宝銮、王汉征、方朝恒、廖昌赓、陈延龄。晚出域赴大井胡同仲枢处拜寿，弢老亦到。归寓作《题刘君寿椿摄守潞安事略诗》。"始子而终亥，匆匆一纪事。宫邻与金虎，矫托皆民气。刘君仁者勇，岂止古循吏。使立于庙堂，肯效相弘辈。中原今无主，暴民起专制。君犹及清时，居下能行志。"趁笔为之，真打油腔之不如矣。务观晚来，未晤。

十五日　　中秋节。晨阴，过午始渐开晴

孟纯、君坦、韵白来拜节。晚饭后，刚儿挈勤孙及金台孙女赴北海泛舟，余因恐人挤未同往。归来询知，是晚游人殊不多，都中近况可想也。

十六日　　晴

午前至二条小坐，即赴东兴楼之约。所请者弢傅外，有艾卿、瑞臣，皆庚戌同阅卷者，又有林樾疏乃陪客。散后往观季友，足疾已渐瘳。旋赴车子营会馆榕社之约，社中诸友以余生日，循例醵资。每人六角，已减从前之半。洎社亦有加入者，适弢老在京，故到者尚多。弢老兴殊不浅，鼓勇共作三唱，直至丑初方散。王汉征，字秋浦。方朝恒，字威馀。廖昌赓，字幻晴。陈延龄，字又虎。

十七日　　晴

饭后至二条，晤立之。是日约耆年会同人小集，到者有弢老、芝老、立沧、熙民、樾疏、贞贤、幼庸、稚辛、承梅、伯南，惟贞贤因病未愈，未入席先去。畅谈至亥初散。

十八日　　晴

方威馀、廖幻晴、陈又虎来，三君久在教育部者。孟纯、章民、务观来。张慎之，名勤益，福州驻防，自汴来。午后至福寿堂贺伯玉

嫁妹。又至芝老处拜寿。晚赴彀老之约,同席为泽公、润贝子、艾卿、瑞臣诸公。归途月色甚佳,不胜玉宇琼楼之叹。向晓睡醒,闻风雨声甚急,似有狂雨一阵,朦胧复睡去。皇室藏内产折千馀于华比银行,此次政府设立官产处,竟被一库掌私取出,送于该处留京办事处。向之交涉,竟置不理,并收据亦不与,此为第二鹿钟麟矣。而贵族之愦愦无能,亦足令人太息者。办事处为润贝勒及艾卿。

十九日　　晴

晨起风甚大,询仆人知昨夕并未下雨,风竟日不止。下午至二条。旋赴芝老耆年会之约,至亥正归。接崎信,济已出医院。

二十日　　晴

昨晚微感寒,今晨睡醒,觉头痛喉干,并畏寒,腹时时作痛。卧至午饭方起,食小米粥一盂。下午力疾,赴征宇处拜寿,其夫人六十正庆也。夜腹痛未止,时有鼻涕,服白兰地酒一小杯就睡,辗转不成寐。重衾拥覆,渐觉回温有微汗,至寅初始睡熟。

二十一日　　晴

接友琴信,言济病渐见愈。沄儿挈两孙来,据云坐人力车尚觉昏眩,稍谈即促其去。今晨又出汗,似感冒已清,而腰间酸痛特甚,腹痛亦未愈。呼张太婆按摩。午后食开花馒头三个。饭后通大便一次。晚亲串来祝寿者络绎,已能勉强周旋矣。

二十二日　　晴

亲朋以诞日见顾,略如往年。沄儿因未能来寓,欲余午后到彼,约数人共手谈。季友适来,邀之入局。归寓,女客犹未散也。接友琴回信。

二十三日　　晴

接崎信,济血止后,身体尚软弱。下午至二条,向暮始返。录寿弢老诗四十韵。"清节尚书后，耆年大董臻。摭言光往牒，论道有师臣。百尔徒充位，双南早许身。梁村寻坠绪，左海溯前津。南服初持节，中书孰秉钧。高衢方待骋，直道古难伸。缅昔连茹拔，争传谏草珍。陈涛冤次律，湘水惜灵均。台阁翔群彦，江湖署散人。陔馀勤纂述，门下仰陶甄。园橘堪供赋，岩松自写真。通书朝贵绝，问俗海童亲。士慕登龙李，人推祭酒荀。攀弓痛銮驭，束帛促招轮。讲幄仍丹地，朝班尚紫宸。重吟前度观，几积后来薪。燕处凭营柱，狐鸣起棘蓁。圣功赖蒙养，禅诏逼宫邻。社饭年时感，弈棋翻覆频。已寒金匮誓，谁扈翠华巡。纶邑曾兴夏，岐山亦去邠。宸箴时献纳，饘橐备艰辛。宗祀存钟簴，天骄识凤麟。殷忧犹集蓼，归兴忍思莼。恩宴逢周甲，遐龄应降申。东堂温昨梦，南极照秋旻。啖饼残牙在，书屏法语新。晚花呼寿友，朔雁恰来宾。慧业超千佛，孤根系五伦。引喤只文字，锡羡叠丝纶。末学惭窥管，前修每望尘。史成偕载笔，礼阁记连茵。洛社瞻尊宿，蓬山证夙因。纵谈元祐局，还忆曲江春。退舍占荧惑，停梭问结璘。世情有朝暮，吾道讵缁磷。旧隐思神晏，新诗和颍滨。云霄输鹤健，子姓复麟振。鸿宝方皆妄，霓裳曲未湮。尧天长共戴，更数八千椿。"

廿四日　　晴

作翁铜士、王莲堂寿诗二首，并寿弢老诗，函托君坦代书。翁诗云："垂白知君结习痴，千金为寿不如诗。闲曹惯袖观棋手，佳偶能齐举案眉。吟钵月泉多社侣，芳尊彭泽及芳时。华宗办作覃溪叟，岁岁芝麻写颂词。"王诗云："政谱传家夙有声，曾从山左识难兄。鳣堂坐看人文起，凫舄归来治化成。泮藻重赓传盛事，径松自抚订寒盟。一经留得孙曾业，老福君应胜伏生。"王年八十，曾为安徽铜陵令。翁则粞园社友也。

廿五日　　晴

务观来，留共午饭。是日为蛰园第八十一次会期，征宇、彤士、孟纯、君坦值课。到者有樊山、师郑、沅叔、寿峰、巽庵、仲云、吉符、颖人、子威、莘仙、嘿园、迪庵、履川。沄儿因伤后未复元，仅与先到诸君略周旋数语。散已子正矣。

廿六日　　晴

务观约同刚儿至义和居陪立之午饭。归后下午务观与孟纯复同来，共晚饭。谈至亥正，雷电交作始散去。而急点一小阵，不及二三分钟便止，天气之不可料如此。

廿七日　　晴

履川所代拟叕老寿文屡经删改，今日始脱稿。履川此文本预备为同乡公祝用，因其文中贪发议论，于徐东海、罗叔蕴均有诋諆，实则节外生枝，且冗蔓处甚多。而策六又嘱秋岳撰拟，君坦谓履川素自负，若置之不用，又似于渠面子上过不去。因与沄儿商，作为蛰园社中同乡公祝，乃迁就履川而有此举，然其冗蔓处，究不能不痛删也。夜雷雨一阵，较昨稍大。

廿八日　　晴

沄儿生日。下午亲串聚集二条，季湘亦来晚饭。嘿园、季湘亦尚赞成改定履川所作文。录下："形寿有尽也，而世变无纪极。以有涯之生，而遭离奇不可度测之变，则弱者与世推移，污合流同，以苟遂其生。健者慷慨奋臆起，不则捐躯命以赴其志，彼皆未得其养。然盖世之裕于养者，平居洞悉古今事，幾微晓然，是非荣辱，祸福无足为重轻。则世之巨变大故，皆无足震异，因物应变，不失尺寸。其精诚所至，可以贯金石，而不敝区区长生。久视之效，犹其末已。吾乡自李伯纪、黄石斋以忠义显于宋明之世，风俗所蔚，代产节慨士。叕庵太傅夙习乡老教，自列词垣，风骨即棱棱不可犯。国政得失，知无不尽言。每疏出，朝野争传诵，直声震天下。曾炘自通籍，官曹署，则公已被命持节南洋。未几，即因事去职，时论咸为惋惜，公殊不以介怀。家居以教授后进为乐，佐当事，营乡里福利。戊戌逮庚子之变，外国兵逼京畿，乘舆播迁，忠臣义士凋丧几尽。伏处莫能少救，悲伤忧咤，一发于咏歌。宣统初，虽征起授读，国势已颓然无可挽。辛亥变起，益举五千年治法悉扫除之。

而公自罢免迄再出,中间坐废其岁月不得行其志者,亦且三十年,斯真今古希有会也。公之为痛,乃益非人所能识。既以师傅仍值毓庆宫,曾炘适幸在朝列,又时相从为吟社游。投分日亲,志事益得相技豁,慨然于吾曹以垂老历亘古未有大变,警痛相爱,所以自处其身者,远无所比附。公以孤立之身,当群疑之会,十馀年来,祸难频仍,黄发番番,独自任其保辅匡弼之责。不敢以忧伤抑郁促其生,不敢以耄老乞休逸其身,不敢以气节风操自鸣其真,举世之谤讥毁誉,无足为劝沮,非当今人臣之极则欤!恭俭退让,居恒粥粥若无能,而中所蕴怀,万夫不可夺。所见著于外,虽大耄,而饮啖步履,乃亦非后生所及。斯所谓逃名以全真、尽忠以致身者,然欤? 非欤? 天锡以修龄以相吾君,以维系世教于不坠地,而期祝其不老,固国人职也。公今兹八十之年,又值登瀛周甲,同人谋所以为寿者。间以语公,公愀然曰:'世变今乃益烈,所为㴉涩苟活者,为吾君在也。今相看各笃老,虽不为世辱,然四顾皇然,耄耋之年,方痛日月之逾迈也。名场得隽,一时之遇合;礼闱春宴,罢之久矣。昔日抡文之地,今且鞠为茂草,又何荣宠之足言? 曾炘独以世变无足论,要有能持其变者,公抱不世之姿,役役无所试。改步而后,以帝师哀然居遗逸首,其德望气度,足以涵煦万汇,为吾闽光者,犹足动一世慕,苟得时,而其效不可想见哉! 彼褚渊、冯道辈,固无足道。即以故事论,溧阳、无锡、吴县诸老,巍科硕辅,黼黻承平,较其树立,岂能有加于公乎? 推量今古运会之升降,与系风节教化之盛衰,非公无以明。而叙述志事行谊以深,求其闳识孤怀所在,俾闻风者知所兴起,其于世俗称寿之文,相去远矣。曾炘夙承知爱,驽朽无能为役,第就平日亲炙所及者著之篇,即致其无疆之颂祝。世患虽殷,吾道自有其贞胜者在,泰上成均之治,又安知不再显于今也。'

廿九日　　晴

午后务观来,与同到北海,并电约孟纯随到。在漪澜堂水际坐至傍晚,散步至濠濮间,循堤畔出,归寓已上灯,是日游人甚稀。亥正雷雨大作,雷声震屋宇,凡数十巨响,至子初方止,近年所罕见也。又一时许,雨始止。

三十日　晴,时有阴云

卯正醒,右腹气结作痛,急起在屋内旋步自摩挲。因忆苏龛言,渠每日黎明即起,专整理架上书籍及屋内陈设物,旁及洒扫之事,为每晨常课。至日出举家起后,方进食观书作字。因师其法,将室中插架书,按卷点查,分类排次,共百馀部。立案头凡一时许,搬运出入内外室,至十数次,殊不觉劳,腹痛亦少减。午间通大便一次,痛渐止。余近来遇小病恙,辄以意自调理,不藉医药力,亦时能见效。然留此顽躯,饱阅忧患,亦极无谓矣。

九　月

初一日　晴

辰初起,仍检点书籍。伯才来,订日内恒善社便饭。是日榕社会期为东道,酬前日诸君生日之宴。饭后到二条,遇劳少麟,谈稍久,即出城赴车子营会馆。熙民亦于晚车赶到,闻弢老重遇恩荣宴,已得旨赏双眼翎,此外锡赉则未详,有《纪恩诗》。社侣到者不及二十人,作二唱散。蒲子雅见邀晚饭,未能往。

初二日　晴

辰初起,右腹复痛,连及腰胯。力疾排整《韵府》一部。熙民电约手谈,未往。傍晚痛渐止。务观、燮侄先后来,畅谈至亥正后方去。

初二日　晴

因昨委顿,迟至辰正后方起。甚矣,有恒之难也。张慎之忽来书借百元,抄手空空,无以应之。孟纯来,少坐即去。

初三日　晴

腹痛渐愈。午后赴聚贤堂,为子雅世兄证婚。散后至景山后,与孟纯、君坦闲谈,归已昏黑矣。

初四日　　晴

晨到二条,遇务观。午饭后与同回寓小坐。复同到中央公园,游人亦不多。在水榭啜茗一时许,复同到书画展览会,真迹不多。有刘石庵手迹横卷甚佳,索价三百元。遇杨采南,略周旋。旋到长美轩吃汤面,傍晚始散。赴伯才恒善社晚饭,同席有芝老、季武及蒋乃时之封翁数人。与蒋同来者,尚有一同乡老者,未及询其姓号也。

邴庐日记三

九　月

初五日　　阴甚,风大起

饭后至二条小坐,忽来一阵雨,即止。旋出城到绳匠胡同,吊左笏卿同年。笏卿今年八十二,病喘已多年矣。即赴米市胡同拜立沧生日,与立沧、熙民、季友、阆谿手谈,至子正方散。风止犹寒,可着重棉矣。

初六日　　晴

天气又趋和暖,棉衣已卸,尚有微风。孟纯来。饭后睡一时许,殊不酣适。傍晚风又起,复着棉矣。

初七日　　晴

连日又晏起,今晨卯正即起。研墨一壶,暖日临窗,竹影摇漾,坐对之甚适。而长崎信来,又增懊恼,些须福分亦不能享受,吾生何其苦耶!到二条,孙辈适在照相,因亦在庭下照两相,与沄儿略谈即回。饭后复济儿信。傍晚四妹、六妹自津来,群一亦来,留共晚饭。

初八日　　晴

崎又来电,依昨信电复之。沄儿脑筋久未复元,济在海外又思归,盼款甚巨,一时未有以应之,烦恼万状。饭后无聊极,至景山后与君坦闲谈，至傍晚孟纯始归，复略谈，少顷方返。

初九日　晴

午前到二条，小坐。即赴释戡陶然亭登高之约，座间皆熟人，惟书衡病后初晤面。移疏由青岛初归，移疏言弢老亦于昨日到京。席散摄影后，余先散。至上斜街，因林皞老三周年往拜，芝南、夷俶亦旋往，约同赴北海。至后堂与若卿、四妹、六妹略周旋，渠等挽留晚饭，以与二君有约在先辞之。在北海茶棚坐谈甚久，循漪澜堂回廊，至蟠青室书铺访沅叔，其西偏精舍三间尚幽雅。天已曛黑，略坐即出园，分散归。晚又接崎信，济已电部以有面陈事请回国，一行尚未得复云。

初十日　晴

早晨幼梅来，面交代缮蛰园诸友送弢老寿屏八幅，即留同午饭。下午至二条。劳少麟适在，谈近日战事，似颇不得手，于时局亦抱悲观，相与嗟叹久之。本拟到灵清宫一访弢老，而心绪极劣，遂赴泉侄晚饭之约。归已子正后矣。

十一日　晴

崎馆款尚未筹便，时局又棘，种下烦恼。饭后幼梅来，略谈即去。君坦、务观适亦在此。下午宋仲来，手谈。

十二日　晴

晨起到二条，孟纯适在彼。务观亦来，谈至午饭后。与孟纯、务观复回三条，久谈乃去。沄交钞票二百，内人又凑一百，勉强汇崎。昨今军事尚沉寂。下午无事，连日检空箱中拉杂书札付丙，其二三友朋佳牍佳什，堪宝藏者另提出，然不及十之一耳。高蔚然、王义门见赠两诗均在，甚可喜。亥正即睡，闻自鸣钟打十一点后，已入甜乡矣。

十三日 阴

昨夜睡直至卯初后始醒，近来所稀有也。披衣起，天甫微明。在灯下杂临《清爱堂帖》十数行，虽不工，而意兴殊畅适。以天气陡冷，复拥被睡一时许方起。故纸中检得《陈叔毅行述》，载其国变后致弢庵书，云"方今各省，外帖服而内把持，殆如十国之奉朱梁正朔。即使勉强统一，而似此国体民德，举所有纲常礼教及一切防范之具，一扫而空之。而惟利之争，惟权之竞，将何所恃？以纲维久远者，'名不正则言不顺'，圣人之言，正为今日而发"云云。此犹就当时情势言之，岂知十年后之变患，乃至此极乎？又引深宁书所记朱希真避地广中《小尽行》云："藤州三月作小尽，梧州三月作大尽。哀哉官历今不颁，忆昔升平泪成阵。我今何异桃源人，落叶如秋花作春。但恨未能与世隔，时闻丧乱空伤神。"谓与村居一年来情景维肖。叔毅没于壬子腊月，此其绝笔也。今则普天无完土，桃源亦属空言。吾辈蓬转萍漂，又从何处托命耶？可痛已。饭后阅《援鹑堂笔记》，幼时读《五经旁训》，不知撰于何人，据姚记，乃明初朱允升所作。朱名升，又号枫林，休宁人。特志之。重阴黯惨，终日闷坐无聊。亥正即睡。

十四日 阴

寅正即醒，披衣坐至天明始起。巳午间始放晴出日。君坦、幼梅先后来，同午饭方去。下午至二条，适步鑾在彼，谈至向晚。赴岩孙处，是日为渠生日。归已交子矣。

十五日 阴，向午已晴

同沄儿及孙辈并少麟至那家花园一览，结构尚不俗。铭鼎臣将军自吉林乞病归，优游林下者二十馀年，可谓极人间之清福矣。复到东兴楼午饭。务观来，言前敌运回伤兵甚多。又闻少麟言紫荆关一路较吃紧。傍晚往忠信堂，拜铜士寿，遇书衡同席。旋到车子营榕社例会，作二唱归。寒甚，似有霜信矣。得崎信。

十六日　　晴，微有风

心绪极劣，饭后蒙被卧，至日仄始起。务观来，略谈军事消息去。

十七日　　晴，仍有风

阅报纸言南口外已下雪，日来之骤冷，想以此也。畿南战迹尚佳，且观其后。日来艰窘非常，四妹、惠侄见约，俱未赴。拟杜门十日不出，以试其忍穷之学养，然卒不能自克。昨今午后俱大睡一觉，夜复不耐枯坐，亥初即上床。丑正醒，右腹及两太阳俱痛甚，以卧时太多之故。不得已披衣起，取架上《胡文忠书牍》读之，觉一片血诚，跃跃纸上，不知诸葛公较之何如，陆敬舆、李伯纪恐皆不逮也。吾辈虽生不逢辰，而平日委靡不振，自暴弃者多矣。晚景颠连，复谁怼乎？文忠致严渭春书云："天下惟世故深误国事，一部《水浒》，教坏天下强有力而思不逞之民。一部《红楼梦》，教坏天下之堂官、掌印、司官、督抚、司道、首府及一切红人，专意揣摩迎合，吃醋捣鬼。当痛除此习，独行其志。阴阳怕懵懂，不必计及一切。"末数语是其安身立命处，此老少年想亦沉酣于稗官小说者耶？天明复就枕，睡仍熟。

十八日　　晴，仍冷甚

接崎信，济已定计即日回。作《陶然亭登高分韵诗》送释戡，极草草。不知才尽耶？抑题太熟，无可抒写耶？姑录下。"城南堆阜如覆箦，承平有此觞咏地。山门一道古槐阴，剧忆盲僧殊斌媚。将军绰有征虏风，惯招佳客饮文字。高处甘输俗子游，闲中自领枯禅意。野潭半涸葭菼荒，西山隔堞尚横翠。一黾主客地有馀，政恐龙山逊高致。老生常谈世所嗤，为君强制新亭泪。黄花霜信不妨迟，得酒逢辰且欢醉。"晚务观、韵白来，小坐即去。

十九日　　晴，天气渐回暖

午刻同务观赴福兴居立之约，坐中熟人只赵剑秋、吴董卿及杨晴川，馀皆初面。下午移疏来，言燹老为津门一班人留在津过寿日，拟廿四回京。几士已改廿五款客，惟廿三仍有备席，同乡熟人及戚好，是日亦可往凑热闹也。傍晚若水来。

廿日　　晴

晨起嘿园来，与同到二条。午饭后晤少麟，谈近畿事，消息甚恶。归寓后，沄又遣人送一信来，信中未著姓名。言涿州、密云皆已复，未知可靠否。崎信来，济复咯血，急于返国，拟稍止仍行，殊悬系也。少时读《石头记》，尝笑大观园查抄时，贾迎春独兀坐看《太上感应篇》，试问舍此，更有何策乎？释戡书来，询昨送诗笺，落一字即复之。君庸录登高诗见示，并送《章草释文》跋语一分。颖生傍晚来，略谈闽中近状，沧海横流，处处不安。吾其奈之何哉！

廿一日　　晴

杨济庵来，砚痴子。言子恂丈尚有遗诗二三百首，渠有录本，但少作为多，中年不甚作诗也。饭后城内三处庆吊。旋出城赴车子营会馆秋叙，候芝老，至申初始至。无甚提议事，秩序极整，为数年所仅见。又至虎坊桥新馆秋叙，则大不然，争馆章、争举董事，怒詈拍案，皆馆中所住无赖之徒。幸于值年尚无侵犯，争辩至一时许始决。次贡、叔珏辞退照准，子雅辞退仍婉留，并举叶乃崇、陈伯才及策六三人充新董。乃崇为子雅所密荐，余提出者伯才、策六，皆馆中同乡所推举，敷衍了局而散。至二条晤少麟，知涿州、密云及北路战胜皆确，惟馀孽尚多，恐非暂时所能肃清。又接嘿园电，索前所拟叕老寿文稿，以张园诸公互相推让，竟未成篇。艾卿着急，托嘿园来取以塞责，然余原稿虽经叕老阅过，因后段不惬意置之。前数日叕老即托人来询问，屡改终不惬。而幾士、嘿园又嘱组南来索，以时日过迫，至在踌躇。接电后知无可推托，即就沄儿案头默写，并草草将后幅改定，送嘿园，终未十分妥帖也。俟暇再录之。在二条晚饭后回寓。林实馨自闽回，来谒，以出城未获晤。并携闽中乡味三种见惠，物微而厚意，殊可感。附录叕老寿文。"叕庵太傅七十诞辰，曾炘尝献诗为寿引。公两次典试，所命题为晚节、符券，迄今又十年矣。世乱益梦，浸寻而有甲子十月之变。左右亲臣，咸张皇失措，公独以镇定处之。艰难扈从，终奠厥居。年跻大耋，神明弥固，所谓托孤寄命，大节不夺，与夫岁寒后凋者，乃征诸后事而益信。公始以弱冠登玉堂，大考超擢，再迁至阁学。持节南洋，犹未及强仕之岁。家居垂三十年，聚徒讲学，有终焉之志。宣统纪元，特旨宣召，拜晋抚。未及行，复留授读毓庆宫。未逾年，而逊位诏下，朝官星散。同值自陆文端外，若梧生、节庵、仲平年辈皆远后于公，先后谢世。独公朝夕讲帷，未或暂离。比年随扈津沽，退值之暇，坐卧一小楼独居，深念幾微，不形于色。间因事至京，寒暑跋涉，未尝苦劳。远近丐书及诗文者，日不暇给。门生故旧，过从谈艺，或留连至夜分，无倦容。以夏臣糜之孤忠，兼卫武公之耄，学人第羡其得天之厚，不知此正可以观天意也。曾炘曩直枢垣，得读公留中封事，叹为陆敬舆、王元之后所仅见。嗣在礼学馆，并恭修德庙《本纪》、《实录》。共事至久，公以曾炘久直禁廷，许为粗谙掌故。然公登朝先一纪，中兴以来人物，以及朝局之变迁，时政之得失，则公所得为较详。天山界约、滇粤闽洋战事，始末曲折，官书所不尽载者，独能娓娓言之。燕都历辽、金、元、明，退谷春明之录，竹垞旧闻之辑，自朝市变更，文物声明随之荡尽。而虎坊桥会馆，为先德文诚公之旧邸，吾乡人春秋社饮，顾瞻堂构，犹深仰止。思西郊钓鱼台，则公数年前之赐庄，睿藻犹新，林木弥茂，每佳日登临，白叟黄童，莫不争瞻丰采。昔孟子与齐宣王论进贤，有乔木、世臣之喻，而致慨于昔者所进，不知其亡。居今日而言乔木、世臣，意惟公始足以当之。公生平尤笃于风义，戊辰座主文文忠言后嗣凋零，其故宅已改为祠堂，公岁时犹主其祀事。今年八秩庆辰，回溯登第之年，适甲子一周。文忠清忠亮直，为中兴第一名相，顾享年仅及中寿，论者惜之。公耆寿远过文忠，虽还朝已晚，未获少展谟猷，数十年薪尽火传，尚留此硕果。一阳以回翰贞元之运，岂特儒林瑞事，抑忠义之气，固有默相感通者。公近有《纪恩诗》云：'岂意违天天转笃，蹉跎折补本寻常。'天人之故微矣。以天之笃厚于公，而谓天心之终于奖乱，虽以曾炘之愚，亦有以知其不然，请以质之公，并以俟当世之知言者。"

廿二日 晴

午后幼梅、步銮、君坦、孟纯先后来，至傍晚方散。早间阅报，言电灯公所以乏煤减电力，今晚电光果逊寻常。长安十万户，恃煤为炊，所关甚大，灯之明暗，犹其小者也。寅初睡醒，心绪烦杂不能寐，披衣起，阅王壬秋《湘军志》。讹字甚多，间为校正数处。因思鲁欲使慎子为将军，孟子告以不教民而战之，谓之殃民。殃民者不容于尧舜之世，不无疑义。昔之尧舜则已往，当时岂复有尧舜？彼战国之殃民者多矣，何尝有不容之之事。至论及有王者起，鲁在所损所益，则尤不中情势。王者安在？又何时起耶？特战国时虽穷兵殃，而所争只七国，各能相持百年或数十年，非如今日之二十馀行省，豆分瓜剖，朝兴夕仆，岂特王者无望，即求能为秦政者，亦不可得，可悲孰甚于此时哉！天明复睡，至巳初方醒。

廿三日 晴

阅《顺天报》知近畿尚未靖，旋又闻涿州已开城。午后赴灵清宫拜叕老寿，遍观壁间寿文寿诗。叕老廿四晚车方来，定廿五觞客，然今日宾客来者亦不少。移疏留共芝老、立沧、季友手谈，至亥正方散。前送叕老寿，移疏以"旻"字庙讳遍告于众，并令君坦挖改作"雯"，则杂入十二文韵，此诗遂益无价值。彼徒拘于词林应制禁忌，不知圣讳原许缺笔也。

廿四日　　晴,午前微阴

接崎信,济血后体仍弱,须缓一星期再行,殊为悬系。君庸来,因昨日向其借阅石斋集中《孝经颂赞》,乃自携两册来。一为目录所载石斋十二书部,次有黄子《孝经大传》四卷,黄子《孝经赞》一卷,据君庸云今全集中无之。其一册卷二十八有《圣世颂孝经颂》一篇,谨录之。"天下非难治也,教则治,不教则乱。晚世非难教也,本性则教行,不本性则教不行。羲农始作,民则尚稼穑,稼穑可治,亦可以乱。三代嗣兴,民尚诗书,诗书可治,亦可以乱。方我太祖之有天下,波濯日星,荡涤岳渎,既下马而论道,乃垂意于诗书。自谓起于农家,复敦情于稼穑。以诗书而当稼穑,其道文;以稼穑而当诗书,其道太质。文质之间,孝弟以兴。故孝弟者,太祖所经纬天下也。方是时,养老恤孤之令,无岁不申,安蒲玄纁之征,相贯于路。卉衣辞陛,动叶湛萧,旅雁将家,亦由陔黍。是以人磨钝器,家砺劲节,醇仁浓泽,既百馀年。至于孝宗,帝道烂然;覃及世宗,暨我神祖。所其无逸,旭日之丽。殷邦遐不作人,章天之襄云汉。是以重译象胥,环水以听经书;四塞羌戎,悬庥而称都讲。炜已哉!二祖三宗之治也。测其濬源,实资茂本。纳流众者涵浸必宏,盘牙深者敷涤必远。故陟徂岐则子咸迈父,称笃庆则后各昌前。孝弟之间,是生文质,其大概矣。若夫易诗言孝,备有庆誉造就之名;仲尼授经,不过爱敬教谏之实。序来章则聿修统其诚,谈成亲则从今砭其失。盖其道大,非漆韦所能绳;其义深,非多刍荛所不识。然而大享所贵,萧邕陶匏,泽宫所重,灌裸更老,亦莫不示人敦朴以显至教。至于馈酱酳爵,祖割射生,齿胄执绥,总干就位。又有祈谷而狗公宫,扶末以尝劳酒。葭蓬五翼而奉骍虞,蘋蘩十行以从狸骨。大或远于人情,微或邈于天道。亦有五常所未营,七代所不究。考其意,必谓天下无可慢之人,匹夫有胜予之咎,所以创制者损益而不更,受成者追趋而恐后也。夫礼作于大人,而道衷于上圣,其可变者,侑尸埋鬼、搜苗盟誓之敦文;其不可变者,亲亲长长、老老幼幼之民秉。世用之则为经,上著之则为令,亦未有如今天子之选道考德、得其至要者也。方崇祯之九载,值土德之中会。二祖三宗之烈,既二百七十年;五运十纬之周,尚五百五十岁。忧盛者致诚于日中,巩前者勤思于不匮。盖自黄虞而降,明禋肃穆之文;武周以前,维清于昭之义。无巨不举,有远必届。而天子犹且恤然。念光通之化,未洽于遐幽。恐教本者多华,而聚欢者少实。欲室至而陬敬养,□见而呼子翼,乃命天下共表《孝经》,并以小学充其义类。想永锡之能仁,亦因严而作配。将起羔骞之辈,扶辇而问温凉;游夏之伦,抠衣以修应对。使天下敬循其道,则逆德者从风,反踵者面内,蝘蝓猰㺄,湛以香柔之膏;梼杌饕餮,解其奇衺之佩。天子又且治其精神,敦以身令。布衣蔬食,陟降而遘声容;礼象图形,煮蒿以通省定。行苇之露溥,楚茨之诚尽。处斋宫者动或经时,会上需者簿或减正。非有祀而不亲,罔一豫之敢骋。是以天下翕然,知五礼之归于一孝,五孝之归于一敬,寒草木者护其根芽,采翎蹄者刊其鄂穿。方斯时也,山无槎蘖,泽无伐夭,庖舍蚳蝝,重避孚殻。断罟而命王鱼,祝网以来鸣鸟。薮有频放之麛,池有尺目之漏。草呼重荣,虫鸣更造。间有修黏稺药,出于青门;忧罗梀罝,施于中道。天下晓然,知非天子之意与圣人之教也。是以神明盱衡而赞衮钺,鸟兽袪趋而从舞蹈。媢嫉贪愤者应显僇,悖德作凶者决阴胆。袯襫之叟,解褉而谈诗书;鼙帨之儒,拂巾而扬治道。解褉谈诗,书不为野;拂巾扬治,道不为躁。故以袯襫而当甲胄,以鼙帨而当干戚,所未向格直奸民之与外□,其小小者也。诚得宸负豳风,屏开无逸,户环月令,几铭皇极。益契以为凝丞,盘说以为辅弼。图松国寿以为钜卿,苍庞灵回以为庶职。怀邪丑正者必诛,阿谀顺旨者必斥。意静心诚,矩平物格,乃使仲尼端诵而称先王,曾子敛容而考至德。揽镜昭昭之途,安舃浩浩之域。是重明青鸐所逃,听于箫韶;宝瓮器车所候,登于陶席也。率斯道也,天下治矣,明神格矣,阴阳调矣,刑威措矣,民生遂矣。乃作颂曰:‘粤稽天德,厥贵恒性。于皇师天,永孝配命。师天永孝,乃立民极。明明我皇,允为天德。三宗二祖,聿绳厥武。显道稽古,以绥多祜。亶为圣言,宥密所宗。爱敬立隆,与虞夏同。苾芬孝旨,以稷以醴。明神燕喜,以兴百礼。既和且博,先民有作。四海夷怿,以兴百乐。不毁卵胎,不伤草莱。礼乐偕偕,百工允谐。不替耉耈,不侮鳏寡。绥此孝驾,以弭六马。夷夔涣丘,皋陶谦囚。弥性优游,以和春秋。春秋时夏，靡有不化。调此六马，以适孝驾。于皇绎思，重译乃来。轮航熙熙，如山如茨。爰辑虎皮，爰橐弓矢。非无功臣，敬让孝子。上帝曰明，时予所经。孚中好生，召祥偃兵。乃顾群丑，亦怀顺道。趣此慈母，小大稽首。翕河皇华，何土不敷。黄龙玄菟，元龟赤乌。四国来王，各以其职。有严皇慈，夏日冬日。先民有言，下土之式。无思不服，曰二祖之德，曰三宗之力，洽此四国，遍为尔德。"此文但主颂规，于《孝经》无大发明。又有《孝经颂》一篇，以文太长，俟稍暇再录之。至目录所载《孝经赞》，乃数月前宋桐珊携石斋自书墨迹见示，略诵一过，已不复记忆，故欲就全集借钞也。石斋在狱中书《孝经》不止数十本，余皆未及见。昔贤造次颠沛中，皆有大学问在，吾辈对之，直当愧死。比来百苦攻心，久无生人之趣，而苍苍又不许其即死，闲窗弄笔，犹是贾迎春读《感应篇》之无聊极思也。抄前文过半，适林榆园来，言漪竹于昨日故于新馆，身后一无所有，至今日犹横尸在床，为之恻然。据云已电知孟纯、朴园，尚未到，特来就商。余囊底空空，计未能独力了此事，因电询孟纯家，云已赴馆。电朴园，亦外出，且俟渠二人来，再商集腋之法，先了殡殓一层，此后亦不能为计也。下午孟纯由新馆来，言漪竹事有三数亲友略为凑集，复由沄儿处付以三十元携带出城，大约眼前事草草可了矣。重阴惨淡，兀坐无可无娱，复取石斋《孝经颂》录之。"观夫覆露抽条，感滋奋氏，摅光魂于七曜，丽精魄于五峙。兑震之命顶踵，离坎之交脉理，莫不循本登标，依经出纬。象天地之自然，直斗柄之所会。故有华盖疏其毛发，云汉导其荣卫，风霆发其胇蚤，阴景荡其明晬。苟一范之曰人，皆知生之足贵。若夫聪明睿知，神武不杀，喷涌涵盖，含吐日月。嘘气则河海翕舒，展蹠而川岳分豁。其动也，万物为之震耀；其息也，百灵为之寝伏。犹且雨金而锡八方，凿玉以珪万国，此信帝抱之冢子，天植之元腹也。若夫咀圣胎仁，络醇挺真，言不待哜，悟不待询，贵不待组，荣不待纶。播礼乐为黍稷，挥秕砺为凤麟。启齿则壎篪四应，安步而钟簴咸阒。七纬周其几席，九野拂其跬尘。虽错于环堵之侧，岩石之下，而清凉则为秋昊，暖燠则为春雯。斯又玄穹所为当壁，而黄媪所为凭神者也。既天覃之维均，乃独观其所至。或类萃之难绝，故旷世而一值。当夫苍篯漂庭，赤乌啄屋，玉兆绝岐，墨龟谈洛。文武之册，既五百四年；春秋所存，仅七十二国。九罳之网，顿于洙流；双衮之灵，归于东服。于斯时也，仲尼不出，天地悱恻。真宰旁春，而求阿保；五帝仓皇，而叹弱息。仲尼于是匍匐以就口食，歧嶷而说道德。俯仰天地，喟然叹曰：其维孝乎！孝者，圣德所以显亲，哲王所以明报也。尔乃树忠与敬，以表孝疆；表顺与慈，以宣孝里；杜恶与慢，以实孝墟；锄骄与溢，以毕孝籽。立言行以为社稷，敦和睦以为庙市。三德之阆，引其皋门；六艺之都，环其泮水。子骞则左右奉车，仲由则挽馈千里。西华则奔走无方，南缫则罨勉从仕。言游载笔，以赓《白华》之章；仲弓干蛊，以占用誉之箓。又有休粮七日，体《鸨羽》之劬劳；家食五年，绎《君陈》之妙旨。于斯时也，崔宁煽惑于齐卫，般痤互夷于宋蔡，栾施以党而攻公宫，陈招以国而杀嫡嗣。三纲颓，五典蠹，诸侯懈，大夫肆。荆楚先败，不四五年，三弑其君。而后王室陵迟，宗国沸沦。天王有翟泉之居，齐侯致野井之唁。即使书社千百，让江汉以明尊；季孟国高，分东海以潜业。亦岂遂改步改玉皇虞芮之瞩生，举鼎举隧扬蒙俱之奥渫哉！夫天之所教于人者，志也。人之所效于天者，事也。先事承志，怡色下声，大孝子之谊也。夫以五石六鹢，感庚气之晚衰；亳社澶渊，鸣焦风之再烬。白马之刍难求，水精之泽已罄。知上帝之甚瘵，非嚣音所能讯。逮于哀、昭之间，四十五年而彗字再曙，大者见雄观，微者窜于奚鼠，显者托于鹳鸲，隐者动于螽蟭。二国之忧儒书，思乐之化楚语。琴瑟钟鼓，无所导其餐；关石和钧，无所将其药。譬耀魄之丧宝，而羲农之自□。将使雷公乞剂于越人，俞跗受方于扁鹊。夫岂无尹单之徒申其缱绻，刘苌之曹投其瞑眩，侨肸之伦进其匕箸，会厥之辈和其烹煆哉！以为醇仁之外无刀圭，至义而下无针灼。太和不凑无醯羹，太顺不蒸无馈粥。天顾四国，膻溷相续，非复仲尼盥而荐者，盖三十年未已。彼坐合宫宿，明堂垂画，衣锦薰风者，亦乌知天步之艰难，天梦之惊悸哉！谅玄穹之伊台，亦自幸其有子；虽九寡之毕哺，亦犹慨其未至。故与申生、许止言孝,则无所不孝;与纪季、目夷言弟,则无所不弟;与季友、叔豹言忠,则无所不忠;与季札、伯玉言义,则无所不义也。而犹使曾参振其鸣铎,辨其条贯,明敬爱之胥庆,悼毁伤之同患,防兵刑之弊终,痛唯阿之底乱。告忧恤,则曾参为大纳言;议礼乐,则曾参为大宗伯;诲序爵,则曾参为宰阿衡;图王会,则曾参为典属国。乃使征伐之义,止戈于陈蔡;盟誓之信,断言乎适历。亦各文其所文,质其所质,因天道之自淡,于时尚乎何执。即使侵地不反,不假柯社之兵;岩疆不坠,不资高固之力。朝猛不定,无首止之勤;黄池先歃,无召陵之迹。亦各有有嘉获于折首,田禽执于无咎。正谊消其凶萌,长道屈其群丑。指胜福以自伸,涉功利而不就。虽卜商察之,犹未接其根芽;端木听之,犹或腾于华实。而使子舆导之,灿灿乎若丝竹之继蒉镛、白月之禅丹日也。故有一代之兴王,则必有一代之名佐。磻溪奋其高迹,有莘起其安卧,傅岩匡其疾跳,庭坚挖其坠挫,盖皆梦寐师锡,垂老而遘,未有若子舆之凤服早贺者也。于是仲尼将以寅月上日,大辂文冕,布和升中,运枢锡极,差百王,等群辟,郊微子而禘成汤,祖弗何而宗梁纥。辑仁敬之祥壇,敷笃恭之莝席,则子舆进焉。搴绳图,摢宝策,退昭华,登泗滨,旌韶箾,媵樊遏。拊后夔,则希声者咸谐;招伯夷,则无文者共秩。于是乎鸟兽却立,麟凤逡巡。指佞之草不蹂,叱户之萐还驯。钟脪涂而发簇,洗泥离而称宾。自一卉一木之微,一鳞一毳之细,扶牧以时,缴罝不试,莫不叩宫而商鸣,呼羽而角至。故特隼豫而不抟,齐虞吁而不筮。蓂收绌于司圃,拓矩陈其爽挚。亦常以闰秋季月,深察百族。有共鲧之九载坠侉,齐兜之比周谗说,华士之狂裔服淫,正卯之丑辨诬惑,及梼杌之遗种,饕餮之残愍,叛常弃经,蟊民螫国者,将举而投畀北貀膏衅斧锧。盖蒿目四睇,莫之有也。於都盛哉,仲尼之治也!亦惟是量德种于累黍,洁道衡于圭尺,葆孩赤之津淳,奉亲长之度律。言动不过,步趋鲜失,秉至要而御之,相柯条而适焉。亦岂有异术奇轨,震裂灵祇,偪拆天地,使四友无所赞其辞、七圣无所商其智者哉?夫古之圣贤,景命烁师,亦皆有盘结,不匐厥怀。虞帝宗尧而不得宗瞍,大禹郊鲧而不得郊舜。姬雷发屋,仅白其滕书;伊〔霧〕霜天,始宏其陟命。墨胎绝迹,远孤竹之丧;邑考变容,启怀贰之愁。降于史鱼之仰亢陈尸，禽息之碎首将进，大或淹其礼乐，细或暧于诚信，未有若仲尼之无阶尺木，不动阿柄，而纳兵麓于清宁、跻咸夏于大顺者也。故谓舜禹事亲以事天，仲尼成天以成亲，尹旦敬身以敬天，仲尼立天以立身，此其小别也。若其大复，则苞孕百世者还生天地，提诲百王者严立亿世。既因严以命天，乃分慈以与地。地不以慈败，天不以严实。故观《诗》、《书》，知太极之有净臣；诵《春秋》，知乾元之有净子。彼夷主与惠君，或变或革，或禅或继，皆因爱而噢咻，或观怒而变热，盖顺令之未遑，又奚究乎养志？所以有若有夸远之谈，子贡有升阶之譬，而曾参因之以蹐踔杅机，出入风雨，垂徽音于无穷，播亲名于罔极。方于烈山，则金明提格之主化□；近在姬文，则虢叔闳夭之主辅德。信所谓登若木而附星辰，陟昆岑而泻河渎者矣。故才之不可学者睿也，性之不可化者浸也。睿则可称庶于得一，浸则可不假于知十。苟非天之所自然，虽日至而何益？既本底之先茂，故四达而无數。所以愿假百年，以诵至要之篇；欲并岱华，而勒䍐生之石。诚使孔俎可执，将帝植以莫从；或曾席容分，纵天抱其维易乎？"此文仍非末学所能解，虽潦草胥钞，而腕已为之脱矣。胥生、幼梅在此晚饭。接同甫襄阳来信。黄石斋蔡夫人私谥孝徵，字介石，没于甲戌，八十三岁。此两篇文本不必入日记，以省于另行觅本钞写，即就此保存。

廿五日　　　晴

卯正起，书石斋《榕颂》半篇。巳初即赴灵清宫，因戣老于昨日回京，今日命觞谢客也。到时适戣老将赴贵太妃府谢恩，已套车矣。略坐谈片刻，即在彼与柊疏为之接待宾客。上半日来客甚稀，至申酉后纷至沓来，应接不暇。那、贡二王，泽公，瀛、润两贝勒，忻贝子皆到。戌初筵席尚未尽散，以道远夜间戒严多盘诘先归。闻晋卿、凤孙言，京汉路战事仍不顺利，二公自日人处散席回，未知是否得外人播告也。两太妃皆穆宗妃嫔，邸在麒麟碑胡同。

廿六日　　　晴

昨晚睡至半夜醒，天大明乃复睡一小时，致起来已不早。书

《榕颂》后半篇完。阅报纸，仍是沉闷之局。今日学群生日，步銮、合其及朴、侨二侄及八弟妇、大侄妇、苏女在彼凑热闹，亥正后始散。接崎信。孝吉来寓，未获晤。诜孙见之，送狐皮桶及杭缎袍料，固却不肯。只好援白傅、微之故事受之，以袍料转赠君坦，因志铭本君坦代笔也。

廿七日　　晴

寄复同甫信。孙昌应来。午后燮侄来，为曹君元弼托，代求樊山、癹老书学会堂联。是日蛰园第八十二社课，值会为师郑、巽庵、子威及沄儿，惟师郑因路远夜间戒严未到。社友到者有樊山、彤士、征宇、仲云、迪庵、荃仙、寿芬、颖人、吉符、孟纯、君坦，尚不算少。樊山亦以夜警，先期电属早集早散，仍作二唱。首唱为蟹菊题，限盐韵，为沄儿所拟。余以癹老耆年会之约，草草作一唱，即赴灵清宫。偶谈及诗题，癹老言从前钵集曾作过，亦系此韵，尚记得欧斋先生二句云："笑指南山当酒案，不知夜籁一星炎。"钵吟题韵，同者已少，而数十年前往事，适于癹老寿辰觞客之日发明之，不可谓非吟坛瑞事也。在灵清宫复晤樵岑，樵岑为黑督吴俊陞秘书已多年。谈及梧桐矿事，渠了了在胸，因托其将来济儿到彼时，关照一切。但其事尚在胶葛，非匆匆所能定局也。席散后，复至二条，近子初始散。

廿八日　　晴，傍午微阴，午后仍晴

今日榕社、洽社诸友在车子营会馆吟，为癹老补祝。余先到景山后，孟纯已先往。与君坦谈至申正方出城，作一唱毕，已戌初。子雅来，言今日会议，夜巡加严，行人截止十一钟止。诗兴为之一扫，匆匆催饭毕，散仅戌正也。

廿九日　　晴，甚暖

午前赴西城拈花寺，彦超为其太夫人寿诞就寺斋僧，并备蔬筵

接待来客，然先期未具柬，故同乡熟人到者殊不多。寺在德胜门北八步口。《顺天府志》云："明为千佛寺。万历九年，司礼监冯保承孝定太后命特建。本朝雍正十一年敕修，赐名拈花寺。"规模极宏敞，有僧众百馀，专讲经论，不为人作佛事。见其主僧数人，皆温雅不类俗僧。又有某僧其名已不记为彦超撰寿序，文笔亦甚有条理，似曾读儒书者，都中近日精蓝中无此僧侣也。以僻在城隅，故向者游罕至，余亦今日始到者。献丞、务观自津来，以外出未晤。午后书丛中检得梁稚云所印《归隐图》及四十、五十友人所赠文诗，内有南云遗诗数首，特录之。《四十寿诗》云："诗人偶现宰官身，海上重逢意倍真。日月醉乡聊托迹，沧桑浮世已扬尘。欲归阳羡田何处，喜卜香山宅有邻。修到梅花仙骨健，知君热总不因人。"又续作二律云："功名四十付浮沤，别署头衔作醉侯。天路凫飞容化舃，海山鹤唳与衔筹。添香此夕宜红袖，吹笛何人比紫褎。莫信五噫身世感，君家眉案绝风流。""谢庭兰玉已翩翩，赁庑人来望若仙。何必功名夸仗节，如斯时局合归田。立身自有千秋在，报国还凭一念坚。与子平生期许意，但将匡济望时贤。"《送南归》三首云："今犹未是昨宁非，羡比闲云早息机。垂户蜘蛛堪小隐，绕枝乌鹊尚无依。浸寻风月好愁老，一别关河有梦飞。投老无家吾自怆，乡园谁与寄当归。""新亭举目事全非，远引冥鸿独见几。长使索居成寂寂，那堪临别更依依。离樽把酒难为醉，逸翮还山定倦飞。留得传家忠孝在，故乡何必锦衣归。""青史他年孰是非，不如鸥鸟两忘机。馀生各有沧桑感，避地真为骨肉依。往事西川鹃再拜，新愁南国雉朝飞。羡君偕得莱妻隐，陌上花开缓缓归。"又有二首云："座中香气镜中身，不独醇醪可醉人。隔雾几曾迷老眼，乞云多恐触微嗔。忏除绮语原难尽，领略柔乡信有真。何不仙源移种去，桃花也解避嬴秦。""当筵惜别意谁多，脉脉含愁翠敛蛾。知有离情章柳色，将无归思负梨涡。东风把酒怜红豆，南浦移舟怅绿波。烛泪蚕丝谁遣此，前尘我已廿年过。"皆辛亥后避地沪上所作，读之无限家国之痛。彼时海上寓公，虽沦落失职，犹冀海宇澄清,作江湖遗老。故完巢、涛园诸公,尚能于花月场中,跌宕酣歌以消遣一切,今则并此境而不可得矣。南云少日与姜斋、穉愔角逐文坛,意气甚盛,诗则绵密流丽,别有一种风调。尝赋《子卿胡妇诗》,有"儿女不关臣节操,枕衾别梦汉山河"之句,为时传诵。中年汩没于簿书冠盖场中,此事遂废,殊为可惜。余两弟天分皆远过于余,少莱尤沉酣古籍,吏事之暇,手不释卷,其诗深入宋人之室,视南云又不可相提并论。询之诸侄,身后竟无一字遗稿,尤可痛也。下午到二条,旋回寓小憩。到皇城根,郑氏大侄女生日,有亲眷数人在,亥初归。接崎信,济又吐血,恐不能即行矣。

十　月

初一日　　晴

昨代曹叔彦求樊山书联,今晨已送来。联语云:"鲁论半部治天下,吴会群英入彀中",惬当之极。君坦、幼梅、燮侄先后来。连日小感冒,今日喉音更哑,饮白蓝地酒稍愈。下午在二条晚饭,熙民在座。

初二日　　晴

午后到二条,今日为庄孙纳采,并女家送妆,并于一日。次耕早车自津来,与季友、熙民、侨侄手谈。群一亦于晚车来。归寓得伯才信,辞董事,盖为商界反对故也。

初三日　　晴,下午阴甚,傍晚大起风

庄孙授室,借那家花园行结婚礼,并款客。午前即往,多在园中舫屋憩息。申正礼成后,回二条行庙见礼。以夜间警严,男女宾于亥正后已尽散。

初四日　　晴,仍有风,尚不甚冷,风竟日未休

午前次耕来。又同乡商界四人来,言反对伯才事,持伯才信示之,嘱以俟徐商办法。因策六亦有辞函,昨与芝老商及馆事,暂由子雅、乃崇维持,一时不必急急推举,致又兴风浪。下午在二条,与贻书、季友、次耕、侨侄手谈,至亥正散。

初五日　　晴,风已止

连日盛传涿州已攻下。今日阅《顺天报》,乃知尚未下。咫尺之地,而官报迷离惝恍乃尔,区区一城,日在炮火之中,可惨孰甚。来日犹长,尚不知其祸所底止也。前报载张菊生在沪被绑票事,亦已证实。菊生自戊戌为康党连累,罢官南归,专事实业,旋创立商务印书馆。应学界之需,所编教科书专趋风气,十数年来获利甚厚。自前年东南扰乱,该馆到处被军界敲索,所编书新党又斥为陈腐,禁不许售,股东不分馀利者已年馀。菊生年来深居简出,足不下楼,犹不能免。世变至此,真令人无立足地矣。然诸君醉心欧化,而弃旧道德如弁髦,迄至今日,吾辈之颠连困顿无足言,彼自负先觉一流,其受害乃更烈,如宗孟、少泉者,尤吾乡之炯鉴也。吾欲著一书,举郭筠仙以来所著论,一一纠正之,惜老矣,心思枯耗,执笔不能成文,世有君子或有志于斯乎? 其功不在孟韩下也。是日三朝谢客,在二条与季友、次耕、侨侄手谈。

初六日　　晴

君坦生日。下午赴景山后,有亲眷数人在,次耕亦到。归寓后,樊山函录示《蟹爪菊》七律八首,并索和章。

初七日　　晴,微有风

午时到二条会亲,与新亲朱曜初略为周旋,未入席。席散后,与务观及朴园、侨民二侄复留手谈,至晚饭后方归。枕畔拟和樊山

作,此等咏物题,樊山所长,然亦不外堆砌故实,略无意义。吾腹笥作才俱不及,只好折半塞责矣。

初八日　　晴

连日大有寒意,恐将须炉火矣。和樊山诗,草草构就,即邮寄去。姑录存之。"秋来芳讯话篱东,菊谱谁知蟹谱通。正恨持杯虚左手,忽惊拥剑出深丛。餐英倍触骚人兴,没骨难矜画史工。佛顶僧鞋多品目,端输有美是黄中。""应候黄华夏小正,纬萧兼喜小堂成。羲爻正操文明卦,涿野犹麋草木兵。倘助姚王张北胜,肯教宋嫂擅南烹。淡交阅遍炎凉态,翻爱无肠不世情。""曾侍慈恩举寿杯,纷纷蛙紫可胜哀。似闻越绝无遗种,为问松陵孰巨魁。霜下卓然如此杰,水边逢彼得毋猜。长卿来就柴桑隐,孤负横行一世才。""九十衰翁日涉园,驻颜尚倚郫泉温。现身自写金刚照,按簿重加水族恩。染甲故应羞凤婢,脱绷正好伴龙孙。酒旗茅店从嘲笑,聊与鸿泥志爪痕。"若编稿,则尚须痛改也。第二首"纬萧"句改"岂真戈甲兆金行",第二联改"柴桑自作糇粮计,涿野方麋草木兵",末二句改"鞠穷莫复穷郊消,但嚼空螯亦有情"。第三首次联拟改"魏公晚节成孤赏,司马横行自霸才",末联改"南湟谁觅槐龙迹,乞与移根一处栽",又第三联拟改"偶伴囊英同此醉,不知执穗孰为魁"。

初九日　　晴,较昨稍暖

寄长崎信。葵女约同朴、侨二侄及亲眷两三晚饭,匆匆又过一日矣。

初十日　　晴

饭后到景山后,同葵女及刘家小外孙,赴中央公园看菊花,花已开阑,然亦无佳者。傍晚归。

十一日　　晴

续和樊山诗四章,并改前作,并成八章录就,俟今日蛰园面呈。师郑书来,复见示《两头蛇诗》索和。仍是咏物题,钩心斗角,殊非所长，只好谢不敏矣。菊诗俟迟日再录。菊蟹故实尚多，不失雅人清兴。蛇则毒物，又杂以神怪之说，不过借题发挥骂人而已。此辈可胜骂耶？吾尤不屑骂也。比来心绪极恶，方寸已成死灰，仅于文字间略存生气，然苦无佳题。题不佳则兴趣不生，反不如不作之为愈矣。得长崎董君信，知济儿血已止多日，曾鲁南到彼看视，即日同归，船票已买定矣。下午赴蛰园第八十三社课之会，沄儿特请，到者有樊山、书衡、仲骞、沉叔、子威、仲云、巽庵、彤士、寿芬、征宇、富侯、嘿园、迪庵、吉符、孟纯、君坦、履川，仍作二唱散。书衡病后久未到，今日初来，至难得者也。

　　十二日　　　　阴，早晨微有风，旋止，有酿寒意

　　题斋壁一绝。"残膏剩馥杜工部，破铁烂铜杭大宗。一室扫除亦何用，老夫聊此养疏慵。"亦打油腔之类也。龙泉寺方丈明净约看菊，未能赴。勤孙二十岁生辰，亲串数人在此谈谦，肝疾作扰，勉强支持，甚惫。

　　十三日　　　　微阴

　　肝疾未愈，卧至向午始起。枕上为马桐轩题《锡子猷将军遗墨册》，桐轩为明山将军马亮子。明山本子猷部将，时方被谤不得志，子猷书吕子《呻吟语》数则慰之。册中并附子猷与明山手札数通，既题诗其上，复附跋于后。诗云："圣武开边纪默深，章佳往矣得湘阴。艰难重奠西陲局，嗟喑犹闻北将吟。崛起旗旄仍部曲，流传翰墨亦璆琳。义熙留在仇池史，坐看神州付陆沉。""义熙"句拟改"天山万里铭功在"。再改。跋云："子猷将军与哲兄厚庵都护，俱桓靖公保恒子。厚庵早岁曾入林文忠皋兰幕府，中年勇退，以诗歌文翰见重艺林。子猷亦能诗。从事西征，与金忠介、张勤果，皆于湘军外，别树一帜，并为左文襄所倚重。权伊犁将军时，结纳阿尔泰山喇嘛棍噶札拉参，为俄人所忌，屡间于政府，卒以军需报销事被议听勘，赍志以殁。广雅作《五北将诗》，与乌、塔、多、僧并称，可以想见其人。此

册为明山将军所藏,余未获识。子猷于明山尝有缟纻之契,概自皇纲解纽,海宇分崩,独新疆万里烽堠晏然,生聚日广,论者比之世外桃源。文襄之规模远矣,抑岂一手一足之烈哉!桐轩世兄出此见示,小诗未能尽意,复略举旧闻缀其后。"下午闷坐无事,将所改蟹爪菊诗录后。"秋来芳讯话篱东,菊谱谁知蟹谱通。正苦把螯虚左右,忽惊拥剑出深丛。餐英倍触骚人兴,没骨难矜画史工。唤取淡交同结社,休嫌入座杂腥风。"遗山诗"潞人本淡新有社",指淡公和尚也。借用之。"彭越前身菹醢嗟,到头富贵付空花。未消钟室同功恨,来就柴桑隐士家。佳节纷纷过桃李,浊流扰扰见鱼虾。东坡《荆州诗》:'百年豪杰尽,扰扰见鱼虾'。金钱只作飞蚨化,菊种中有金钱菊,闽中蟹之小者,亦有金钱蟹之目。一蟹中犹判等差。""牙牌百品记分标,六枳编篱当纬萧。长鬣差宜苍叟伴,雄冠未许后庭骄。鸡冠一名后庭花。闲寻旧雨重开径,梦想秋江正落潮。却笑涪翁徒耳食,轻将荔子比江珧。""应候黄华夏小正,岂真戈甲应金行。松陵自和馔馕句,鲁望谢袭美寄海蟹诗:'且非何颖敢馔馕'。涿野犹麋草木兵。高似孙《松江蟹舍赋》:'其多也如涿野之兵,其聚也如太原之俘。'倘助姚王张北胜,肯教宋嫂擅南烹。小诗且耐空螯嚼,帘卷西风太瘦生。""曾侍慈恩举寿杯,唐高宗时,常以秋幸慈恩寺,浮图、公卿各献菊花酒为寿。紫蛙闰运可胜哀。吴乡见说无遗种,《越语》勾践谓范蠡'吴今稻蟹无遗种'。夔府何心记两开。偶伴囊英同此醉,不知执穗孰为魁。城南试觅槐龙迹,乞与移根一处栽。""老我生涯抱篝休,莼鲈归兴负扁舟。香寒幸不来蜂蝶,箝利端能制虎牛。菊牛一名菊虎,能伤叶,见《群芳谱》。衰鬓已知簪朵怯,馋涎若为曲车流。擘黄且唱渔家乐,领取尊前一味秋。"山谷诗:"酒熟鱼家擘蟹黄。""旧梦南柯坠渺茫,闲从物理悟炎凉。蝘蜒几队忙奔火,倔强残枝尚傲霜。晚节久拚侪隐逸,横行那用露文章。鲲鹏椿菌无非幻,注雅馀功试注庄。""鹤发仙翁日涉园,驻颜长喜郦泉温。现身自写金刚照,点簿重加水族恩。染甲故应羞凤婢,脱绷还见长龙孙。绷字,《广韵》有平音。酒旗茅店从嘲笑,南宋时,姑苏守臣贡蟹,程奎批答云:'新酒菊天,惟其时矣。'上曰:'茅店酒旗语,岂王言耶?'聊为鸿泥志爪痕。""牙牌"句因与后作复,改"仙根女儿记分苗"。"长髭"句改"鱼鲀只宜空谷媚。建兰最贵者名鱼鲀白。""雄冠"改"鸡冠"。君庸书来，传芝南意，以高丽纸横幅，嘱录客岁《自青榭登高作》，上有叟老及樊山题自青榭诗，诗乃今岁作也。

十四日　　晴

杲日照窗，和暖可喜。初冬风景亦自不恶，天气原不负人，人自负天，奈何！樊山书来，又作《蟹爪菊诗》一首答前书意。林榆园来，言会馆事。白原来，谈甚久，即将马桐轩索题册子托其转致。又致君庸送还题就横幅。近日笔墨债，大率随到随了，然不免潦草矣。熙民来，已得礼学馆编纂，并出笺纸一束，系杨邻葛宇霆托其交来者。邻葛方创办《坦途报》，欲征求诗文登载，并欲得本人手迹，用珂罗版法印之。但近来不甚作诗，苦于无诗可录耳。傍晚朗溪来，谈极久。夜务观来。

十五日　　晴

榕社会期，下午到彼，作二唱散。仅亥初。与孟纯同车至寓。济儿由津晚车来，子初到，务观往车站接，与同来。

十六日　　晴

闷坐竟日，饭后拥被卧，亦未成眠。读申凫盟《荆园小语》，平浅中自警切。凫盟以忠裔作遗老，所语多以戒其子弟，为谨身远害之道。但明末至国初，乃扰乱而升平之世，今日远不如矣。

十七日　　晴

白原送来《辛丑篸诗谳》一册，欲求考证。所咏皆甲午至庚子时事，其人似系吴人，曾官京曹者，不知是词林否，询师郑，或知之。至谳语中所指目之人，余亦仅能悬猜其半，馀仍不能确指也。午后微有风，君坦来。傍晚魏侪来，留共晚饭，客去即睡。

十八日　　晴，风较昨又大，已御小煤炉矣

午后胥生、幼梅来，手谈至晚饭后散，亦无聊之凑合也。

十九日 晴,天又微暖

同沄儿、孟纯、务观及刚、济二儿往中央公园看菊,在长美轩午饭。先后遇栘疏、午原,同至水榭西池畔看秋柳,极有风致。栘疏强拉同务观赴渠宅手谈,至晚饭后归。为陈文虎题学堂书画会册子,用叕老庚戌闱中唱和韵。"回首灵山选佛场,廿年衰鬓已成霜。梅村九友曾推董,逸少重台尚得羊。昔人有'买王得羊'之语,谓羊欣也。东海飞尘方颒洞,西清古鉴久沦亡。一樽犹为论文设,坐惜槐荫转画廊。"此韵贺叕老重与鹿鸣宴,曾一用之,此诗则强凑而已。

廿日 早晴,晚阴

午饭饮蒲桃酒过多,拥被卧。群孙来,言沄儿约务观、合奇在彼手谈,并豫备羊肉锅晚餐。又混过一日。

廿一日 晴

作贺陈少石同年重游泮水诗。"鼓箧重赓泮藻篇,黉宫此日亦桑田。犹馀斧雅同声集,及接巢经一辈贤。兔册早羞长乐老,霓裳幸附大罗仙。镜中留得童颜在,想见翩翩舞勺年。"下午到景山后,刘家外孙永禄今岁二十诞日,与惠侄及亲眷数人在彼晚饭。

廿二日 晨晴,向午微阴,下午益阴沉

朔风酿寒,黄叶微脱,而窗竹盆兰皆益然有生气,吾生憔悴乃不如彼,昔人所以羡苌楚之无知也。晚在二条,与合奇、步銮、务观手谈。狂风如吼,彻夜未休。

廿三日 天已开晴,风稍小,犹未息,尚不觉甚寒

昨夕枕上预算吾年来享用之费。晨兴烧饼、麻花闽语为油炸果,昔人所谓寒具。铜片十二枚;午饭馒头四个,铜片十六枚;下午点心无定,至多不过二十三枚;晚糜粥一盂。每日约五六十枚可了,不及大洋二角。添菜每日约五角,厨房任意浮开,其实并此可省。留客

加添,每月统计不过二十馀元,合前数,三十元可了。墨半年一锭,
需二角;笔两月一支,每支二角上下;信笺信封月须铜片五六十枚,
不及二角。此外无所需矣。惟衣着无从预,以数年偶制一衣,非至
悬鹑百结,从不易新。若为一身计,省去食馔一项,断荤茹斋,亦复
可了馀年。无非身外之为累太多也,且不特为累而已。又益忧愁
愤郁,无可奈何之事,此固时势使然,亦不能尽诿之时势。吾又谁
诉哉?饭后至皇城根视二弟妇病,已不能言语,其初仅饮食停积,
不料遂至危笃也。久坐不耐,顺往景山后访孟纯谈,而电话旋来,
即于申正逝世,计得病前后未逾五日耳。复回车临哭始返。弟妇
来归时,适中丞公由鄂抚,予告就养吴兴郡署,家门鼎盛。十馀年
间,余兄弟先后登第,随任江右,所历皆亨衢。少莱虽清宦,而身后
尚薄有馀囊支持门户。又二十馀年,诸子次第成立,寿逾七十,亦
可以无憾矣。特盛衰之感,不能无怅触伤怀耳。

廿四日　　　晴

午前往皇城根送殓。晤午原,知弢老明日当来京。下午仍在
二条,与步銮、合奇、惠侄同晚饭。

廿五日　　　晴,向午微阴

终日无事,亦无客来。

廿六日　　　晨阴,随开霁

熙民来,借礼制处拟定丧礼本,偃卧犹未起。前为君庸作《朱
薯诗》,用先薯祠故事,迄未知所祀者谁。偶检兼秋叔祖《闽产录
异》,知又名金薯。前明万历甲午岁荒后,巡抚金学曾因教民种此,
后人祀金于乌石山奉仙薯,署曰先薯祠,然俗仍相呼为番薯也。特
志之备考。下午寿芬来,因耕愚托其求荐礼学馆,当以己荐人不效
辞之。陈用刚世兄南归,留赠《赌棋山庄馀集》二册,枕上读之终

卷。其中所载乡先辈佚事甚多，至诗文则晚境之作，精采似稍
逊矣。

廿七日　　　阴，风甚大

新馆开会，未能赴。闻弢老与芝老议决仍留次赣，董事暂维现
状。下午赴弢老车子营会馆吟集之约，作诗二唱，已交亥正。弢老
兴致不衰，同人亦勉徇其意，又作一唱，归已丑初矣。

廿八日　　　早晴，午后微阴，风又起，但较昨日稍小

步銮来，爕侄托其将哀启底见示。务观来，同午饭。饭后与同
到景山后，与孟纯、君坦清谈竟日。

廿九日　　　晴，天又暖

午正赴彦强灵清宫之约，同席有弢老、朗溪、稚辛诸君。散后
至皇城根，是日为首七成服，晚祭毕，出城赴樊山之约。有弢老、贻
书、沅叔、闇公、治芗，剧谈甚快。樊山又见示《续作蟹爪菊律诗》
八首，恐不能再和矣。席间呈诗一章为寿。"九九遐龄又增算，去年今
日醉华筵。管他左界争蛮触，依旧南崇对佢伶。霜下松〔姿〕还自茂，月中桂
籍故长悬。耆英两字从天锡，不借人间画史传。"樊山十一月初一日诞辰
也，此诗真近打油腔矣。

三十日　　　阴

济儿来京后血疾又发，今日始稍愈。孟纯、君坦先后来，闲谈
竟日。

十一月

初一日　　　阴

午后赴灵清宫吟集，因弢老值会，故移车子营吟席于本宅，作

二唱，已亥正。叕老尚有馀兴，而座客皆有去志，遂即分散。

初二日　　　阴，连日暖甚，又酿雪不成，殊于冬令非宜

午前到大方家胡同律阁宅，回访拔可，谈稍久，并晤律阁、念柳昆仲。晚赴叕老之约，同席为樊山、凤孙、叔瀹、师郑、竹山、书衡、闇公、杉疏。席罢，樊山与叕老纵谈三十年前旧事，滔滔不竭，至一时许，座客皆有倦容，始散。然此境殊不易得也。

初三日　　　阴更甚

务观来，邀赴东安市场吃羊肉锅，适孟纯先来，遂同车往。墨园来访，知在彼，亦随到。饭毕至书摊一周，摊上见《有正味斋全集》，索价三元五角，还以二元，又加二角，尚不肯售，然此书余觅之多年矣。购《南金报》三册归。

初四日　　　阴，微有日，风甚大

务观、孟纯来，同午饭。下午赴贻书手谈之约，有季友、立沧。闻叕老早晨赴津，到站车已开，在车站坐候第二次慢车方行，亦良苦矣。

初五日　　　微阴，风已止

贻书、季友、立沧约来手谈，以西厅火炉未安，改就二条。适若卿自津来，亦在彼闲谈，许久方去。

初六日　　　阴

连日皆阴，而雪终不下。君坦来。下午至皇墙根，丧期二七，亲族齐集设奠，吾乡旧俗如此。

初七日　　　晴

闷坐无事。饭后把卷，倦极倚枕，睡甚酣，醒已薄暮矣。合奇来，谈甚久。白日睡太足，夜遂不能成寐。

初八日　　　晴

腹中气胀闷作痛，至下午略愈方起，客来皆未能见。前日见报

纸,君庸将前后征和《朱薯诗》登报,因续作《先薯诗》并序,拟示君庸。就灯下录之。"祠所祀为金君学曾,前明万历中岁大饥,金公来,始劝民种此,后人因为立祠。当时有金薯之称,载在郡志。余前和君庸诗竟失考,偶检先叔祖《闽产录异》,始知之。又同治癸酉,宝应王文(敏)〔勤〕公抚闽,建致用堂,尝渝薯苗为羹饷诸生。林欧斋先生方掌教,名以'中丞菜',并令诸生作诗词咏之,中丞勒为一集。顷阅《赌棋山庄馀集》,谓有客归自台湾,言'中丞菜'彼地颇盛行,然则薯之利赖远矣。因复成此诗示君庸,藉存吾乡故事,并以赎前此粗疏之咎。云:'先薯特为金公建,冠以金薯姓字香。郡志具详人未考,楹书近在我还忘。渝苗因忆中丞菜,课士方开致用堂。并与君家录薯史,乌山香火屹相望。'"诗劣甚,直白话耳。

初九日　晴

日来愁郁之极,终日蒙头睡,亦属非计。不得已取樊山菊诗续和之,钩心斗角之苦,聊胜于闷坐愁烦,所谓两害择轻也。然一再删改,亦殊不易合题。正拟录草,而孟纯、君坦适来,纵谈至晚,魏侪亦来,共晚饭去。夜睡尚适。

初(九)〔十〕日

晨兴褰幔,视瓦背有积雪,不知昨晚何时起,隔窗望雪尚未止,但甚小耳。向午已开晴出日矣。本思冒雪到北海一游,而夙性喜阴不喜晴,因之又败兴矣。和樊山诗录下。"十手胥钞恐不供,先生兵甲定罗胸。芳丛渐见残英尽,诗械还惊故疾逢。未中权门充海物,要令老圃驻秋容。行间认取龙蛇走,想见花前倒酒钟。""韶华瞥眼逼霜辰,狼藉风光一窖尘。本穴幽兰谁托土,河阳枯树忽生春。司徒太尉应相笑,用蔡谟、胡广事。茂世泉明好卜邻。鸾凤不来香叶改,潘江赋笔属何人。""舞凤翔鸾",潘岳《菊赋》语。"动植由来静躁殊,腥馨亦复判江湖。《山家清供》:'蟹生于江者黄而腥,生于湖者绀而馨'。画图政可论形似,匕箸何须问腹腴。佛子烧猪元是笋,相公蒸鸭故为壶。伏波薏苡终遭谤,得爪还应胜得珠。""十二辰宫作作芒，日精铸出倍辉煌。胭脂偶点供时眼，《北户录》：'蟹壳常有胭脂点'。锦绣犹疑有别肠。堆就蚝山容饱看，糟归蛆瓮尚馀香。嗅英岂减持螯乐，试问江边采捕郎。""渺渺秋空雁阵斜，冷红相映野人家。墙阴蛎粉根深托，帘底虾须影半遮。汤眼过时闲试茗，琴心静里想爬沙。藩篱便拟江天买，杜句拈来许恣夸。""杞菊天随未疗饥，偶传蟹志亦恢奇。谁云两美难为合，相趁重阳若有期。霜后圆脐知隽永，雾中老眼乍迷离。水仙别种同名号，矾弟梅兄各一时。""马塍大笑访临安，杨监经游诧巨观。百品分标谁甲乙，一诗容易换尖团。花糕妆点模师子，宝塔玲珑闹蜜官。并与梦粱说遗事，虾蟆无奈六更残。"菊品至南宋始繁，《尔雅·治蘠》与楚骚、陶诗所赋咏，近代考据家俱断为非。今人所赏之菊，狮子花糕及菊花塔，皆临安故事。又有一种名临安大笑菊者，并详见《南宋杂事诗注》。"敝庐自署感悬匏，对此寒花亦解嘲。一水丁沽相望渺，百钱亥市等闲抛。偶张白战惭诗敌，为篆黄离揲易爻。论到退之南食咏，家山空负旧衡茅。"所录诗文均夹行，写末首一时忘记，顺笔直写，致不一律。

十一日　　时阴时晴

竹窗望叶上馀雪尚在，萧寂之况，可喜亦可悲也。务观自津回，来略谈，即去。午后益阴沉，又有欲雪之意。想到北海一游，以无伴而止。张慎之来。朴园、侨民二侄先后来，侨民谈至晚方去。

十二日　　晴，风甚寒

晨起即到二条，适鲁舆自东来，偕合奇在彼。务观亦来，同午饭。留连竟日，傍晚侨侄来，畅饮吃羊肉锅，又溷了一日矣。近来无书可阅，枕边常置《困学纪闻》数册，夜睡醒时读之。因思伯厚、身之当宋亡后，其寂寥抑塞之况，视明末梨洲、亭林诸贤有过之。而用心于无用之地，卒使著述传世，炳若日星。盖元清皆以异族来主中国，深恐汉人之不附，故于汉学极力推崇，不至如今日之斯文扫地也。世变茫茫，可为一哭。

十三日　晴

睡醒甚无聊，红日满窗，不能不强起。杜陵诗"朝光入户牖，尸寝惊敝裘"，真善于写照者。悦卿来。下午君坦、孟纯先后来，与同赴二条。是日为蛰园第八十五会期，值课为六桥、沇叔、仲云、嘿园，惟嘿园因事未到。同社到者为樊山、杉疏、巽庵、书衡、吉符、颖人、征宇、寿芬、彤士、子威、孟纯、迪庵、君坦、履川。又有新入社之王荫樵，本稊园社侣也。循例作二唱散。

十四日　晴

先妣忌辰。先妣没于丁卯，距今恰六十年矣。枕上偶得断句云："八千里外无家客，六十年□有母儿。"全家漂泊，乡井无归，有家实与同无家也。暇当续成之。幼梅来。余荔孟侄婿升枚之子，阿钊婿。伉俪偕来，新自闽北上者。升枚因财政部薪水减至三分之一，曾求叟老致书季武为设法，叟老又托熙民转达季武。今其子又来，求为谋一小事。同乡除季武，无一在台面者，而季武权力亦有限，将如之何。下午鲁舆来，言天津新舞台将开张，群一为荐管账，此等席面，似犹胜于作灾官也。

十五日　晴

务观来。榕社会期，与熙民同轮值，到车子营，作二唱散。

十六日　晴

六妹生日，电约晚饭。傍晚到上斜街，有亲串数人小聚手谈，归途月色甚佳。

十七日　晴

接崎信，知济妇病又发，形势甚不佳，计一时未能回国，又无法接济之。渠夫妇闹意见，自寻绝路，数月来为之焦虑，愈逼愈紧，雅不欲见诸笔墨。然细思之，人生惟君父大伦不能自惜此身，此外惟有尽吾力为之。力之既穷，以垂暮之年，殉无益之忧，上之对不住父母遗体，下之又对不住其他儿女也。午饭后携杖，步至大街，雇车至景山后，混了一日。夜归月色如画，回忆二十年前宣南僦居，与涛园、畏庐、姜斋、松孙在榕阴堂醵饮鏖吟，虎坊桥街上步月情景，如在目前，诸君久归仙籍，独留此潦倒馀生，备历千灾百厄，抚今追惜，岂独身世之悲已哉！

十八日　　晴

晨起到皇城根，是日二弟妇开吊。壬辰同年来吊者有熊秉三、宝瑞臣，其他则同乡及在财政部同事人居多。身后风光，尚不落寞，在吾家总算福人矣。晚赴悦卿之约，有次耕、群一及纁、纤两妹，皆由津昨日甫来者。

十九日　　晴

午前偕内子赴崇文门外隆和寺送二弟妇殡，戚友到者尚多。散后到季友处贺其世兄维枞续弦。季友留同杨疏、次耕、群一手谈，至夜散。

廿日　　阴

晨起为余升枚世兄荔孟作书，分致石芝、漪□，为谋一雇员糊口，亦姑应其求而已，谈何容易耶？忆前日在皇城根，与征宇谈及近日江浙故家，尚有能闭户过日者。独吾闽二百馀年来，科名太盛，士趋于贡举之一途，以官为家，不复知有治生之计，亦由省垣地土瘠薄，毫无出产。民国以后，益麇集京师，靠薪水为生活，至今日而住无可住，归又无可归。一般皓首穷儒，更不适时用，惟有坐以待毙而已。孟纯来，以困甚不能久陪，拥被睡去。君坦亦来。下午有微雪，旋止。昨约次耕、群一、纁妹、纤妹及悦卿来晚饭，勉强追陪，至夜分方散。

廿一日　晴

魏侪来，谈济妇病况，仍毫无办法。余一生所历，亨屯之境不一，然未有至无办法者。奈何！奈何！日来无聊之极，间取前此日记，略删汰其冗蔓者。一年来为环境所迫，不特晚学毫无长进，即从容泛览之功，亦不可得。但膏火煎熬，恐终不能久于一世。聊存此冗散笔墨，以留吾真于万一，后之人容有悲其遇而哀其志者，未可知也。君坦、孟纯先后来。合奇来，谈至晚饭后方去。

廿二日　阴甚

入夜风起，霎时间已星光灿烂，天意之不可测如此。鲁舆、步銮来，傍晚与步銮同到朴园处晚饭。有宝田、次耕、群一及纤妹、惠侄诸人，手谈至夜分，甚倦。

廿三日　晴，天气渐转冷，始着大羊裘矣

阅《赌棋山庄馀集》，其中多附录交游中书札诗文，盖能取诸人之善以为善者。余尤爱所录董仲容《答书》一篇，大略谓自来圣贤心法，君相大业，不外一"诚"字，故圣门谓"不诚无物"，又曰"不诚未有能动者也"。时局之变，至今已极，然所变者时势耳。环球亘古，同此生人，人同此心，心同此理，则道固始终不变也。又云平日常持一"诚"字行之家庭，三十馀稔不闻诟谇之声。出而应世接物，事上临民，乃至与远人交，亦莫不以此。其人当时既乐，我从事后尤有馀思，则一切机谋权术，皆可无须。又云中国积弱，患在人心，而兵事不与焉，外侮之来，皆由此取。今诚欲自振拔，姑无竞言心法，但各执其固有之义理，以自涵涤肺肠，无贵贱贤愚，务去伪存诚，以求尽其职分。国纵不富，兵纵不强，彼耽耽环伺者，犹将低首下心以就我范围，矧未有举国若此而不富且强者。所论皆深得我心，惜篇长不能备录。仲容为致用堂高材生，宦粤，铮铮有声，以积

劳终于一令。其遗集在季友处，中有札记法越战事尤详赡，仲容时在癹老南洋幕府。足资史料。季友闲放日久，恐无力为之刊行矣。葆葵所生女周岁，约㭎疏、次耕、群一及女眷数人景山后小集。

廿四日　　晴

饭后到瀛寰饭店，与次耕同车至上斜街访四妹，谈少顷。群一伉俪已外出，未晤。旋同赴熙民晚饭之约，与立沧、季友、次耕手谈，至夜散。癹老昨由津来，未就席，有事先散。

廿五日　　阴

洽社会期，石芝作东约癹老，因亦见邀。君坦来。若卿自城外来，坐谈极久。出城至会馆已傍晚矣。作一唱散。

廿六日　　晴

济儿咯血未止，今日往同仁医院，又须一笔医药之费。济乞作一信与其妇，催其速归，倚枕作数行与之。日来心绪劣不可言，雅不欲形诸笔墨。对人且不得不强作欢笑，真生平未尝之逆境也。下午群一来，与同赴㭎疏手谈之约，有次耕、立沧、季友、熙民及侨民侄。晚饭并邀癹老，谈甚畅。

廿七日　　晴

午后群一来，商筹寄长崎川费事。晚次耕约义和楼便饭，有务观及沄儿，并续约孟纯，皆谈此事也。

廿八日　　晴

为筹寄崎款事，打电话倒乱了一天。孟纯、君坦、务观皆来。下午熙民来，晚致群一信，催速筹汇款，因渠明日赴津也。

廿九日　　阴

熙民来。夜风起，天又开晴，终日偃卧而已。枕上作《题徐友

梅静园图册》五律一首。"退归饶绿野,存想只黄庭。道院晁家集,明湖
历下亭。前尘馀梦觳,晚契且观瓶。万里闽山远,因君感旅萍。"第六句趁
韵无意义,第七句亦俗笔,此等塞责之作,亦无心绪再改矣。明日
冬至,仍循乡例搓丸。夜因食糖粥,腹痛起泄两次。

三十日　　晴

孟纯来,尚拥被未起。腹痛稍止,又泄一次。仍不欲饮食,终
日惟食馒头两个,晚食片儿汤,仍不消受。电话约葵女来谈。

〔十二月〕

初一日　　晴

腹疾渐愈。葵女来,与畅谈心事,以此外无人可语也。饭后孟
纯来,与同到同仁医院视济儿。出城到上斜街,因闻六妹感冒也。
六妹已愈,言晚车赴津。复同赴车子营榕社例会,羖老适在京,作
三唱方散。灯社题,羖老选"羽翼怀商老"、"柴荆学土宜"十字,皆
杜句也。

初二日　　阴

得群一信,言崎款已汇。饭后次耕来,云明晚回津。下午蛰园
第八十六会期,值课为守瑕、治芗、吉甫、迪庵,惟守瑕未到。同社
到者有樊山、巽庵、熙民、颖人、征宇、寿芬、富侯、子威、孟纯、君坦,
较前数次人数为少,当系严寒之故。然吟兴殊豪,并不为之减色。
沄儿告知明早赴津,贺东海娶孙妇。

初三日　　晨兴即有微雪

施涵宇来,催其令兄寿诗。午后雪渐密,出城赴季友手谈之
约,熙民、立沧已先到。入夜雪愈密,归寓犹未止。炉火正炎,料检

案头书札文字,至丑正方睡。以夜分人静,白日竟无从着手也。忆辛巳春,余已得庶常,将挈眷赴先君台州任所,前旬日至鳌峰书院,王父中丞公方整理文牍,笑向余云:"官将任满矣,预备办交代也。汝曹识之。"当时未喻其旨,既而思之,所言乃至痛。是时,王父已七十有五岁,尚强健甚,然一别不复再面矣。

邴庐日记四

十二月

初四日　昨晚不知雪何时止，晨兴已见日

将往访君坦同赴北海，为家人所阻。向午天复阴。饭后至景山后，则君坦已外出矣。风起寒甚，不得已遣车先回。与孟纯及荪、葵二女、外孙辈闲话，至上灯君坦始回。催其代作施绩宇寿诗，并烦代题涵宇女公子画幅，遂留晚饭后始归。枕上静思，处逆境只有忍耐顺受，怨天尤人皆是自寻死路。忆十年，奉御赐"温仁受福"四字匾额，至今悬之厅事。"福"岂敢当，若"温仁"二字，实有无穷学养在，不易做到，要不敢不勉。商致群一信，言崎款事。

初五日　晴

饭后孟纯来。贻书旋来，欲偕往访熙民、季友遭闷，电询二君，俱已外出。久谈方去，约后日再来。孟纯留至晚饭后始去。日间又接群一信，随即复之。接同甫湖北天门寄来信。

初六日　晴

饭后赴熙民之约，与熙民、季友、立沧手谈。归甚晚。

初七日　晴

孟纯来，持示群一书。君坦亦来，昨约熙民、季友来寓，同贻书手谈，践贻书前日之约。散尚早，灯下作津信。因日间学群传述之

语,颇有误会,满腹牢骚,聊复一吐,家庭事靡言能尽也。邮寄绩宇寿诗、涵宇处写作,皆出君坦一手,未录存。

初八日　　晴

发津信后,复寄群一书。午窗为挈如世兄跋星冶丈所书《圣教序册》,心绪不佳,文字俱草草塞责。孟纯来,匆匆即去。僵卧一日,夜间腰背作痛,甚苦。拥被坐两时许方睡,幸尚能成寐。

初九日　　晴

今日为民国十七年阳历元旦矣。从前里谣大乱十六年已成过去,以现状言之,方愈乱而未有已也。晨兴腰痛稍好,若不强起,恐又作痛。孟纯来,略谈即去。林榆园来拜年,未能见。季友幼子生日,前日面约晚饭,力疾赴之。

初十日　　晴

群一为前日事,特自津来见访,旋同往孟纯处午饭。群一晚车即回津。余旋赴会馆,议春明学校来函促收回首善医院事,芝老及诸董事皆到。旋为熙民邀同季友、策六到渠处手谈。连日夜睡均甚不适。

十一日　　晴

孟纯来,接沄儿津信。辽东黄黎雍式叙向未识面,来书寄《松客诗》一册索题。黎雍年甫逾三十,诗颇有风格,海内名流如季迪、古微、散原、映庵、衮甫均有唱酬,不知何以见及也。傍晚到景山后晚饭。

十二日　　晴

寄津信。侵晓在枕上作《题黎雍〈松客诗〉》,即付邮寄去。"辽东三老吾宗仰,二百年来几继声。橐笔生涯怜少贱,论交名辈尽心倾。王风蔓草谁还念,江水松花故自清。世运贞元终必复,仁君述作振韶镁。"接崎电,济妇挈儿女日内由海道回国,计五日内可到。日间阅纪文达集,古体诗殊隽快可喜,此外则应制者居多。夜韵白来。

十三日　　晴

晨起赴织云公所贺卓本愚嫁女,芝老尚未到。君坦来,同午饭,下午方去。日来无事时,仍取架上书读之,百忧攻心,甫得清闲之一隙。正如童时先生偶出塾,群童乘便嬉戏,惟恐先生之速归。老境到此,可怜亦可悲也。致子雅信,托为崎眷到京时代向崇关招呼。

十四日　　晴,连日虽晴而极冷

《豳风》:"二之日栗烈",注云:"气寒是也。"熙民来。阅纪文达集,载嘉庆壬戌典会试,以遗山《论诗绝句》"苏门果有忠臣在,肯放坡诗百态新"及"奇外无奇更出奇"一首发策,四千人莫能答。揭晓前一夕,始得朱士彦卷。对云:"南宋末年,江湖一派万口同音,故元好问追寻源本,作是惩羹吹齑之论。又南北分疆,未免心存畛域。其《中州集》末题诗一则曰:'若从华实评诗品,未便吴侬得锦袍',一则曰:'北人不拾江西唾,未要曾郎借齿牙',词意晓然,未可执为定论也。"喜其洞见症结,急为补入榜中。按:士彦后官至尚书,谥文定。文达《阅微草堂笔记》又载某科典顺天乡试,以《月中桂》诗"倚树思吴质,吟诗忆许棠"一联,拔取朱子颖。二朱皆以诗学受知,而文定乃于黜卷中搜遗得之,尤为奇遇。文定又为先王父壬辰座主,于吾家亦有薪火因缘,录之以资昭代撝言之谈助。前日旧仆夫李头自口外还,送野鸡数只。约孟纯、君坦夫妇,及宛书外孙女同来晚饭,围炉夜饮甚畅,亦所谓汲汲为欢者也。

十五日　　晴,午后渐阴

傍晚伯南来,取所乞题星冶手书《圣教序》临本。据云将卜居津门,榕社诗侣益形寥落矣。

十六日　　阴

孟纯晨来,匆匆即去。下午赴熙民手谈之约。夜归已见月。

十七日　　晴

崎岛全眷于午前抵寓,安稳可喜。彼夫妇自寻苦恼,稚子何辜,忍令其流落海外,此节已告一段落。以后若不自转圜,吾亦无如之何矣。榆园来信,求助赴沪川费,竟无以应之。可叹!夜风大起。

十八日　　晴

风至午后始稍小,窗竹动摇,极有意趣,真岁寒良友也。傍晚幼梅来。夜风又大,重衾犹觉冷。

十九日　　晴,风已止

孟纯来。余往者尝怪本朝胥吏之权重于前代,随宦外省从事曹司,见满员一切公牍,皆惟胥吏是问。始悟此辈皆目不知书,不能奉彼为师,而惜前人无论及者。近读侯朝宗《赠丁掾序》有云:"今天下开创伊始,一时诸大功臣,天授着定,内以长六曹,外坐镇千里,皆尚大略,不遑问文法。其馀从龙而出治郡邑者,亦往往多崛起,不屑操儒生毛锥,则不得不暂以吏为师。已而汉人之在官,亦因仍以为固然,天下化焉。"此国初事也,足征吾所见之不谬。又刑钱幕友,前代更无之,大约亦自旗员滥觞,不知有人曾考其原始否。榆园复来求助,不得已作信令到津时访沄儿酌助。穷亲苦戚,能打发一个是一个,免得流落京尘,以后亦不能为计矣。贻书来,同午饭。贻书言得慕韩信,颇见询。迩来心绪恶劣,知好多无暇修函,亦自觉歉然,稍闲当作一书寄之。

二十日　　晴

英女以足疾久未痊,赴德国医院就医。葵女适来,见余愁闷,依依不忍去,谈至晚饭后方去。昨贻书言到景山后,闻君坦伉俪在里屋读书,声出户外,为叹羡不置。可谓贫而能乐者矣。

二十一日　晴

务观自津来。接毅斋书,以平斋近作诗见示,平斋嘱其转致也。平斋近日诗境殊有进,录其自寿索和之作,俟暇当一和之。"重患头风一访医,今年不似去年衰。黑丝渐复将逾半,馀齿犹多未再危。百步行还能舍杖,五更课佳罢临池。平生痛绝烟霞癖,睡过高春客莫疑。""铁网沙囊满路歧,一年绝少解严时。异军他□偏相吓,胜算兵家鲜久持。风鹤纷传邻界警,亲朋累失旧栖枝。灾年为此宁堪说,有酒今朝且醉之。"其杂感七绝十首似较佳,不及备录。又阅报邓北堂有步韵和余前和樊山蟹爪菊八首,虽不能句句稳切,而大致尚见作才。自念羸老之身,百念灰冷,独此文字结习,为知好后生所不弃。"风雨如晦,鸡鸣不已",聊恃以自壮,未足为外人道也。君坦来,约往渠家。孟纯复有电话来促,方在拥被卧,强起赴之。夜饮极醉。

廿二日　晴

孟纯来。昨枕上次和平斋自寿诗。录出俟改。"懒性年来不可医,喜君长健叹吾衰。孤灯有味书犹把,短榻垂穿坐自危。海外除非问穷发,人间底处觅仇池。倚楼悟尽行藏理,詹尹何劳为决疑。""岐路前头又有岐,漫漫长夜旦何时。黑甜不碍高春起,白战元无寸铁持。未办还乡乘下泽,犹能索笑向南枝。名山各勉千秋业,君是身之我裕之。"次首第二联改"酒垆念昔同游尽,棋局从他急劫持。"

廿三日　晨阴,午晴

与务观、刚儿及孙辈至东安市场吃羊肉锅。旋赴燕寿堂唁次薇夫人丧。最后至皇墙根,以二弟妇六旬设祭也。是日为乡俗祀灶之日,循例行之。接黎雍复书,并惠诗一首。灯下录灯社作。海六来,未晤。

廿四日　　　晴

饭后到中央旅馆，贺朗溪嫁女。顺途至德国医院视英女。傍晚贻书、季友、熙民来，适幼梅在此，留共手谈，至夜分方散。

廿五日　　　晴

昨今两日晨兴即腹痛，泄泻虽仅止一次，而人殊不适。寓中空气尤劣，不得已赴景山后消遣。务观亦到。午后小睡，殊不酣。傍晚岩孙又来，与孟纯、君坦畅谈，兴趣尚好。君坦言到灵清宫，知豥老已来京。自昨日起，每饭后服疗养院冯医药丸。

廿六日　　　晴

早晨仍泄一次，较昨见好。熙民来，与同乘汽车至灵清宫访豥老，谈甚久。旋到熙民寓午饭。饭后赴季友之约，与季友、立沧、熙民手谈。夜归稍惫。

廿七日　　　晴

今日未泄泻，似渐向愈。余之病，全系思虑伤脾，宜从根本上调理。家人以受寒及饮食停积混猜，皆搔不着痒也。下午至松树胡同秋岳寓，拜四妹生辰。旋赴熙民约，仍续昨日手谈之局，归寓已夜分。灯下补三日日记。

廿八日　　　晴

连日归甚迟，人甚疲乏，在家歇息一日。惠侄、孟纯傍晚来，留共夜饮，甚酣。君庸寄示近作诗二章。

廿九日　　　晴

此数日皆稍暖。下午约立沧、季友、熙民手谈，至夜深始散。傍晚微阴，似有雪意。寄舜卿信。

三十日　　　阴

履斋送来初印本《匏庐诗》二十部。细阅一过，其中尚有数处讹字。甚矣,校勘之难也。其中以"皮毛"误"皮手"最碍眼,不能不改。晚接津信。孟纯、君坦来。英女自医院归,足疾已愈大半,稍为慰意。家人循例供年饭,余已睡。

戊(寅)〔辰〕正月

初一日

侵晨睡醒,干渴异常,浑身亦作痛,竟不能卧。近日晨起多在巳初巳正,今晨独早起,其实并不为元旦也。自壬子后朝班已散,乙丑后并朝元之典亦废,时至今日,有何令节之可言乎?家人毕兴循例拜祖。午前通大便一次,人稍清爽。顽钝之躯,大耐折磨,吾亦不知其所以然也。弟侄亲眷来拜年者略已都到,应接一日,尚不甚疲,但徒增感叹耳。济儿午间出医院。

初二日　　　晴

晨寝未兴,宋仲来,未能晤。索新刊《匏庐集》一部去,不谂渠何以知之也。寄津信。贻书来,与家人手谈,至晚饭后方去。

初三日　　　晨阴,巳初雪下,至过午方止,视院中已积寸许

饭后挈勤孙及孙女金霞赴北海,雪景甚佳。在漪澜堂啜茗一时许,沿塔山一周,遇立之与其令兄偕行。据云昨晚甫到,恰及来赏雪,可谓奇缘。匆匆未及畅谈,即出城赴立沧之约。与季友、熙民、策六、立沧手谈,贻书、稚辛未入局,同晚饭先散。入夜雪又大下,归途冒雪,亦甚有意趣。前两年大雪欲往北海,均未遂,今日算偿宿愿矣。英女以足疾未全愈,仍赴德医院。

初四日　　　晨兴望窗外,雪片犹纷霏,过午稍止

悦卿六弟生日,偕内子傍晚往。入夜雪又作,不知何时始止。

今日本拟往邀君坦同赴北海,再续昨兴,计立之必在彼,得一纵谈,为家中琐事牵掣而止。然今日雪景必较昨日尤胜,可悬想也。师郑送诗二章来,嘱代致羖老。

初五日　　　黎明望晨光,已有晴意

巳初起,昦日已满窗矣。宋桐珊来,托其为庠侄展假。若卿来,坐甚久。送若卿至外门,适门人陈砺可来投刺,遇之因延入,小坐方去。下午天复阴。熙民来,与偕赴蛰园第八十四社课。值课为夷俶、仲骞、筚仙、履川、惟仲骞因事未到。社友到者熙民外,有樊山、子威、吉符、征宇、沇叔、治荠、嘿园、迪庵、孟纯、履川。仍作二唱,首唱题为"唐明宗祝天生圣人",题甚佳而诗却不易作。入夜风起,社友先散者甚多。樊山见示除夜元旦诸诗,征宇、嘿园见示和君庸柳梅诗,皆苦于步韵之难,恐无以应命也。

初六日　　　阴,仍有风

雪后严寒,亦气候应尔。数日无报阅,时事传说纷歧,然预计今年全局必更有大变动,不能似去年之尚能敷衍过日矣。济庵来,小坐即去。竟日沉闷非常。阅灯社卷。

初七日　　　晴

君庸来,持示柳梅和作,征宇、嘿园外,尚有宋仲及宰平、董卿,诸作皆佳。午后赴稊园大会,仅作"鸿爪"一联,摄影后即散。赴栘疏之约,手谈至晚饭后归。

初八日　　　晴

孟纯来,同午饭。饭后强邀到渠寓,与侄辈手谈。酒肴甚佳,惜无兴趣。

初九日　　　晴,今日已稍暖

午前赴贻书处拜生日,在彼午饭。归途至德医院视英女。回

寓定灯社甲乙毕。今日人尤烦闷，不能自持，藉此消过半日光阴，殊自叹也。晤贻书及熙民，订明日下午车赴津。前得沄信，言元旦朝正者得遍赏御书，此次圣诞，仍预备御书颁赐。上近日甚爱临池，亦可喜之事。津地寓公尚多，五伦大义，庶民去之，君子存之，不必作兴复想。而黄农虞夏，宛在目前，彼自外于人类者，乌足以知之。

初十日　　晴

笠士来。下午赴车站，仆人代买二等车票。贻书、熙民先到，已登三等车，彼此间隔不相通。到津仅戌初。子有已有电约晚饭。贻书先赴羧老寓，余与熙民到栩楼小坐，即同车赴子有处。子有感冒未痊，仅出来一招呼，遣令侄公毅陪客，坐中有宝田、次耕、芷卿、子良诸君。沄儿亦先往，饭后手谈一局散。子有惠赠新刊《文直奏议》四册。

十一日　　晴

晨兴与熙民同至张园。午初先召苏龛进讲，约二刻许。即召余与熙民、贻书入见，杂询近事，并泛论近时人物。坐稍久，并赐茶，出园已过午矣。与熙民、贻书同到苏龛寓略谈。访子良，未遇。即同赴次耕午饭之约，手谈一局。傍晚同赴松竹楼饭馆，主席为羧老、苏龛、琴初、地山，惟羧老因病甫愈未到。座客约十七八人，皆冰社熟人也。散后复赴群一春和戏院观剧之约，子初散。

十二日　　晴

午前四妹、六妹同来。两妹述沄儿意，恐余致疾，求一切屏见闻，勿动气，不得已时即出游，余一一允之。群一约饭馆午饭，散后复至其寓手谈一局。旋赴宝田晚饭之约，饭后回。是日冰社会期，叶文樵值会，李子申出示伊墨卿墨迹册页，甚精工。章锡之亦出示所藏名迹,中有蒋砺堂相国童试试卷浮签,裱成手卷,上列同入学姓名,砺堂时甫十龄也。后幅皆名人题咏,此事曾载于吴兰雪集中,今始目睹之。又李西涯记孔林重修事迹长卷,前后真行数千字,尤巨观也。客散后,叔掖、峻丞留共手谈,两局方散。

十三日　　晴

晨兴余坐马车先赴东海宅,晤谈良久。旋赴张园贺圣诞,熙民与沄儿随到。是日到者约百人上下,奉谕概不行礼。仍循例备筵席,先后入座,与钱新甫、升吉甫同席。归寓后,群一、宝田、次耕皆来。申初同熙民赴车站,叕老、贻书亦到。余与叕老在二等车,贻书、熙民仍在三等车,戌初二刻到京。连日酬应,疲极,晚饭毕即睡。御书因纸到稍迟未赐,今年未照相,与前两年所差者只此。

十四日　　微阴

晨兴即到灵清宫,灯社开唱。社友三十馀人皆已入座,余到已稍晚,幸尚及发唱。是日叕老备早晚二餐,并携来松花江白鱼及多年陈酒。吟坛诸君兴致皆佳,秩序尤整,为往年所无。皆次赣布置,南曾、吉庐、组南帮忙,唱至子正后方毕。叕老仍得头标,次则淑周、策六、君坦,余得第五标。闻昨日《顺天时报》已登此事,亦向年所无。想时流见之,非讪笑即谤诋也。夜归尤困惫。

十五日　　晨阴,风甚大,向午始见日

睡起已不早矣。昨匆匆携回画灯,系取公雨所画尊者像,其他未及谛审。灯社新例,挨名自择所好。今日读所题字,为"戊辰岁朝敬造降龙尊者像一躯,愿四方休战,日月光华",阅之深得我心。午后熟睡,至晚务观来强起,点灯共赏。入夜风稍止,冷甚。是日济所娶日妾归寓拜祖。

十六日　　晴

寄郭春秧信,为济儿道地。务观来,饭后与同到景山后,电邀

岩孙来,畅谈前日灯社之事。岩孙此次专为人捉刀,谈次尚兴复不浅,以别有应酬先去。孟纯坚留晚饭,又混过一日矣。

十七日　　晴

策六、仲劬约吟局陪叕老,作三唱散。

十八日　　晴

午间赴熙民耆年会之约,有叕老在座。叕老痰疾尚未全愈,因晚车赴津,席散即先归。余与贻书、立沧、季友留手谈,至晚方散。涵宇属题其女公子聆秋画幅,由君坦代笔,已交来人取去。"石骨峣岩浅浅皴,南宗瘦透此传神。玉壶一段湘生笔,失喜乌程有替人。"

十九日　　晴

昨午后颇暖,今日有微风,气候又转冷。枕上和君庸柳梅诗,为韵所窘,勉强成篇。其实此题无甚新意,即不步韵,亦不能工也。姑录俟改。"老梅炼就风霜骨,能空凡艳惟矜庄。黄梅非种附梅谱,重以涪翁句子香。柳星在天应列宿,失身误落歌舞场。风絮水萍递幻化,轻薄漂荡固其常。楼东河东忽合传,贱质何幸侪嫱嫱。认桃辨杏付嘲噱,岁朝正可娱高堂。"孟纯来,乞致叔澥书,即书付之。下午赴熙民宅拜寿,同立沧、策六、伯严手谈。梅南、季武、寿芬、次赣、嘿园诸君在前厅鏖诗,亦甚酣畅。

二十日　　晴

为张勤益致韵珊书。复石孙书。又录和君庸诗,并和平斋诗,交君庸转呈芝老,笔墨债负,暂时一清。肖雅住新闻路福康里东一弄第一家,据来信系六百零三号。涵宇送来福庐乡人书,求为提倡募捐,此时实无法应之。乡人方救死不赡,何暇及古迹耶? 言世兄雍然送来影印范伯子与謇博笔札墨迹一本。下午务观谈至晚饭后又久方去。

廿一日　　阴

务观约同孟纯、君坦及刚儿东来顺午饭,迪庵因病未到。饭后同赴海王村公园,购得《瓯香馆集》一部,复与务观同车归。魏侪、幼梅先后来,谈至亥正方散。

廿二日　　晴

贻书来,小坐即去。下午赴策六手谈之约,同局者为立沧、熙民。夜归风忽大起。席间策六询及济儿行止,谓南洋侨商多挂党旗于领馆,殊隔膜,泗水万无去理,熙民亦以为然。但此时余竟无法阻之。灯下独坐,思及烦懑非常,兼以晚食稍逾量,睡卧屡醒。不得已,取枕畔书阅之,天明后始复睡。

廿三日　　晴,风稍止

晨醒喉为痰壅,吃白开水始稍好,此乃连日感冒未清之故。太阳时作痛,又系肝木发动。腹间胀满,则昨夕宿食未消之故。甚矣,一身之难调理也。午前作平斋信,附寄和章。又作津寓信。孟纯、君坦先后来。偶阅范肯堂致骞博手札,有一段云:"日内发兴为诗,苦无题,丈人言问津书院,姜坞先生尝主讲此,可为题,丈人指姚慕庭,石甫之子,肯堂妇翁也。但茫茫从何处说起。吾以谓此必须用韵,因随手翻得东坡《松风阁诗》,以为此即可用也。丈人亦姑应之。而吾兴勃然,煮茶一开而即就,因而大乐。丈人诵琅琅至十馀遍"云云。此真得闲中作乐之法,其诗亦甚佳。前阅迪庵致沄儿书,述梅生之论,甚以步韵为不然。余谓此亦难概论,吾乡诗家太夷、梅生皆不喜步韵,而沧趣老人则最工步韵。自李、杜、韩、白、苏、黄而后,诗境大拓,不能以一派拘,即不能以一格绳,各随其才力所至,岂有定限乎?余前以诗册质凤孙,凡次韵之作,皆为删去。凤孙北人,其诗循途守辙,与郑、何之自逾性灵者,派别又不同,要不可以律一切也。闷坐无以消遣，偶抒所见书之。傍晚疲倦，小睡片刻，已将上灯矣。释戡以戊辰元旦诗索和，并致去岁重九江亭摄影，及校补《鞠部丛谭》一册。此书去年曾承见赠，为人取去，复向之再索也。余于戏曲向未究心，实门外汉，然就中名伶熟习者亦什之七八。瘿公及释戡所掇辑及评骘，大都于事实不谬，此书必传世无疑。惟觉鞠部人物，在本朝为别开生面，推原本始，尚当于政治求之。盖列朝驭臣工至严，朝官出都门百里，即干例禁。贵戚大僚园林第宅，皆不敢盛有奢侈。平康狭邪，几绝轮鞅。独狎优一事，虽悬禁令，而涉及弹章者至少，九重亦明知之而不问。良以京曹清暇，不能无游谵之地，匿瑕含垢，此中有张弛之道存焉。大略似前代官妓，而彼伶人者，操业既贱，得与士大夫周旋，方以为荣幸。广筵侑坐，曲巷停骖，一席数金，所费至微，穷宦皆能办之，相习而不为怪。民国既立，侪此辈乃与搢绅平等，彼因之高抬身价，所逢迎者非豪帅即大驵，视文士蔑如。杰出如梅畹华者，得樊山、瘿公等为之咏歌赞叹，亦犹是。沿清末风尚，而"梅毒"二字，已藉藉人口。过此以往，歌场与文囿必至格不相入，可断言也。姑书之，以观其后。

廿四日 晴

早起喉间仍壅塞，声哑，腹亦胀满，甚不适。闲坐次和释戡诗，极草草。"岁朝岑寂似萧晨，只有寒梅伴病身。举俗更谁谈旧历，屏居况我属陈人。团蒲扫地时参佛，古锦探囊肯馈贫。应候条风还入律，朔南何日息兵尘。"第五句拟改"压架老藤应增长"。后四句终嫌落套，再改："游骢已逐灯宵逝，破砚能供雪屋贫。压架老藤应更长，花时会许觅前尘。"张慎之来，辞行回闽，勉强见之。下午复力疾，赴宣甫耆年会之约。老友聚谈，胸次稍畅，喉亦渐开。归寓时四妹与惠侄在寓手谈，尚未散。余因病先睡，夜半睡醒，喉复塞，再睡尚酣。

廿五日　　晴

晨起喉渐开，惟说话略带痰声。昨食黄弹饼数丸，似颇得其力。黄弹，南中亦呼黄皮果，闽人爆干为丸，称为黄弹饼。余从前值胸腹不舒常食之，甚有效。比年恐其破气，久不食矣。数日前在策六处诗局，叕老痰疾未愈，行维出数丸啖之，因知此物亦可治痰，故亦姑试之。今日并腹胀亦见愈，真妙药矣。傍晚赴石芝宅拜寿。旋到二侄女处，以其子生日，昨曾见约。寿堂空阔而私室狭隘，一寒一暖，又微有感冒。夜归，殊不适。接津信，沄儿言公雨知余得所绘降龙尊者灯，渠新正曾作此画，津门诸公皆有题咏，亦乞补题一诗，恐不能不应。但不易着笔耳。

廿六日　　晴

嘿园来，持程莲士乃翁遗照代乞题。饭后无事，率笔成一绝应之。"六代残山阅战尘，萧然松石见天真。过江名士多于鲫，市隐如翁得几人。"又易园今年五十初度，其弟遵楷屡为乞诗。易园四岁时初就学，即拜余为启蒙师，闽俗谓之发蒙。幼日极聪颖，过目成诵，下笔亦洒洒千言。而屡踬场屋，曾游学东洋。入民国后，亦所往不如意。去岁旋闽，闻仍充某学堂教习。诗姑录出，俟改。"曾见荷衣出科年，云萍累世溯因缘。沧桑几度成吾老，薪火千秋待子传。结绿谁论和氏璞，皋比自暖广文毡。海滨邹鲁流风在，晚学相期更勉旃。"第三联拟改"谁遣荐贤遗一鹗，未妨求饱笑三鳣"。近来诗笔日退，自系老境颓唐之故，不知用何法以瀹性灵也。

廿七日　　晴

阅报载海藏作《缲蕢未明见访诗》二首，极言夜起之效。固就身历所得，言余所见。老辈能起早者，常得长寿，以吾家先德言之，亦其明效。然樊山每夜披书，至黎明方睡，交午始起，亦习以为常，此事固不能概论也。余谓早起必须志气清明，无家累之扰，方能与空气相呼吸。如其不然，则夜深兀坐，群动尽，随兴讽诵，亦是人生一乐。余近来常以亥子间睡，每夜必醒两三次，每于最后醒时披衣起坐，杂取枕畔书玩之，俟稍倦始复就枕，一觉则红日当窗矣。不知者以为晏起，余亦不自明也。孟纯来，谈稍久。林秋飔自闽寄腊笺，为其求寿诗。饭后无聊，复睡一时许方起。夜卧极不适，比晓乃得酣睡。

廿八日　　晴

今晨醒最迟，已近巳正矣。幼雁书来，乞将所赁巡捕厅胡同屋警捐，仍由会馆担付，俟与吉臣、策六商之。午后到鲍家街与宣甫拜寿，宣甫入城皆寓崧生宅。遇熙民、嘿园、叕老。叕老今日早车来。遂同到宰平处，今日亦为其五十初度。晚饭后听说书，张君说《聊斋》两段。据次赣云，此君从前多在张文襄宅说书，然演说虽工，而声音不洪，似无精采，偶听之可耳。济又吐血，一室之内，病魔环攻，虽铁石人亦不能禁此愁虑。吾以强制之力镇之，能持久耶？君坦来，未晤。

廿九日　　晴

是日吾乡俗所称"拗九节"，循例煮果粥。济于清晨入法医院。寄津快信。昨车中作秋飔尊慈寿诗，甚平平。秋飔以孝廉屈就邮部录事，晦若赴德国考察政治，余曾为荐充随员。晦若归来，尝极称之。诗姑录存。"早从曹署识贤郎，瞥眼谁知海变桑。随节重洋应省记，循陔爱日自舒长。劬劳信有眉梨补，懿嫟惭无翰藻扬。好道韶华春闱驻，桃红柳绿佐称觞。"饭后至景山后，与孟纯、君坦作长日谈。孟纯复约岩孙来，同晚饭，谈甚畅，亦无聊之排遣也。

（三）〔二〕月

初一日　　晴

接津信。舜卿寄来娄真人朱符二道并判语云："遁叟之事，无不关情。但蒲柳之姿，加以剥削，则元气渐消。流年亦未惬意，宜静养闭目，为治病上策。朱二通用云云。"余前叩只说病魔，未指何人，舜卿注谓代青原叩，容或近之。要之"静养闭目"一语，实治身之通义，不独治病也。《顺天报》载白葭居士《赠屯园先生》一诗，颇复语长心重。屯园、白葭皆不知何人，俟访之。当吾世，尚有此等人，不可不为表章也。诗云："礼非囿小康，大同必由此。格致不须补，即本末终始。论语一以贯，仁恕求诸己。先生洞其微，昭若发蒙矣。披读鸿文三，杞人忧转喜。叔季学无本，西风醉欧美。安能撷菁华，所获稗与秕。妄效邯郸步，颠跻伤厥趾。迷路不知返，目眩旁行轨。后生益放悖，逾闲废伦纪。狎侮圣人书，谩语加阙里。崇古诮为迂，崇俭嗤为鄙。谓为媚君权，诬以愚民旨。谓思不出位，阻碍进化理。谓敬不足行，谓孝私德耳。谓生我何恩，彼为欢媟起。人首而畜鸣，闻之发上指。邪说一以张，诐行随而诡。狂飙一以播，万汇由兹靡。九阍射虎屯，四郊蛮触垒。跋鲸溃大防，横流溢汀沚。党徒竞趋炎，议曹类哄市。曷怪讲学地，竟蒙鄙倍耻。曷怪戏下兵，悍如天骄子。硕鼠饮贪泉，满腹不知止。小鲋困涸辙，呕沫剩无几。举国都病狂，强邻蛇豕启。鹬蚌招渔人，诱之先以饵。我抱精卫诚，衔石情无已。欲塞漏舟漏，棉力薄于纸。欲辟途荆榛，手无斧柯恃。此意积有年，茫茫空顾谡。彩云忽照眼，球璧辉筵几。其言明且清，足扫尘气滓。抉经执圣权，尼山道在是。人心久陷溺，愿君生其死。秩序纷俶扰，愿君泰其否。五光眩十色，愿君辨朱紫。物竞噬咥人，愿君驱虎兕。匪只奠神州，坤舆行如砥。寰宇日日新，时中恒不倚。君殆圣人徒，阐幽澈脑髓。凡我所心写，都出公腕底。经训振羽翼，瞻戴君子斐。贡忱缀芜语,所信非阿比。"石岱霖来,约初五陪吟局,谈甚久。岱霖去岁在汴奉檄署涉县,其时汴尚在奉军手。为天门会所推绝,再三疏通,始得受事。旋由该会首领加札委任。未几,又由该首领调任林县。据云天门会始因军阀横暴,激而为独立之自卫。首领韩姓,乃石匠出身,貌温雅而中实粗蠢。渠初到时,秩序甚乱,经委婉劝导,始渐就范。地方事尚能由县官处理,绅民亦相融洽。该会恨冯极深,因渠系奉军所委人,亦愿与奉军联络。在彼近一年,去腊始允其暂假回京,并嘱与奉军接洽,假满尚须前往。现河北有七邑,皆属天门会范围,林县即其一也。惟彰德有冯军驻守,来往须由间道耳。合奇、幼梅先后来。下午赴榕社例会,羧老亦到,作二唱散。夜半风起。

初二日 晴,风犹未止,向午更大,黄尘蔽日

石芝约今日诗局。闻济儿昨到医院针治,颇委顿,心绪甚劣,电托孟纯代为辞谢。兀坐尘霾中,听恶风狂吼。孙昌应来,述其尊慈病状。下午风稍小。石芝复连电来促,勉强赴之,作一唱,与羧老先散。夜眠尚适。

初三日 晴,仍有风

项琴庄来,呈所著《觳觫纪闻》一册,所纪皆宰牛食牛果报事,意在隐讽今之弄兵戕民者。余近日亦颇持杀戒之说,每见家人惑于西医,以鸡汁牛汁为养生惟一要品,牛肉可购之市中,鸡则非特杀不可。甚不谓为然,而无术以止之。平日颇喜食鳝鳅之类,近已戒止。以一馔之供,有数十条生命在也。午后出城拜胥生尊慈生日。贻书在彼,君庸亦旋到,谈甚久。旋到皇城根,是日为二弟妇百日祭。至夜方归。

初四日 晴

午后摊饭,已习以为常。羧老门下在宋仲宅公谦老师,邀余与

芝南、贻书作陪。散后顺途至景山后,小坐即归。

初五日　　晴

天气渐暖,已脱狐裘易羊裘。而家人不肯撤炉,亦近来之积习,虚耗而不利于卫生,可叹也。饭后赴岱霖、乃时吟集之约,作三唱散。席间晤高子善之世兄,在电局有小事,系其庶出也。

初六日　　晴

次薇、孟纯、君坦及胥生、魏侪昆仲先后来。今日洽社会期,昨梅南已预约熙民在叕老处,复有电来催,不得已应之,作一唱归。夜间有微雪,疝气发作,尚不甚为患。

初七日　　晨起尚有雪,旋止,天仍阴

孟纯来。寄姚次阮世兄昌咸所求书寿字,姚为菊坡侍读丙然子。又寄林秋飔尊慈寿诗,皆交邮局。接平斋信及和小石诸诗,知前信已寄到。务观自津来。下午赴熙民之约,同局有立沧、季友、策六,散尚早。

初九日　　晴

寄复平斋信。又寄津信。昨务观约午后同赴景山后闲谈,渠竟先往,接电话即往。四妹旋亦至,手谈两局,惠侄始来,谈至夜分方散。

初十日　　早晨微雨,止后仍阴甚

务观来,同午饭,云明日赴津。饭后为惠侄致慕韩、燕孙两信,皆谋事也。慕韩住大连越后町卅九号。傍晚惠侄与四妹来,务观亦到,言今日与迪庵至广济寺,蜡梅尚含蕊未开。手谈,散时已过子矣。君庸书来,录续和柳梅诸诗见示。

十一日　　晴

孟纯来。终日无事。取石遗《近代诗钞》祁寿阳、何道州两家

作,点勘一过。夜睡甚早。

十二日　　　晨起见日光,向午微阴

季友约手谈,未赴。魏侪、燕生、叔陶来,手谈两局去。终日沉阴未散。

十三日　　　晴

孟纯、岩孙先后来,同午饭,复长谈至日斜方去。济儿因法医针治血疾,不甚见效,已于今日出院。晚赴岱霖之约,同席皆其戚属,杂以内眷,甚不舒适。岱霖之女为乃时夫人,故亦出见。手谈,归已夜深矣。

十四日　　　晴

君坦来。饭后闷极,抱书拥被,正寻睡乡,而幼梅来,邀同往北海公园。至蟫青室,与书肆伙计闲谈半晌,旋至漪澜堂湖沿啜茗。看小艇打冰,沿堤杨柳虽未吐芽,而远望微有绿意。湖冰未全消,中间已打开者縠纹荡漾,亦殊可爱。幼梅尚欲登山,余以若卿生日先出园,赴下斜街。晚饭后留手谈,候女眷局散,到家将天明矣。此为年来第一次晚睡,卧床觉浑身酸楚。一日之间,而苦乐不同如此。

十五日　　　阴

向午方起,人犹不适。今日榕社会期。以马车赴德医院接英女回。另雇人力车出城,作诗三唱,极酣。末唱为"清"、"寿"分嵌,第二字偶翻书得之,为一鼓兴,不自知其愚也。英女又为医院挽留,未归。

十六日　　　阴,午后雪下极密,大有寒意,历两时许始止

阅丁俭卿《石亭记事》,言世传《西游记演义》,乃其乡吴承恩字汝忠所撰,载在《淮郡志》。此段阅近人《骨董杂记》已载之。吴为明

嘉靖中岁贡,官长兴县丞。鹤亭来晤,索新刊诗本,并代耆寿民致意,亦索一部,即交邮局送去。涪侄妇逝,妇为发老侄女,人甚婉顺,入门仅二载也。

十七日　晴

饭后幼梅来,少坐即去。贻书来,谈稍久。得燕孙复信,惠侄事恐不谐。寄津快信。

十八日　晴

养刚今日四十诞辰,亲串眷属凑热闹一日。立沧、熙民、季友亦来,就卧室手谈,尚欢畅。

十九日　晴

蛰园第八十五社课,余与书衡、颖人、寿芬值课。社友到者有樊山、沅叔、子勤、巽庵、吉符、熙民、子威、迪庵、征宇、彤士、嘿园、君坦、履川,作二唱散。

廿日　晴,风甚大,而天气尚清朗

得慕韩书,惠侄所求事,渠于盛某久不通问,无从说项。书中皆牢骚语,又以文悫师所书楹联,及《客座私祝》,并遗画一幅,共三件,属为分题。慕韩住大连后町三十九番地。午饭忽胸中作,食不下咽。急命到景山后,与孟纯、君坦闲谈,以消烦郁。然吾之苦境,对至亲竟有说不出者,可叹也。在彼处复感寒,疲倦,向晚归。饮午时茶即蒙被睡,又辗转不能成寐,至后半夜始睡熟。

廿一日　晴

晨起惟腰肢酸痛,腹仍微胀,感冒似已清。昨枕上不寐,构文悫书跋二则,略具腹稿,复点窜成之。楹语跋云:"吾师文悫公,以南斋侍从晋直讲幄。立朝数十年,清风亮节,为海内所共知。贰户曹时,尝欲惩办一蠹吏,为同列所持,某吏竟逍遥法外,而公反以此罢殿直。当时辇下士大夫,咸愤惋不平。乃适值言路闭塞之秋,卒无有讼言其得失者。光绪中叶,朝政不纲,以驯致乱亡之祸,此亦其一事也。此联乃督学畿辅时书,以畀魏若者,遭乱佚去其半,魏若特装潢为横卷。曾炘窃维公一生,天怀淡定,宠辱不惊,实有得于求己之学。至因缘之说,虽出自佛氏,然余观丧乱以来,奸回宵小,乘时据势,煊赫一时,无知者啧啧称,乃未久旋归澌灭。所谓因缘者,亦不过如幻泡露电,何羡之为?魏若久历忧患,近方屏居穷岛,视吾师之遭值承平,益不堪同日语。然能熟玩斯旨,于安身立命之道,必当有得。履坦终吉,所以绍先芬而绵世泽者,将于是卜之,岂特手迹之足珍已哉!"《客座私祝跋》云:"阳明《客座私祝》,前人尝镌之石本,余幼时所见诸先正家塾尝悬之。文悫师夙讲阳明之学,宜其尤有心契。师平日楷法兼有平原、眉山之长,顾不自矜惜藏家者,此为完帙矣。概自邪说横流,新进小生习为非僻,海内诗礼故家,寥寥无几。以此铭之座右,岂特一家之彝训,而心尽昭垂于黍离板荡之秋,犹见垂绅正笏风度。吾辈对之,当如何感想耶!"又《题因陋草堂画卷诗》。"商阳桥梓鹿床翁,神化丹青景仰同。片羽吉光未零落,还从浙派见高风。""半壁东南劫火收,王师次第扫榛菅。画图但写林栖趣,已见承平气象还。"跋语本非所长,诗尤潦草。近来心血垂枯,重以处境不顺,益无意兴,聊以塞责而已。君坦来,以代孟群寿日本某侨商诗见质,有未妥协处为指出,嘱酌改。此不必处处切日本人,渠太着迹也。英女自医院回,尚不算甚委顿。傍晚孟纯来。寄津信。又邮致子勤初印诗集一部,以昨日有成言也。岱霖约手谈,未赴。

廿二日　　微阴,旋晴

饭后赴大取灯胡同视涪侄,今日为其妇成服日也。幼梅来,同晚饭,与家人手谈。岱霖复来约,贻书亦电约,皆未能赴。务观自津来,并带沄信,匆匆即去。姚昌咸号次阮,菊坡学士侄。

廿三日　　晴

饭后赴立沧手谈之约,同席为熙民、季友。拟顺路访鹤亭,因事迁延，竟未果。

廿四日　　阴寒

得津信，即寄津信，并慕韩信，附题文悫师遗墨三纸。务观来。饭后披书，倦极就枕睡一时许，甚酣。夜微雨。

廿五日　　晴

寄舜卿书，乞娄真人神符。张用宽寄刊印启事，声明与其兄用谦因产业将涉讼理由，为姜斋一叹。前此涉讼为嫡庶之争，今则同怀亦争矣。姜斋拥巨赀，贻身后胶葛；余囊无一钱，生受男呻女吟之苦，未知孰得孰失也。孟纯、君坦来，云务观约下午到渠处闲谈。熙民复来电见约，因辞之。夜由景山后归，已过子矣。寄沄信，言近日养泉兄弟亦多不得意，家运日替可忧，汝于此时尤宜恐惧修省，第一以存心忠厚为主。善气既盈，则群魔自当敛退；推诚相与，即异类亦可感乎。至乱世拥赀，无可久之理，只有节俭维持，寻常破耗，不必置意，但求不至于瓦解土崩而已。

廿六日　　晴

子植来信，无非无聊费话，然亦略知鄂中情形。饭后欲往访鹤亭，子勤以车不闲复止。闷坐涂鸦。下午拥被小睡，务观来始起。渠言明早赴津，留共晚饭。

廿七日　　早晴，向午忽阴，复放晴

孟纯来。饭后幼梅、贻书先后来，留共手谈。晚饭呼酒畅饮，亦无聊之消遣也。

廿八日　　晴

鹤亭邮寄古风二章见赠，鹤亭诗有清气，固近日南派之佼佼者。近日思路甚涩，以鹤亭向少酬和，不得不勉强应之。率笔次韵，得二章，录下。"我诗初无法，信口为咿呕。未能谋一身，况乃谈九州。

黄虞日以远，逝暑不我留。危邦宁久居，剑炊渐向矛。中原尚斗争，故山怅阻修。劳者但自歌，讵足语时流。玄亭念瓴覆，长爪遭溷投。休论身后名，且看空中沤。""六代溯诗家，陶谢差匹敌。康乐忠义人，肆志托泉石。读君和谢诗，颇复侈宦迹。回舟上金焦，目极东南垆。谁知新亭泪，孤愤盈胸膈。仍岁赋北征，逢迎多亲识。敝庐绝轮鞅，肯来慰萧寂。白水阕祯符，馀分竞紫色。安得昆阳师，长驱挟霹雳。""中原"二句落套，改"晚途从护落，束发慕前修"，然亦无聊，仍用原句。

廿九日　　晴

先廉访公忌日。孟纯、君坦来。饭后贻书、幼梅来，留共手谈，至夜散。

三十日　　晴

迪庵来，乞函托颖人荐税务处译员，即作书付邮局寄去。务观自津来，言沄儿胃痛渐差。即与同到精一饭馆吃光饼、鱼丸，顺途至东安市场书摊一览归。连日欲出游未遂，坐小车入市，精神为之一爽，此西医空气之说也。

闰　月

初一日　　晴

阅报知张绍曾在天津妓寮被人枪毙。张为十九条信誓首难之领衔，当时朝廷已俯意曲从，并赏侍郎衔，令宣慰长江，仍抗命不赴。宣统末年，犹系学堂监督。洵涛撤冯国璋兵柄以畀之，养虎自卫，安得不亡。东海之被吴佩孚驱逐，亦其所嗾使。其人语言无味，面目可憎，不知其取人动人处。余前年春在津，王子春招饮，适与连坐，恶之极，未与交一谈，即托故先去。天网昭昭，不禁拍案称快也。饭后访子勤，适自津回，言殁老亦同来。旋访鹤亭，未遇。

即出城赴榕社之会，梅南、寿芬迎面语，云叕老已有电话，即到矣。今日两位老人心中畅快，诗兴必倍增。余向不自鸣忠愤，而友朋皆能知其心事，作人至此，亦足矣。少顷，叕老亦到，作二唱，兴犹不浅，复勉陪作一唱，散已过子矣。归寓知葵女又举一女。石孙书适到，托为照应一切。

初二日　　阴

午间赴熙民东兴楼之约，陪润贝勒，陈、朱两师傅，及杨邻葛名下桂、史两秘书，大抵系接洽皇产事，然无结果，座间谈尚畅。务观来，留共晚饭。守瑕以《荃察余斋续存诗》见赠，皆其己未后所作者，其诗学明七子，剪裁丽密，亦自可喜。

初三日　　阴

饭后正拥被卧，熙民、孟纯来，谈甚久。傍晚务观来，与侄女辈手谈。夜，韵白来。

初四日　　晨仍阴，风甚大

饭后赴会贤堂，子威夫子开吊。遇己酉拔贡门生数人，攀谈甚久。子威亦是科选拔，朝考未入等。旋至车子营会馆合社吟集，因叕老敦约，特奉陪作三唱散。

初五日　　晴，仍有风

电话来报玉苍逝世。若卿来。饭后往哭玉苍，遇熙民、叕老、子雅、策六。旋出城到南柳巷，吊丁佩瑜太夫人之丧。晚应季友之招，亦陪叕老也。玉苍中风已数年，昨晚犹看家人斗牌，晨起头微痛，汗出即逝。盖其根本久亏，年已七十有七，亦可谓善终矣。人生总有一死，古人云盖棺论定，然则未至盖棺，犹不能论定也。以曾子之贤，犹云"而今而后，吾知免矣"，言念及此，能不惮惮乎？余年来无往不拂逆，常以古人处患难之道自勉，因玉苍之殁，偶触及之。灯下书此，不足为外人道也。大便作黑色，连日夜卧极不安。若卿云系肝肺火炎，须略服疏散之剂。其实疏散自有道，服药未必见功，奈吾之处境，不能自由何。

轩举二十年前常为余诊病，谓余六脉弦急，与玉老同。而接人处事，静燥判若天壤，此非有十二分涵养功夫不能到。轩举生平虽颇有不理于人口之处，然于余不可谓非第一知心之友也。

初六日　　晴

嘿园晨来始起，索诗集一部去。孟纯、君坦先后来。朗谿亦遣人来索诗集，因遣复检一部送。征宇皆至熟人欲先睹者，不能不应之。晚至景山后视葵女，渠以再索得女，决计自乳。右乳曾患疮，仅左乳可食，乳亦不多。其平日刻苦持家，不以荣悴易其素，真吾女矣。旋赴桐珊之招，陪发老、瑞臣。同席熟人外，有李鄂人、王杭人，能刻图章。二君，均未问其名号。桐珊颇喜收藏，赏玩久之，以鸿宝长幅、石斋《孝经颂》稿为最佳。李为李云庆，壬辰同年小轩方伯廷萧之子，问熙民始知之。从前似曾见过，竟忘其号。李每夕梦中必至冥司判案，不肯泄露。月前在礼制馆忽对人云："吴禄贞、蓝天蔚、张绍曾，吾十数年前相其面貌行为，皆不应得良死。"吴、蓝皆验，张犹健在也。同人皆讶其唐突。昨为君坦述之，君坦云想渠早得判决消息也。为之一笑。

初七日　　晴

上午赴子雅藕香榭之招。席散往吊玉苍接三，遇燕孙。顺道访发老，来客甚多，未久坐。以樊山有约尚早，出城先赴若卿处，清谈一时许。至春华楼，樊山所约为发老、贻书、守瑕、闇公、鹤亭父子，谈极畅。发老约同席诸人，明午至宅早饭。接津信。

初八日　　晨微阴，即开晴

侗伯来，略谈近事。午前赴发老之约，昨同席诸人外，惟添熙民、嘿园。连日困于酒食，归寓后胸腹胀满，人亦疲乏。偃卧终日，不能食，入夜始进小米粥一盂。孟纯午间来，已外出，未晤。戴亮集邮送日人桥川时雄所纂《郑文焯》一册，中有年谱。亮集为叔问婿。夜睡至黎明醒，腹仍未大舒。披衣下床散步，至天大明后复脱衣卧。羢老今日下午旋津，托带诗集一部致苏堪。羢老得《匏庐集》，逢人称道，闻之极不安。诗之造诣，吾自知之。不特不敢希踪前人，即在近人中，亦在下中之列。羢老以诗中所云多其意中语，遂一味揄扬，恐反招吹毛之谤也。

初九日　　晴

胸腹渐舒，而仍不甚思饮食，由大便未通解之故也。闷坐终日。夜得慕韩复书，并托催樊山、书衡题文恴遗墨作。

初十日　　阴，颇寒

午后闷极，携初白诗就枕阅之，不觉沉沉睡去，历一时许始醒，可谓黑甜乡矣。大便虽解，尚不甚畅。夜雨，枕上闻檐溜声不绝。都中近年春雨极少，天时似转，而人事则犹茫然也。

十一日　　雨已止，晨起犹阴，向午渐开晴

济儿约亲友数人，在精一楼上午饭。归寓熙民适来，以玉苍讣文底见示，为斟酌数处。余私见，吾人不幸逢鼎革之祸，从前官职，尽可一笔勾销，讣文只书结衔便了。其实并结衔亦可不书，平生恩遇，自有家传可记也。江次鹰祖纯送其乃翁杏村侍御奏议二册，系排印本。夜岱霖偕升枚来，岱霖持其婿乃时《铁骊图》乞题咏，盖乃时新购之名马，樾士孙均为之作图，均年甫十三岁，颇能画，亦奇童也。

十二日　　晴

孟纯来，交津信。午后富侯来闲谈，无非陈述苦况，为之徒唤奈何而已。昨升枚亦言渠财部已有被裁之信。晚赴鹤亭、贻书之招，即在贻书寓宅，同席有樊山、芝南、书衡、董卿、释戡、秋岳及梅、程二伶。

十三日　　晴

君坦来，同午饭。饭后欲赴中央公园看花，复以俗事牵阻。闷坐无味，复觅睡乡，醒后为乃时题《铁骊图》七绝二首。"黄竹哀歌去不还，昭陵刻石亦榛菅。孙阳具眼今谁是，多少龙驹伏枥间。""辛苦关山短后衣，王家马癖漫同讥。一心看取成功日，杀贼归来露布飞。"前首改"黄竹哀歌去不还，渥洼无复贡天闲。风尘难得孙阳鉴，高价千金只等闲"。稍避俗套语。前人题画马诗者甚多，以题目过小，不合小题大做，应付而已，不足留稿也。门人张之基来，未见。晚赴大陆饭店，吉佑少子娶妇，在彼设席谢客也。桂舟来谈，至夜深始去。

十四日　　晴

午后王吉臣来，商会馆事。傍晚倦，睡一小时。夜饮微醺。得平斋书。

十五日　　清明节。竟日阴

陈子康世兄邮寄其尊人庸庵制府七秩寿言一函。合奇来，乞致伯愚书。因附诗集一部，即托伯愚代呈新甫。下午赴榕社之会，作诗三唱散。伯南由闽来。

十六日　　晴

群孙为汀镜求转托燕孙，致罗文幹书。汀镜以裁员开缺。此等辗转间接，有何效力，勉强应之。合奇来，言已晤伯愚，至午饭后方去。午后出城至四妹处手谈。连日腹胀，旧疾复发。

十七日　　微阴，过午稍开晴

赒书、君坦先后来，饭后与同到中央公园散步。今日腹疾又增剧，久坐立起即痛甚。在公园扶杖步行数周，傍晚归寓稍愈。夜卧仍作痛，以手自按摩。狂风大起，枕上不寐，次韵和释戡早春诗一首。"牛斗占天已不神，龙蛇起陆岂能驯。问谁黍谷娴吹律，久矣桃符懒换春。花近生朝偏厄闰,柳临官道只含礜。眼中万象回何日,还我江湖放浪身。"次联改"到头沙数谁量劫,随例桃符懒换春"。

十八日　　风已止,日出后微有云阴

腹痛亦稍愈。下午与勤孙同到北海,遇逸儒于漪澜堂水次,留共茗谈久之。是日为刚儿生朝,逢闰,有亲眷来凑热闹,夜深始散。群一自津来,为乃翁运枢南旋。

十九日　　晴

群孙来,言汀镜已补主事行走,暂时可不至失所。晚赴芝南之约,芝南适感冒,由君庸代招呼。鹤亭、闇公、贻书忽起牌兴,手谈两局散,座客尚有书衡及田桂舫。

廿日　　晴

皞农丈灵榇今日南旋,若卿在法源寺设奠,晨起即往。贻书昨本约顺途往城南公园看杏花,在彼相候。以未备杖头钱,并杖亦未及携,昨晚缺睡,人甚倦,即径回寓。暖甚,卸裘着棉,稍觉清爽。下午赴蛰园第八十六社课,樊山、彤士、征宇、孟纯值会,同社到者有樊山、鹤亭、闇公、师郑、治芗、贻书、巽庵、味云、书衡、嘿园、颖人、迪庵、子威、君坦、履川。又逸儒为孟纯邀其入社,作二唱散。味云适自津来,鹤亭前月来京,闇公久不来,一时盛集,后恐难继也。师郑亦不常来。寿芬又作山东之游,各吟坛又失一健将矣。合奇交来伯愚复书。

廿一日　　晴

竟日无事。饭后睡起濯足。又过一日矣。

廿二日　　晴

孟纯来,第六托其代催致韵珊信,为其内亲黄君说项,即挥就付之。昨晚枕上阅竹汀日记,谓湖广之名起于元,其立湖广行省,

实兼宋之荆湖南北、广南东西四路。明时广东西别为省,则不必更沿广字,然本朝亦之未改。大抵地名沿误者甚多,特行省范围较大,似尤应正名也。偶志之。接舜卿书,并寄娄师与则济朱符六纸。阅章太颟大来《后甲集》,载邵念鲁之言曰:"对生友而言死友之过,不仁;见疏亲而言至亲之非,不智。"此二语无人道过,殊深得我心。遇好格言随手录之,亦多识蓄德之道也。朋友亦五伦之一,近人多不讲此。

廿三日　　晴

晨起挈英女赴中央公园,遇贻书、彦强。午前空气较好,桃杏虽谢,而榆叶、梅紫、丁香方盛开。来今雨轩后梨花一簇,亦在满开时。周览至过午始出园,归途绕景山后,久坐方归。芝南来。得燕孙复书。季友、立沧电约明日同赴大觉寺看杏花,以有事辞之。因昨闻贻书言,同乡某公亦约客明日游大觉,厨侍甚盛。余素性爱避喧,不欲与相值也。晤季友,当以实告之。

廿四日　　晴

日来繁女病又沉重。饭后孟纯来,复强邀到渠寓。夜方回。

廿五日　　晴

得师郑书,并示刷印近作数篇,仍乞将《匏庐》初印本先致一部,但现在只馀两部矣。饭后至佩瑜处为其太夫人题主,相题为贻书、阶青。礼毕与贻书同到灵清宫晤癹老,癹老昨早来。谈极久。癹老云吴铧若前数日到张园。顺途至景山后,傍晚归。

廿六日　　晴

寄津信,又为济儿致郭春秧信。行维来,为繁女诊病。王子常来,谈甚久。下午到景山后,葵女正患风疹多日,尚未愈。晚赴蔚岑、季武之约,与季武、若水、诵周手谈二局归。夜风大起。郭祯祥号春秧,往香港屋兰士道第一号。

廿七日

黎明起,风犹未止。因前日嘿园有陪叕老出郊看花之约,昨晚接迪庵电话,今晨七钟以汽车来,同到灵清宫会齐。

廿八日

卯初即起,风未定,阴甚。迪庵、子常巳初来,即与刚儿乘来车,顺途至梅生处,同车到灵清宫。俟同游诸人齐,出城已巳正矣。先到黑龙潭小坐,旋到大觉寺,杏花已落尽。近寺间有十数株尚开,可想其盛也。到寺已有雨,冒雨登寺后高处赏雨,尚不恶,遇傅沅叔。申正回车,季友复约至西长安街饭庄晚饭。雨止,风又起。计同游者尚有贻书、稚辛、嘿园,虽未偿看花之愿,而登临游赏,实近来所仅有之事。以家有病人,勉强为欢,终于不畅。即游历所及,可纪者甚多,执笔竟不能成一字。济儿明早启程,归寓略与丁宁,更觉离怀迸集,此苦将谁诉哉?接易园书。《顺天府志》:"大觉寺在黑龙潭北十五里,距圆明园三十里。金章宗西山八院,此其一,故名灵泉。明宣德三年,建寺,更额大觉。本朝一再修葺,寺内龙王堂有辽咸雍四年《旸台山清水院创造藏经记碑》。寺旁精舍曰四宜堂,世宗御书。寺旁有僧性音塔。性音,康熙时住持方丈也。"

廿八日　　晴,向午复阴

济于巳初挈其妾早车赴津,附德船至新加坡,换船往泗水。接津信。又君庸寄来《自青榭酬唱集》一册。

廿九日　　晴

繄女于申正逝世。女廿七岁失所天,孀守十年。抚两孤幼书就学,皆将及冠,崭然见头角,惜不多留数年,见其成立。平日志操,迥异寻常女流,久依外家,非其志也。他日当为文传之。此时心事错乱,无暇视缕矣。亲党来者络绎不绝。

邴庐日记五

三 月

初一日　晴

　　蘩女以未时入殓。晨起，孟纯、君坦来，恐余悲戚，强拉至二条闲话。下午到景山后，以葵女所生次女弥月，有亲串数人在，留连至夜，仍往二条宿。缞蘮约广和居午饭，早起已辞之。

初二日　　晨微阴，即开晴，殊有寒意

　　贻书到二条相访，尚未起。贻书持叕老游黑龙潭大觉寺七律诗，叕老嘱转致索和也。君坦来，同午饭。饭后与勤孙至北海庆霄楼藏书处阅书，其中规则尚好，来者招待甚勤。余取查东山、他山二家年谱阅之。东山即查伊璜，中所载粤游及载石归事，皆在被难前。其在狱实有人营救，据彼自揣，疑为陆晋。陆亦无赖子，微时曾受其恩者，时已官广东提督。吴六奇微时亦尝得其周济，但如《觚賸》所言，则全然不对。其《海若爱居诗》与《雪桥诗话》所录亦多不同，大抵不无责备苍水之词。晚归二条，侨民、士文二侄到彼相陪，至夜去。

初三日　　晴

　　北海静心斋修禊，主人共十八人，请客将及百人，余未赴。早晨枕上次韵和叕老诗，极草草。"绝顶登临即阆风，天留奇景待诗翁。战

场又长春芜绿,佛界能逃劫火红。辽鹤相寻馀梦语,潭龙已徙寂神功。出郊
载得随车雨,且喜氛霾一洗空。"次联初稿系"分明池水思凝碧,容易花
时过落红"。午时至灵清宫小坐,即同贻书至玉苍家裏题主。题主
正责为羧老。事毕出城,至车子营会馆春叙,议首善医院加租事,尚
无结局。是日合社吟集,被留作一唱。熙民自济南来,略谈战事。
旋应贻书晚饭之约,与羧老同散。饭后与竹山、印伯、闇公、仲云手
谈一局,与仲云同车归。

初四日　　晴

迪庵录示游大觉寺古近体各一首。王小航来,小航近以字行,又
号水东老人。见赠《三体石经时代辨误》,及《续补辨误》各一册,书
昌黎《讳辨》文一编,并托查吾乡先辈林鉴塘仕履。因渠方为伪古
文辩护,而鉴塘先生集中亦有辨驳前人伪古文之说,与其意旨相
合,当致书仲枢属录转致。王小航住德胜门大街路西铁栅栏门。小航
谓古所论讳与不讳,皆就口呼而言,与文字渺不相涉。凡文字有涉
君父之名,或有不必读出之时,而笔下必如其字而书,此论与吾意
合。且如今人常有以日月江河及数目字命名者,能偏讳之呼？若
水来,托为其令岳陈黻庭招呼,因黻庭在法部,以裁科停职也。饭
后,立之在北海电约,适孟纯来此,与之同往。坐间有董卿、贻书、
嘿园、迪庵,谈诗至畅。晚赴熙民之招,手谈至子正散,人极疲倦。

初五日　　晴

君坦来。饭后熙民来。阅报知冯军已下泰安,时局又将大变
矣。夜睡殊不适,由肝阳又炽也。

初六日　　晨晴,过午忽阴

饭后赴景山后,至半途狂风大起,飞沙咫尺不辨,停车久之。
雨来,风少止,然雨殊不大,约一刻许即止,天复阴。葵女已出户

庭,气色尚好。闻梁伙侯于早间逝世。君坦在彼处,与孟纯谈至饭后散。

初七日　　晴

明日繁女发殡,家人恐余临时悲伤,劝往二条。傍晚孟纯来,即与同往晚饭。后孟纯往秭园,余小坐即睡,然极不适。

初八日　　晨阴

迪庵预约往公园看牡丹。闲坐无事,次和迪庵大觉寺雨后五古一章,以局于韵脚,不得展舒。诗姑录出,不足存也。"看花虽后时,花林足引胜。屋角春鸠鸣,知有好雨听。联璧轩车来,晨征为鼓兴。小憩碧潭清,遂侪初地迥。明昌八院遗,崇构孰与并。年深断碣残,境僻野情称。品泉就竹根,披云到松顶。列岫出新沐,危栏恣高凭。谁家擅果园,是处通樵径。襖被不可留,催归愁夕磬。回路趁山光,城闉已向暝。"饭后迪庵来,遂与同往公园。恰遇立之,云已电约仲云、午源、嘿园、仲郊,遂偕同至花丛遍览一周,花尚不劣,惟较去年为少。诸君亦先后来,雨亦大至。在来今雨轩茗谈,隔座有孙文恪师令孙携眷同来,久不见面,周旋久之。向晚雨仍未止,立之与伻云等尚有雅局,余遂冒雨先归,至二条雨止。岩孙因其女许聘约客,电催,未赴。

初九日　　阴,颇寒,复着灰鼠裘

昨睡尚好,而腹胀大便未能下。接津信。旋回三条,服午时茶及制青果数牧,便始少通。饭后赴玉苍开吊,与征宇谈甚久。晤遐庵、书衡,遐庵挽玉老两联,尚有沉着之语。书衡云"绂庭似可邀,留并已托人",致意司长矣。酉初到德胜门大街回访小航,门署"水东书屋"。告以仲枢处未将鉴塘先生家传送来,拟寄信天津同乡,就省志《文苑传》钞录。小航邀登其所构小楼,开窗可全览净业湖之胜,凝眺久之,复小坐方去。顺路访孟纯,谈至上灯时归。

初十日 仍阴甚

迪庵来书，录诸君雨中牡丹诗见示，云今日立之诸君在午原处午饭后，拟同游崇效、慈仁、法源、天宁诸寺，以天气不佳，且跋涉太劳辞之。午后微雨。履川来辞行，明日赴川省视。富侯来，言欲赴粤，乞助川费，无以应之。君坦为乃翁补庆，石孙初八生辰。约燮、惠二侄及亲眷数人在彼晚饭。寄沄信，嘱钞省志鉴塘先生传。付学群寄去。

十一日 微阴，巳初始见日，下午复阴

芝老来书，并附乃崇信，言欲徙津，辞两馆董事职，商办当复。芝老谓馆事有子雅、次赣主持，乃崇熟于法律，虽赴津，遇事尚可咨询，不妨暂时挽留，俟择有接替之人再说。仲云送牡丹律诗三首，其一首昨已由迪庵录示矣。黻庭来。

十二日 阴

辰初起，稍见日，巳卸裘。昨闲坐和诸君雨中牡丹二首，聊以遣闷，不足存也。"百花开遍洛花开，不见轩中今雨来。是日适同集来今雨轩。靧面为谁作光悦，垫巾令我久徘徊。红芳尽有雕阑护，白点浑疑羯鼓催。更待新晴看锦绣，未须月下羡瑶台。""轻雷谁唤阿香车，不碍仙葩烂熳舒。别炫啼妆酺酒后，倍增舞态濯枝馀。惊寒凤子寻还怯，向午猫晴画不如。梦里朝云应仿佛，好凭花叶为传书。""靧面"句毕竟无涉桃花故事。第三句改"颓鬟向人弥妩媚"。四五改"红芳肯受新泥污，白点浑疑急鼓催"。"倍增舞态"拟改"乍回笑靥"。即邮致仲云，又复师郑书。寄津快信。又寄呈樊山《匏庐集》。若卿自津回，来访。晚复阴寒，夜睡又甚不适。

十三日 晴

孟纯来，邀赴渠寓。途遇君坦来，亦折回。在景山后午饭，君坦云黎潞庵前日没于津门。下午与孟纯同到中央公园，牡丹正盛开，有已谢者。绕园一周，遇芝南、季友正拟出园。闻彤士言君坦

亦来,然遍觅不遇。遇迪庵。在茶棚小憩,立之、嘿园复先后,谈至月上,复留连久之方归。闻济南已归南军矣。

十四日 　晴,午后微阴、有风

摊饭正酣,为会馆长班以提款盖章事唤醒。学群交来津信。济南南军有与日人冲突之事,且观其后。

十五日 　晴

孟纯、君坦来。午后赴榕社会期,以为时尚早,顺路至公园,牡丹尚有一半未残。晤彤士、嘿园。又遇李柳溪,正与人对奕,略为周旋即出城。作诗二唱散。富侯来,为人求寿诗,未晤。在榕社晤及,此最可厌之事,老者不以筋力为礼,况无益精神乎?

十六日 　晴

得黄黎雍式叙书,并寄近作二首见示。其诗尚不俗,以向未谋面之人,一再殷勤,殊可感也。晚赴葵女景山后晚饭。

十七日 　晴

吴莘夫来,言福州馆借赈项太巨,渠不敢画押,只能以数百元为限。在金鱼胡同,已告王长班转达吉臣矣。幼梅来。午后至金鱼胡同福寿堂,陈耕斋家属在彼开吊。旋到景山后,孟纯适在家。昨题跋陈松轩先生诗汇册,补盖图章,又闲谈许久始归。今日天太暖,风埃又起。跋语甚草草,以时局纷乱,欲急归之,故亦未录存。

十八日 　晴

君坦来,午饭后方去。下午熙民来,与同到蛰园,今日为第八十九会期。值课为师郑、巽庵、子威、君坦,惟师郑未到。社友到者有樊山、书衡、沅叔、治芗、吉符、颖人、征宇、嘿园、迪庵、莘仙、寿芬、孟纯、彤士、仲云,较上次为多,作二唱散。晚有风。樊山惠《题匏庐集》七律四章,尚不草草,录后。"君本承平雅颂才,身丁巢晁广明灾。笔从史论纵横出,诗受天心锻炼来。同叔冲和终近道,兰成词赋善言哀。乾坤正气惟忠孝,忍付昆池劫后灰。""倾盖行京气吐云,白头交谊益悁勤。同功乌鸟三松寿,各有龙鳞十抱文。两榜晨星稀尺素,长安旧雨半荒坟。今从老辈求书种,除却㑺庵只有君。""汉腊犹存赖此编,伤心亥既与徂年。击残如意吟朱嚼,着破麻鞋拜杜鹃。昔记回銮金管丽,今殊投井铁函坚。天怜五季无风雅,特诞欧梅在宋前。""博通古籍与朝章,笔力千钧老益强。苍水居夷仍恋主,黄门客颍好还乡。禁中两制宣天语,劫后孤亭赋雪香。五十为诗高渤海,公诗更老十三霜。"

十九日　　晴,风仍大,似有旱意

昨幼梅约今日晚车同赴津。申初幼梅来,小坐即与同车赴车站,刚儿与孟纯、君坦亦到站。申正二刻开车,戌正一刻到。四妹、六妹在寓相候,即留幼梅同晚饭,又手谈二局。

廿日　　晴

㑺丈第八女公子许配林文直幼子,今日送妆请客,下午到彼贺喜,晤众异、仲枢诸人。仲枢云前寄其书,近始接到,因京寓未携家集,故稍稽作复。(仲)〔众〕异因言渠处有《竹柏山房集》可借与仲枢一抄再送来。席散与幼梅同到四妹处,手谈二局方散。

廿一日　　晴

连日肺气作动,睡极不安。下午偕沄儿至子有处贺喜。正值庙见时,子有强邀上楼,令其弟及新妇参见。席散后,又留手谈,有肖旭、次耕、乐泉,作三局散。

廿二日　　晴

晨赴张园,午初奉召见,奏对逾二刻许,话极长。旋到㑺丈处,与㑺丈、征宇畅谈一刻许,始回寓。饭后睡一时许,服药后肺气稍舒。下午赴四妹、六妹之约,手谈四局,甚惫。诇伯、立之来访,未晤。

廿三日　　晴

晨起甚热，袷衣已不能御矣。下午约燹老、琴初、子甲、峻丞、调伯、子有、佩丞、又尘、公雨、味云、立之诸君，在寓作诗钟二唱。夜雷雨，客散后雨尚未止。天气又骤冷，可着棉矣。

廿四日　　阴，午后始见日

幼梅来，与沄儿同车赴李氏园。李园名莹园，其厅事名挹清堂。立之挈其二子与立庵，适克生、调伯亦到。园约十馀亩宽，而座落甚少，佳木亦不多，花事已过。在厅事小坐茗谈，泛小舟沿曲港一周，尚有意致。立之、调伯尚在留连，余与幼梅先归。留共手谈，有章民及四妹、六妹同局。务观自闽归，亦来。

廿五日　　晴，仍冷

午前往拜林君毅尊慈六十寿。顺道访东海，此老久不谈世事，谈诗及闲话而已。归寓后作王翁季卿还乡记题后一首。翁为南皮人，弱冠从军，转战无所成就，去而学贾，复不利。流落关外者六十馀年，其孙希尧始访得之。"投笔封侯始愿乖，飘零地角复天涯。梦中岂意桐枝长，痛定方知蔗境佳。柏寝从今年莫问，沙场几辈骨空埋。高堂明镜重开日，一帖零丁感涕皆。"此诗殊不足存。务观来，同午饭。即与同到六妹处，与亲眷数人手谈，至夜散，因明日为其生日也。调伯见示昨与立之、峻丞、立庵各赋李园泛舟一律，即次其韵和之。"名园占断百花丛，物外能逃劫火红。巾履招邀皆旧雨，襟怀披拂得清风。幽轩渝茗闲中话，曲巷拏舟绝处通。领取庄生濠濮意，何须海上羡方蓬。"即景步韵，无可发挥，姑录俟改正。连日仍寒甚，可着重棉。

廿六日　　阴

午前务观来，即与同到六妹处午饭，手谈两局。赴调伯处诗钟之约，主人为调伯、峻丞、佩丞、立之、子有、琴初、公雨、又尘，作二唱散。

廿七日　　微阴,仍冷

晨起接魏若青岛来书。又师郑书,寄示论诗七古一章。饭后偕四妹、六妹赴次耕之约,手谈四局始散。务观云德人于月前没于沪寓。

廿八日　　晴,仍有微云

晚赴乐全之约,手谈两局散。

廿九日　　晴,天又渐暖,可卸棉矣

项琴庄来谒,未晤。务观来,傍晚与同赴子常之招,手谈两局散。朴园自京来。

四　月

初一日　　晴

与沄儿同赴露菀处吊唁。接孟纯书,但言都中平静而已。务观来。饭后峻丞、调伯、立之先后来。与沄儿及诸君同到俄国花园,园为行宫故址。调伯云旧称柳墅,湘绮曾游此有诗,诗中尚有残碑之语。庚子战后,划入俄国租界,俄人遂辟为公园。有一塔,系葬庚子年俄国阵亡战士。陵谷变迁,思之可痛。园地虽宽广,有林水之胜,游者西人居多。津地无胜处可涉,与李氏莹园亦伯仲之间矣。立之、峻丞、调伯皆有诗纪游,余懒于应和,即不复作。晚留峻丞,并邀佩丞、次耕手谈。

初二日　　晴

务观来。晚赴子有之招陪戣老,晚餐后复手谈两局散。

初三日　　阴

约次耕及四妹、六妹来手谈,章民昆仲亦来。夜微雨一阵,半

夜复大雨滂沱,然亦未久即止。

初四日　　　晨阴,向午即开晴

访宝臣未晤,留诗一部赠之。若卿来,饭后与务观同至四妹处,手谈两局,旋赴贞贤晚饭之约。

初五日　　　晴

寄孟纯书,并附葵女一信。午后与沄儿、务观偕立之、侗伯、峻丞、立庵泛舟至八里台,雨后河流新涨,沿途新蒲细柳,风景尚佳。回舟后赴章民之约,手谈两局散。

初六日　　　晴

饭后与务观、沄儿同访侗伯,峻丞、佩丞亦在彼。遂同到李氏园,立之、立庵亦到,流连久之。归寓留峻丞、佩丞,并约次耕手谈。入夜大雨一阵,侗伯、立庵亦在此填词,散时已止。

初七日　　　晴

赴东海午饭之约,座有宝臣、润田及王、聂诸君。散后同沄儿往访苏龛,未晤。下午赴四妹之约,手谈至夜散。得孟纯书,及闇公、释戡诸人书。闇公提集中讹错两处。释戡乞作岁朝联吟诗序。

初八日　　　晴

苏龛来,适已外出,未晤。在次耕处手谈,四局始散。

初九日　　　晴

务观昆仲来。午后幼梅来,并约四妹、六妹手谈。次耕亦来,同晚饭。热甚,寒暑表骤升至九十馀度。

初十日　　　晴,有风,仍热甚。晚云起,似有雨意,入夜月已出

晨起至张园,未请见,晤苏龛。下午叔迁、峻丞、佩丞、叔掖、子有、次耕诸君在寓手谈。叕老来。立之、调伯傍晚来。

十一日　　　晴,连日苦热

津门亲友多劝少留,俟稍凉回京。余以津地之热甚于京邸,决

计早车回京。务观来,邀之同行。沄儿与鲁舆送至老站,已初一刻开车,沿途无阻,甫逾午正即到京车站。饭后孟纯、君坦先后来。下午有云,仍热不雨。夜睡殊酣。

十二日　　　晴

热度视昨又高,杂以风埃,若在津,恐更难过矣。此去夏至有四旬,而骤热至此,为北地所仅见者。寄津信。去年题商界义园捐款,催索甚急,不得已,援叕老以笔墨为代价之例,嘱沄儿代书楹联、扇面。务观来。夜更热,几不能卧。向晓风又起,渐有凉意,可盖薄被矣。

十三日　　　晨阴,风犹未息,天气已转凉

向午得雨,仍不逾时即止,然热度视昨约低至二十度。小航又送来《表章先正正论》一册,又名《卫经社稿》。仍系辩护古文《尚书》之证据。饭后小睡,迪庵来,未晤。务观下午来,与同到中央公园,并约孟纯。遇同乡熟人甚多,仙舟、星植、嘿园、拾珊、述勤、云沛、子献、钟贤,相与作乡谈。知奉军已由保定北退,两三日内将有大变局矣。余前日适自津回,若犹在津,恐未必回,又将如前岁留滞之久。人生行止,皆有一定,即万事何莫不然,听之而已。向晚复偕孟纯、务观同回寓,晚饭后谈许久方散。

十四日　　　昨归途望西北红霞满天,今晨复阴沉,似有雨意,旋即开晴

今日为君坦尊慈寿日,下午偕务观往拜,惠、燮诸侄亦先后到,同晚饭手谈。熙民见访,知余在彼,亦回车来晤,略谈近事即出城。

十五日　　　晴

今日榕社会期,为余及熙民轮值。昨晚接熙民电话,已公议暂停一课,以夜间交通不便也。

十六日　　　晴

傍晚合奇来。连日饭后无事,除以黄妳引睡外,无消遣之别法

也。偶阅宋牟巘《陵阳集·送文心之钓台山长序》云："子陵'怀仁辅义天下悦'两语十四字，平生所学正在此。光武凤同砚席，乃诮曰'狂奴故态'，何耶？使肯蟠然相助为理，必将以仁义尧舜其君。建武之治，当不至随世就功而已。久要刘文叔已在子陵剂量中。'陛下差增于往'，盖深寓其不满之意。士固有志，安能自贬其学以从人哉？"按：向来作钓台诗文者，皆不过言其清风高节，而子陵之抱负本领，绝无道及之者。揭此二语，可称严陵知己矣。

十六日　　　晴

阅报知张帅于未明登程出关矣。下午云起，复散。岩孙、朴园、务观、孟纯先后来。迪庵在公园来今雨轩电约，以时已向晚，未赴。

十七日　　　晴

日来闷坐无事，阅周雪客朴园之子《南唐书注》未终卷，辄疲倦不胜，自系老年精力不济之故。然舍此更无以遣日。奈何！阅文集诗集尚不甚费力，大约经史之学，此生无分矣。傍晚孟纯、务观来，据所云消息，奉军有明日全退之说。又保定有电，促鲍毓麟一旅亦退去。鲍本为商会挽留，以维持都城治安者，若令先退，则青黄不接之交，难保不生变故。且近日蒋、阎所议退兵条例，本极和平，而骤有逼人过甚之举，恐是大树从中破坏。则前途可忧处甚多，不仅目前之治安已也。

十八日

昨报载张帅到奉火车在皇姑屯被炸事。今日各报又遍登矣。俊陞已伤重身故，雨亭亦有伤重之说。东报诿为南来便衣队，而外议藉藉，皆言实日人所为。若其果然，则辽局将大变矣。余日记不录近事，偶举其大者载之，亦不复致详。惟忆《癸丑感事诗》有"强邻久蓄鲸吞志,袖手方为壁上观",久以为不验矣。不图于今日始验之,若其他诗所预拟之事,盖无事不验也。一叹!务观午前来,饭后与同到景山后,晤孟纯、君坦,谈至傍晚方散。张行后以京城事托王聘卿,由聘卿与凤孙、伯唐、秉三、叔海、宇澄诸人及商会会长,组织保安会,并留鲍毓麟一旅弹压地面。鲍乃鲍贵卿之侄,此举盖仿丙寅年成例也。

十九日　　晴

梅南六十生辰,昨约孟纯同往。晨起接会馆来电,梅南已避客外出,因即不往。孟纯自城外来,言到馆未晤梅南。当此扰攘之际觞客,诚非其时也。樊山书送诗三章、词两阕,录之眉端。书云:"《落叶诗》有句云:'绿林以外更无山。'非此时不能作此语也。奉题三绝以代郑笺。'绿林能得几何春,轩帝山河万古新。岁暮自多黄叶树,贼中焉有白头人。''广雅逸诗为注脚,与君意境共沉冥。只缘遮碍看山眼,顿起诗人伐木心。'注云:此二语为张文襄游积水潭作,后乃手自芟削,与君此句可互相发明也。'骇绿纷红几度经,谁持杯酒劝长星。一朝青女挥霜刃,落叶满山山更青。'"《鹧鸪天》:"昨夜谁家唱渭城,津桥啼断杜鹃声。向来宰相尚书贵,随着金舆鱼贯人。　　迎绛节,送蜕庭,都久见惯了无惊。只应辛苦长亭柳,十七年来七送迎。""解愠雄风倏变雌,收回四十万男儿。连兵百战曾无敌,卷土重来未可知。　　从建节,到临岐,二年一梦夕阳西。如今陌上花开过,妃子钱王缓缓归。"阅《黄报》载师郑夜锦七律五首,咏近事亦佳,惟末首稍无聊耳。未录之。夜有电雨一阵,即止。连日城门皆未开。惠、燮、朴园俱在此。甫上灯,巡警传知九点钟即止人行,不及晚饭而归。

二十日　　晨阴雨一阵,视昨晚更小,向午已开晴

闻奉军所留鲍旅已行,而冯、阎前队已到南苑,迄未入城。城仍不开。据传闻,南政府本令阎锡山为顺直司令,而冯欲先占京城,令所部兼程赶至,其中颇有曲折,且看后文。务观、韵白先后

来,久坐方去。

廿一日 晴

闻鲍旅昨开行复返,今日始启行。晋军孙楚一部入城,冯似有让步,但此乃目前调停办法,后文尚多。又闻天津杨村以东,直鲁及孙军尚在负嵎,战局亦未了也。笠士来,言阎锡山有明日入京之说。

廿二日 晴

和樊山诗,由邮局寄去。"角争蛮触无宁日,树倒猢狲有散时。一击博浪应丧魄,并驱函谷孰先王。君怀风度遗金镜,我愧心肝掷锦囊。眼底幺么何足论,重瞳百战亦天亡。"又作七绝一首以寓意,不甚分晓,未录寄。"落叶满山山更青,山中日历只尧冀。霜林尽后孤松在,会向松根觅茯苓。"阅报知商震于昨日入城,阎尚在保定,明日或可来。又闻鲍旅至通州,韩部仍不放过,复折回京师,现驻东岳庙。保安会、外交团皆正在交涉,此中作梗之人,不言而喻也。下午浓阴密布,小雨一阵,仅数分钟即止。孟纯来,以雨意正浓,匆匆即去,并交邓君典谟见赠七律二章。务观傍晚来,留共小酌,至夜散。晚报言鲍旅已被缴械矣。

廿三日 晨阴

次薇来。向午始降雨,约两时许,尚未为深透,晚已见霞光矣。时局似尚辇葛,庆父不死,鲁难未已也。昨报载张园有迁大连之说,俟再证之。羿浞之恶不稔,则少康终无中兴之望,此则又看人事与天意也。吾读史最为新莽冤,彼据位至十八年之久,视石敬塘、刘知远何如?赤伏再兴,遂不得侪于列史;山阳既禅,犹延蜀汉之局,天于卯金何厚耶?

廿四日 晴

熙民来。苏女五十生辰,以时局未定,自来辞客。饭后务观来，与同到东安市场啜茗，书摊上见刘椒云笔记一册，仅十数页，乃其病中手记，以迄绝笔者。与值辅币一毛，而摊伙坚索大洋票，适未携此，遂置之。亦因所记多悲痛之语，览之不怡，不如不览之为适也。椒云生平，详曾文正所作墓志。苏女周晬，适余捷南宫报到时，中丞公犹康健，其日亲串咸集，中丞公喜动颜色。廉访公适迄假在籍，以书见告，谓老人得此，胜服参苓补剂也。中丞公是年七十有四。泊癸卯沄儿捷南宫，廉访公亦六十有四。遥遥相映，余今年亦七十有四矣。诸孙林立，科名一途，固已绝望，而目前方陷于绝境。京津咫尺，音信不通，济儿更悬隔海外，不知飘零之所止。我躬不阅，更何暇计及童稚辈？年寿不减先人，而晚境之荣悴，则判若天渊。此虽时局所值，而自按生平，非有不可逭之罪孽，何至于是。"茫茫来日愁如海，寄语羲和快著鞭"，少日诵仲则诗，不知其志之悲也。

廿五日　　晴

胡劭周宗虞来。贵州人。庚戌考试举贡门生，向在司法部。饭后访征宇，未晤。顺道至景山后，孟纯、君坦皆外出，稍坐即归。葵女交到石孙惠寄照片小影，丰采尚好。孟纯傍晚来，言晤樊山，意态尚闲暇，亦只好如此矣。报载天津已归傅作义，徐源泉、郑俊彦俱投降，然冯军尚进行未已也。

廿六日　　晴，连日昼暖，而早晚尚凉，但苦旱干耳

阅《大云山房集·游罗汉岩记》，引《法住记》言佛涅槃时，以无上法付属十六大阿罗汉，各与眷属分住世界，此世所称十六罗汉也。《四分律》言佛涅槃后，大迦叶差比邱得四百九十九人，皆是阿罗汉，阿难以爱恚痴怖见屏。后阿罗闻拔阇子比邱偈得果在王舍城，共集三藏，此所称五百罗汉也。罗汉源流，向未深考，姑志

之。君坦来,同午饭。接津信,只泛常平安语,其他自然皆不能说也。

廿七日　　　晴,下午微阴,风又起

辛枚来,言其家事。傍晚征宇来,谈甚久始去。务观、孟纯先后来,共晚饭。征宇言叟老尚在津,知所传张园之说不确矣。务观订明日往公园。

廿八日　　　晴

刘寿民来。午饭后看书倦极,睡至两时许,芝老约手谈,未赴。傍晚务观来,邀赴公园,并预约迪庵、孟纯。迪庵示所作和津门诸子病柏诗。座间遇熟人甚多,归已上灯矣。

廿九日　　　晴

合奇来。警区代桂军来借家具,以方桌一张、椅数张借之。

三十日　　　晨晴,向午微阴

惠侄来。阅报知昨日下午天津有客车开来,今早东站有车开津。又据群孙云,步兰已于昨晚车到京。下午务观、孟纯来,与同到公园,晤嘿园、征宇、岩孙诸君,谈次皆极萧索语,世难方始也。

五　月

初一日　　　终日阴,竟不成雨

步兰晨来,略谈津事,并带来沄儿代书楹联、扇面,为捐助义园之费者,但此时已不值钱矣。君坦来,言明日有友人同赴津,诚孙亦于明晨赴津。务观、燮侄来,同晚饭。接则济泗水信,前途甚悲观也。

初二日　　　晴

孟纯来,言君坦今晨已行。桂舟弟来,言明日南下。梅南来

书，以小笺乞寿诗，并商及十五榕社仍拟举行诗会，以为日尚远，暂置未复。午后阴云雷电，来雨一阵，不及五六分钟即止。务观来，与同到孟纯处畅谈，至晚饭后始归。务观已定明日赴津。

初三日　　晴

昨雨未成，干热殊甚。闷坐无事，又过一日。晚得津信。夜半雨一阵，较昨稍大，惜为时仍短也。

初四日　　晴

若卿来，知日内未即赴津。升枚来，言已允其妇南归。下午孟纯来。比日以无人来往，终日藉书消遣，两目颇受伤，然抛却书卷，又将何以度日耶？报载张作霖死已证实。

初五日　　晴

端阳节。君坦、朴园皆昨自津回，先后来。孟纯下午来。此节市面萧条，自意中事，但乱事犹未艾也。

初六日　　晴

饭后访征宇，谈甚久。今日孟纯为苏女生辰补觞客，因到景山后，亲眷至者有两席，手谈至子正方散。枕上闻雨声，至晓始止，但仍不甚大耳。

初七日　　晨阴，尚有檐滴，辰正起已有日光

饭后出城访若卿、季友，畅谈甚久。今日为洽社会期，兼约榕社、朔社诸乡人。孟纯昨再三相约，勉赴之。前后到者二十五人，作二唱散。夜大雨，复达旦，农田想深透矣。盖诸君知此会之不能常，欲借此一聚也。

初八日　　雨止犹阴，夜复大雨

孟纯来。

初九日　　晨曦乍出，复阴，近午始开晴

久不作应酬诗，梅南乞寿诗，屡易稿始就，仅能妥协而已。"茂苑寻芳巳后春,蓬莱测海几扬尘。乱山留滞成羁客,陶舫风流见替人。社集荔香仍续旧,历头花甲又更新。书屏认取如椽笔,与点风雩契最真。"中二联改"选官下饭今无用,问字停车尚有人。荔子香中哦断句,槐柯梦里话前因"。似较新颖,又一易稿矣。梅南为羧老门人,又尝延之授读,此次特撰寿言,并自书邮寄,末二句指此。午后赴熙民手谈之约,有季友、立沧。雨后炎蒸殊甚。

初十日　　晴

廉访公冥寿。孟纯伉俪来。晚到皇墙根,燮侄妾拜祖参见。家中弟侄同晚饭,又手谈一局方散。

十一日　　晨大雨倾盆,向午始止,午后渐开晴

务观自津来,以将赴季友之约,未及详谈。下午在季友寓手谈,同局为立沧、熙民、策六。

十二日　　晴

昨阅报言蒋中正日内可到,暂住碧云寺,看如何解决。时局大南强打倒小北胜,余去年补禊诗"再来莫值牡丹厄",今又验矣。但不知兔葵燕麦,他日又成何景象也。饭后务观来,与偕赴景山后,与孟纯、君坦谈甚久。君坦风疹尚未全退,遂同孟纯、务观至北海,在五龙亭茗话,至傍晚方归。西山久不放闸,三海水涸,深者不盈尺,沧海变为桑田,此即其小影也。晚雷,未成雨。得仲云金陵书,云现就外部秘书。

十三日　　晴

棕舲来,乞向幼庸求保留海军原职,即作书与之。朗溪书来,代清畬转致其尊人访西观察遗集公牍外,附《味雪堂遗诗》,有《庚子年见赠赴行在道出申江话别》一首,久不复忆,特录存之。"乱后却逢雪复深,申江有酒不能斟。杜陵此日达行在,白傅秦中应苦吟。棋到局

输思国手,琴因弦改变新音。所期日赞纡奇策,佳气随春到羽林。"来书并乞作序或题诗,然前尘不堪回首矣。

十四日　　　晴

晨起作《题访西观察味雪堂集后并送清畬大令南归》诗一首。"横流沧海到而今,廿载难为感逝心。林际春申徐仿佛,草间祭酒自沉吟。魏谟家世犹藏笏,安石文章此碎金。目送羁鸿又南去,云山回望但沾襟。"下午务观来,与同到中央公园,遇迪庵、孟纯,上灯后始归。

十五日　　　晴

榕社会期,余与熙民值课。社中同人惟伯南、莘仙未到。天气酷热,挥汗甚苦,作三唱散。阅报南政府改北京为北平,直隶为河北省,蒋中正明日可到。

十六日　　　晴

蛰园第九十会期,六桥、沅叔、默园及沄儿值课。社友到者有师郑、守瑕、彤士、征宇、子威、志黄、吉符、颖人、寿芬、富侯、巽庵、迪庵、莘仙、孟纯、君坦,惟熙民未到。书衡因有他局,到时已将散矣。在树下山石间,与樊山诸公复闲谈久之。此会值北局变迁,万事扰攘之后,而诸社侣中如师郑、六桥、守瑕者,皆向不常来,不惮冒暑而至。文字之缘,金石之契,所谓"风雨如晦,鸡鸣不已"者,觉汐社、易堂去人未远也。是日仍作二唱。征宇见示诗一章。"忍为南人耻沐猴,社园新色百般收。本来血气通胡越,至觉诗书限轲丘。同托物灵庸有择,苟符天意复何求。极思语戒从公受,心镜乘除不自由。"语意深曲,自疑近于贬损趋风,但以余论之,天下事不如是之易了也。沅叔以校书图乞题。闻蒋偕李宗仁今早来,冯玉祥仍未来。晚间浓云密布,并有雷电,竟无雨。

十七日　　　侵晨阴甚,雨旋下,至未申间始稍止

因蘅南尊慈六十寿,与内子冒雨乘车出城拜寿。晤群一,略谈

津事。晚被留手谈,入城已过子矣。

十八日　　阴,午后稍开霁,晚复阴

接子植及菊人信,子植在鄂已得事。菊人游粤二十年,近始就厦门法院事。曾到沪赴德人之丧,渠两耳重听,仅恃文笔为生活,课两子亦成立。人生遇合,竟有难逆料者。当民国之初,吾族弟侄麕聚京师,诚失计之甚,吾固早忧有今日矣。珏生来,以手写所著《恐高寒斋诗集》乞序。已有沈庵、雪桥、书衡、闇公诸序。群一来,言明日即回津。

十九日　　晴

前日透雨后天气凉爽。竹窗无事,为袁珏生作《恐高寒诗集序》,聊为塞责而已。"中舟侍讲手定所为诗二卷,自辛丑始,盖奔赴西安行在之岁也。余之识君,亦始自是岁。其冬,偕扈跸还京。逾年,廷试经济特科,被命阅覆试卷,君列在优等。宣统纪元,纂修德庙《实录》,君为纂修官,复相与始终其事。追溯二十馀年来,陵谷变迁,而以文字缔交,又宦迹最亲者,固莫如君也。君少作诗,雍容和雅,奄有其乡先哲绳庵相国、茶山司寇风调。魏科禁直,年方强盛,咸以公辅期之。鼎湖攀髯,旋遭国变,虽侍直如故,而述哀感事之作,往往见于篇什。缠绵笃至,具体冬郎;而悲壮激越,又时近遗山。然以论身世,则冬郎、遗山又有不尽同者。余尝谓吾辈生今日,偷生视景,一无可为,独耿耿不昧之心,犹赖有登临咏歌以抒其菀结。君亲大义,庶民去之,而君子存之,大要归于'思无邪'而已。故余论诗,极不主宗派之说,君所见亦略同。其自署《恐高寒斋集》者,君之初入玉堂也,尝取东坡词为颜所居。供奉南斋,复蒙上赐御书斋额。东坡抱谪居之感,而君怀恋阙之忱,以寓忠爱,则一也。君书法规摹魏晋,不屑为寻常殿体,兹集皆自书以付手民,此则瞿文慎已有前例。异日流传,固当后先辉映耳。"候务观不来,孟纯来。"追溯"下改"回忆龙尾陵谷变趁朝,兰台珥笔,一二故老弢庵、沈庵外,以文字相研磨为耐久交如君者,可偻指数也"。

二十日 晴

君坦来。昨又作《题沅叔藏园校书图》，即请其代题。"万卷丹黄出劫馀，一庭花石拥精庐。尘阛谁及君高致，抛却山游便勘书。""退谷蕉林旧迹非，宋元精椠近尤稀。冷摊惯阅麻沙本，安得春明傚宅依。"宛书外孙女来，集家人手谈消遣。伯才来，言欲求夑、苏二老为沪上某商书寿屏，以便进行救济同乡闲散京官。求书尚不难，救济二字谈何易乎？大抵同乡滞京无以度日者，犹有数百家也。

廿一日 晴

下午云阴四布，大有雨意，竟无雨。释戡作《夜雨晓凉诗》寄示，诗尚清妥，但此时作此等诗，亦可谓闲情矣。务观来，至晚饭后方去。

廿二日 晴

济妇于未刻病逝。妇为廉孙女，入门十七载，事翁姑尚能先意承志，处娣姒及诸小姑间亦皆欢好无间。平日伉俪尚笃，自前年济纳日妾后，渐生蒂芥，致神经错乱。自长崎归后，神经益弱，致中西医皆束手。妒虽妇人常情，然以此殉生，亦太不达矣。所遗子女林立，皆幼稚，而济又远隔南洋，家中又添一大累。今年数月之间，连丧一女一媳，运数所值，夫复何言？亲友来唁者不绝，为孟纯邀往其寓闲谈排遣。夜归蛰园宿。

廿三日 晴

济妇午时入殓。其外家诸昆仲皆在，挽联多言外之感，亦无怪其然也。晚仍到孟纯处，宛书外孙女生日也。务观此两三日亦下榻蛰园，夜尚不寂，但连夕皆不成眠。

廿四日 晴，连日天气酷热非常

今日接三。以暑热复失眠，未回寓。嘿园来，视谈极久。傍晚熙民来,留同务观晚饭。务观因有他事未留宿。夜睡约二时许,较前两夕稍胜矣。寄津信。

廿五日 晨起天渐阴

接津信。午前回寓。孟纯来,谈甚久。下午云阴益密,赴策六手谈之约,有季友、立沧、熙民。入夜大雨滂沱,散时雨已止,道途积水汪洋,以时已晚,仍回三条。接泗水信。

廿六日 阴,仍时有小阵雨

接津信。珏生来,当将其诗集二册、并所撰序文面交,复畅谈久之方去。务观、朴园先后来,在此晚饭。

廿七日 晨已出日,旋复阴

黎明兴,作寄泗水信。以时尚早,复卧睡一时许方起。济已有覆电,并汇千元作丧费,计可敷衍此事。今日且过,未能问来日矣。下午雨意仍浓,为务观强邀往中央公园,茗话一时许,竟未遇一熟人。归途已有雨点,时下时止,然天气殊郁蒸也。晚饭后复往蛰园睡。夜复大雨,达两时许。

廿八日 晨犹阴,至向午始出日

在池畔看游鱼,池水新长,鱼游泳极乐,不禁有感于庄生之言。以今日为亡媳首七成服,回寓午饭,晤诸亲友。因梅南补行寿辰觞客,约榕社、洽社诸同人联吟,傍晚出城,已完一唱,复作一唱散。

廿九日 晨阴,巳午间始开晴

连日阅报载陆征祥与其旧仆手谕一通。陆现出家于某国道院,手谕中皆述从前受许文肃之教诲,终身遵行,虽不外孝亲立身要旨,而语特真挚。其训示此仆外,并论及时局,亦皆恳切,惜篇长不能尽录。陆娶西女为妻,无子。妻没后,即辞使职,不返国,其踪迹甚奇。从前有以萨鼎铭相提并论者,但鼎铭犹有时拖泥带水,不如陆之纯洁也。而文肃之为人，就其书中，亦可想见大概。此人枉杀清室，安得不亡？又手谕中有令此信送邵筠农、方明甫二先生一阅，谓皆文肃之老友，因感念文肃，亦时时想念之。邵、方不知何人，想皆耄年矣。当再查之。又云再送西城呈钱师母一阅，当系钱念劬之夫人也。即此仆姓名，似亦不可没，俟并查之。夜雷雨两阵。

〔六　　月〕

初一日　　　晴，午后微阴

济妇今日辰刻移殡夕照寺。送殡者皆郭、林两家亲串，有廿馀人。阅报知杨增新在新疆亦为人枪杀。下午赴榕社之会，作三唱散。

初二日　　　晴

午后务观来，匆匆即去。夜郁蒸不能眠，起坐看书，至鸡鸣始就枕。灯下作夜起书信诗。"溽暑连宵不可禁，无眠坐到五更深。一灯照影殊寥寂，谁识悠悠千载心。"

初三日　　　黎明雷雨一阵

卧仍不适，复起看书。小倦始就枕，又睡一时。雨止，云阴尚未散也。偶阅纪文达集有《鹳井集序》一篇，为郭可典作序，称三山郭氏昆季，与余交最久，并负经世才。可远当台湾之变，能以书生倡义民，左右阃帅，缚渠魁于深岩密箐之中，名达九重。可典亦尝与转饷事。可新则作令畿辅。可远并以荐举来京云云。按：吾乡省垣郭氏著称者不过数家，不知孰为其后人。其《鹳井集》未见传本，论闽诗者亦未之及也。录之以待询访。此二则，一以同里同姓,一以天津为近年常往来地,故志之。又文达集中有《沽河杂咏序》,为蒋秋吟作,谓杂咏百首能采掇轶事,证以图史,足补地志之遗云。此诗不知犹有传否,亦待访之。为学群致伯愚信。又致季武信,为汀镜子说项。朴园来,同晚饭。午后放晴,天气殊爽朗。夜卧甚凉,视昨宵如霄壤矣。闻仆人言五更有雨一阵,余方在睡中也。

初四日　　晴

睡醒天甫明,不能复寐,即起。巳初复睡一时许。葵女今日三十生辰。务观来,与同到景山后,亲眷到者十馀人,手谈至晚饭后散。孙公达以仲容征君所纂《温州经籍志》见赠,托君坦转致。携归粗阅一过,公达为渠田先生孙,仲容其堂伯叔也。《志》凡卅馀卷,搜辑极富,而考证亦详,近来方志书目,此为钜观矣。夜云阴有电,未成雨。

初五日　　晴

务观来,言明日返津,惠倳妇五十生辰。下午云阴自东北起,略有雨点,雨止后赴大将坊惠倳寓,亲串到者亦有十馀人,晚饭后散。夜睡梦中肝气大动,天明起坐一时许始愈。

初六日　　晴,向午微阴

陈伯材昨柬约今日悟善社晚饭,本拟不往。早间复来信,言系特请南来交通部员林季良、刘书蕃,邮政总办,刘名字再查。商量资送同乡在京停职人员眷属回南求援,前此成案于京津,火车酌予免费。吾乡灾官此近日之新名词,姑仍其称。留滞者不下千馀,不归皆将成饿莩,此事余最赞成者。但时异境迁,南中诸贵人不知肯垂悯否也。宋至书敿文子求致书阶青,转致诸季迟以仁保留烟酒局事,即为缮致。又得伯愚复书,言并无接任河北烟酒局事。晚赴悟善社,候林、刘二君,仍未到,惟来一张雅斋品哲,亦南中所派接收军事机关委员。与芝南、稚辛闲谈极久,并晤桐珊、乃崇。归寓后,仆人告知季良傍晚来访,适余赴约相左,彼皆忙人,此时亦无见面之必要也。

初七日　　晴

连日阅彭二林集《名臣事状》,汤文正尝避乱至衢州。此当系明末流寇时。陈恪勤亦曾为衢州守。又二林撰其仲舅宋宗元葬记,言宗元由畿辅牧令,洊擢保定府天津清河道,为方恪敏所荐拔。是时畿辅岁有大徭役,悃愊之吏日绌,独以才见知。善饰宫馆,治邮传,购金玉器物、古今图画,丹碧焕烂。岁时通殷勤,以是上官益向之。按:乾隆朝疆圻中最久任者,惟尹文端之督两江,方恪敏之督直隶,前后皆历二十年。文端屡值南巡,恪敏在近畿尤冲要,皆能肆应裕如。而所识拔之人才,乃在此辈,当时风气可想。而二公之上协宸眷,下洽舆情,亦自有其别才也。乾隆诏旨,亦尝举二人并论。阶青复书,言不识诸季迟,为此等事到处碰钉,付之一笑而已。向午坐竹窗下,清风徐来,看竹影随风动摇,亦自饶生趣。近日午后皆睡一两时,不然无以消此长昼也。颖人复书,询汀镜能膺何科教员,嘱学群转询之。

初八日　　阴

幼庸偕海军第二舰队司令陈绍宽厚堂来拜。饭后高子薤来。下午幼梅来。今日同乡四十馀人在中央公园欢迎陈司令及南来诸同乡,强为列名。余本拟不赴,而陈先来拜,执后辈礼甚谦抑,遂亦不便不赴。傍晚微雨,到董事会候至戌初,始入席。南来人物,季良、书蕃、子薤、雅斋外,尚有陈寿萱子宣,海军参谋、陈敢孝侯,第四集团军副官处处长等。牵率老夫为此仆仆,所谓已落形气之中,即不得高言清净,可叹也。夜归,雨止复下,滂沱彻晓。睡梦中惟闻声而已。

初九日　　　晨起已放晴

沅叔夫人开吊,往拜,座间晤书衡。阅《雪桥诗话》,国初有张鲁庵霖曾任福建布政,本抚宁人,家于天津,构问津园馆。梅定九、朱竹垞、姜西溟、查夏重、赵秋谷皆尝主其家。近来方搜罗津门掌故,特志之。朗溪为其仲兄尹东六十乞寿诗,信笔成一律。"花梦风流萃一门,善和里第赐书存。鹤鸿几辈争先路,松菊终身守故园。长顾闲□乘下泽,偶分馀技佐牢盆。百年乔木谁无恙,长羡君家好弟昆。"中二联改"不关斗印轻投笔,未压盐车老服辕。饲鹤图留堂构远,钓龙事往海波浑"。闻君坦患喉疾,甚以为念。

初十日　　　晴

晨孟纯来,示沄儿信。饭后到景山后视君坦,尚未大瘥。旋出城视熙民,血疾已止。即赴季友之约,与季友、立沧、绛生手谈三局散。阅报知蒋中正于昨晚南下,殊急遽,不知何故。

十一日　　　晴

连日早晚皆甚凉,今日午后殊干燥。夏雨已足,想暑热又将炽矣。下午到景山后视君坦,喉疾似略愈。

十二日　　　晴

暑窗无事,取去年后所作诗覆阅一遍,多不足存,姑芟汰录出,计不及百篇,数日可了也。下午往视君坦,与孟纯闲谈。

十三日　　　阴

阅报知阎及二李皆南下,应所谓五次大会。傍晚到景山后,君坦喉疾已愈八九,说话能照常矣。旋赴灵清宫,叕老叔子止士生男弥月,特为汤饼,来者皆亲戚,无外客。与征宇、述勤、钟炎、午原诸君纵谈，甚畅快。夜归尚早，然途中所见来往车甚稀，一场狂热渐归冷静矣。

十四日　　晴

务观自津来，略谈津门近事。熙民夫人生日，下午出城拜寿。季友、立沧先在，熙民血疾已愈，留手谈，其一为曾蠖生。

十五日　　晴

合奇、务观先后来。饭后与同到公园，并约孟纯，茗谈至日昃。与孟纯同车赴榕社会期，作二唱散。席间同人公议，以社侣日稀，拟归并合社。电约次赣来商决，即以下星期为始。在公园值风雨骤至，然落点甚稀。征宇来，言东城雨较大，然亦不甚久。夜月色甚佳。

十六日　　晴

务观来，同午饭方去，陈鼎丞来问候，未请见。次韵和释戡《夜雨诗》一首。"著处浮萍便是家，闲中清况只评茶。断无客刺来今雨，空有吟情寄晚霞。卧觉微凉生枕角，起看残溜坠檐牙。普天兵甲何曾洗，且慰三农释未嗟。"此等作，终是为韵所缚，毫无意致，姑录之，亦未送释戡也。日来钞近作已完，稍惬意者不过二三十首，警策之作尤少，衰老无能为役，可以休矣。

十七日　　晴

伯南夫人接三，午后往吊即归。务观、朴园先后来。熙民约手谈，未赴。

十八日　　晴

终日无事。晚幼梅来。

十九日　　晴

京报已载裕陵、定西陵被发事。群盗世界，无理可言。赤眉之于汉，温韬之于唐，杨琏真珈之于宋，千古一辙，不幸于吾身及见之也。作《近事》一首。"近事传闻太可惊，如毛群盗正纵〔横〕。更无唐珏撼忠愤，不必温韬问主名。中叶天戈灵赫濯，他年社饭语分明。祠官曾奉山陵役，空望松楸涕泪倾。""汉寝玉衣灵赫濯，宋宫社饭语分明"二句，改"南内寿皇传大宝，西天我佛颂长生"。又《次和征宇社园即目作》。"安排麟阁画猕猴，马勃牛溲一例收。齐傅岂能胜众楚，鲁人久已薄家丘。乘轩有鹤疑堪战，缘木无鱼那□求。只合坐怀师柳下，裸裎尔我亦由由。""齐傅"下二联改"但见群龙纷斗野，孰知百貉本同邱。浊河岂是投胶止，时夜虚劳见卵求"。孟纯、务观、朴园来，同晚饭。

二十日　　晴

君坦来，同午饭。据云病后俱已复元，前日曾赴稊园社集。务观、朴园来，连日为手谈消遣。征宇来，谈东陵事极愤惋，示以《近事》诗，其社园和作未录示。征云看此局势行为，彼辈决难成事，恐共产党又作蠢动也。夜半雨至，向晓始止。

廿一日　　晨起犹阴

务观、朴园来，同晚饭。殊热，不能成寐，夜起书壁七绝一首，亦打油腔之类也。"溽暑连宵不可禁，无眠坐到五更深。一灯照影殊寥寂，谁识悠悠千载心。"

廿二日　　晴

理斋送来刊正《匏庐集》，又勘出讹字数处。其中触时忌，拟再酌改，仍托理斋付梓人。午饭务观来，与同访孟纯。本拟同游北海，而苏女强留手谈。约朴园及两侄女来，热不可当。作此娱嬉，直是苦事也。

廿三日　　晴

闻张园为东陵事素服设坛，此应有之义。咫尺京津，竟未及往,负咎神明,此亦吾他日行状中一不磨草案也。且如寻常戚友,遇此等事,亦须一往吊慰,况君父乎? 当时传闻有此事,即应奔问,究不知设坛在何日也。他人代作行状,自不免隐恶扬善,若自己心中行状,则了了分明,人自不扪心耳。绎如来话别,言日内将赴沪,绎如亦七十有二矣。临别殊惘惘,无可慰藉。今日为先妣冥寿。先妣于丁卯冬弃养端州郡署,距今六十一年。忆去岁此日曾口占云"八千里外无家客,六十年□有母儿",竟未成篇,姑志之。务观、孟纯、合奇来。晚赴步兰寓拜寿,以十二叔母亦今日生日也。入夜雷电交作,雨点正下,为大风吹住。归寓后,雨始连下数阵,连日郁蒸,或可稍散矣。

廿四日　　　阴,向午又连雨几阵

覆校续刊《鲍庐集》,复签出十馀处,函送理斋付梓。饭后打扫笔墨残债,疲倦非常。伯材为其社友催取所求书扇面,宋仲为某君代求题其尊人循吏传,皆草草应之,诗亦未留稿。疲倦非常,卧至晚饭始兴。夜有大雨一阵。

廿五日　　　晨阴,向午已出日

饭后务观、朴园来。今日蛰园第九十一会期,值课为守瑕、吉符、治芗、荃仙,守、吉二君均未到。社友到者有樊山、师郑、书衡、沅叔、巽庵、征宇、子威、寿芬、嘿园、迪庵、孟纯、志黄、君坦,仍作二唱散。座间巽庵云晤瑞臣,据所闻东陵被发者为裕陵、定西陵,高宗及二后三妃并孝钦金棺皆被劈开,遗骸狼籍,尤以裕陵为甚。帝后至无从分辨,且有入地宫之兵士,因争夺珠宝,因格斗而死者。现张园派泽公、忻贝子及瑞臣、寿民、陈治书五人先往履勘。晚并接沄儿信,言行园数日前特设被发之帝后御容,早晚两次拜祭,至奉安之日为止。其初次设祭时,外来故臣随祭者甚多,伊亦曾往,并托回事者转奏,谓余以暑中感冒,未能即日奔赴,今其代陈叩安。此掩耳盗钟之说。又沪上古微、小石、伯严发起公电致阎锡山,要求依法惩凶,由戣老领衔,附名者六十馀人,余名亦在内云。入夜,雨一阵即止。

廿六日 阴,晨起正雨,终日不绝

合奇来,以岩孙代拟致陈厚甫书见示。以东陵事愤郁不能安寐,夜起两次。

廿七日 雨,视昨较大

榕社、洽社合并,以两星期为一会。今日适值会期,兼为寿峰祝生日,余以雨惮于远涉。君坦、朴园来,闲谈久之。君坦交石孙来书。未申间雨始止,时露日光,候至傍晚始出城。顺途至仲骞处吊其太夫人之丧。途中复连遇小雨两阵,到会馆已毕一唱,续作一唱散。夜复起,至明始就枕。

廿八日 晨即开晴

务观来,午饭后去。以腹中不适,不留其久坐。熙民电约手谈,亦未赴。比日感愤所积,总觉胸有积块,晚减一餐,始能安卧,夜未曾起。寄津信,询陵事,并略抒所见。

廿九日 晴

又接沄信,盖因步兰传语而作复,仍系报告前一事也。贞贤生日,约赴耆年会,芝老、熙民、季友均未到。夜大雨一阵。征宇送和诗来,云:"铜马何曾异赤眉,斯民直道有天知。盗惟憎主频移国,厉果怜王可得师。溧水前和神显显,冬青下士义卑卑。动心忍性从今始,七恨还为永命基。"前以《近事》诗示征宇,当时征宇即指唐珏句,谓此事引用尚不甚称,当更从大处着眼,因有此和作。读至末二句,不觉为之俯首至地也。

七　月

初一日　　晴

为林蔚文补题《虎口馀生图》。"庄生能道东陵跖，太白曾歌蜀道难。信有吉人得天相，大千浩劫尚茫□。""无主生民是乱源，不须成败问巢温。年来衔阙哀无语，且为君题说虎轩。"饭后务观与同到中央公园看荷花，已半残矣。今日济妇六七，林家弟兄及吾家亲眷来者甚多，因小坐即归。在园遇曼仙，略谈近况。出门遇凤荪，病新愈，发辫亦剪矣。匆匆未细谈，彼处亦非谈心地也。

初二日　　晴

接津信，仍系报告陵事。蓉甫、朴园先后来，同晚饭。征宇遣送新摘蒲桃。

初三日　　晴

下午务观来，与同到景山后访孟纯、君坦。适迪庵亦到，遂同赴北海五龙亭看残荷，在仿膳处吃烧饼、白肉，啜糜粥，至上灯久之方散。君坦见示社园吊芍药诗，并樊山和作二首，樊山并属征和。

初四日　　晴

作《谢征宇送蒲桃诗》。"十年种树计宁差，珠颗累累忝拜嘉。想见南柯消一梦，闭门欲傲召平瓜。""杜宇冬青满目悲，起予高论读新诗。法和遗语君应忆，取果还须待熟时。"又和樊山作。"春光嫠尾去无痕，金带谁怜断旧恩。亡社向来足凭吊，伧奴岂复解温存。广寒仙桂只留影，本穴幽兰早露根。莫为花天悲小劫，虫沙满地尽冤魂。"理斋送来彀园新刊《东三省沿革表》，乃其督奉时吴向之为撰辑者。朴、侨二俛及务观约在此晚饭，务观、侨民均拟初六同赴津。

初五日　　晴

以明日赴津,稍料理笔墨事。

初六日　　晴

早车同侨民赴津,务观未行,送至车站。午正抵老站,到栅楼即电询燮老,知尚在园,未回寓。群一来。傍晚访燮老,略谈发陵事,及张园目下情形。归寓次耕亦来,即留共晚饭。

初七日　　黎明睡醒,开窗视满天霞彩,少顷即变黑,雨骤至

以时尚早,复就【以下缺】。巳初起,冒雨赴园。自发陵得耗后,守护毓彭奏报极含糊,瑞臣、艾卿自京所报告稍详。上即素服望哭,设高宗及孝钦后神牌,排日早晚两祭。上及后妃祭后,从官始入行礼。余告知回事者,请一例随班。午初上祭,帝后前俱行三跪九叩礼。高宗神牌在中厅,并奉宫中所藏画像,前有御题诗。孝钦后则在左偏,所供系照片。礼毕,未召见,即归寓。午后雨始止。是日为冰社会期,冰社同人近改为填词之会。来者有调伯、峻丞、琴初、栗斋、芷升、立之、叔㧑、子有、又尘诸君,以戊辰七夕拈题。余不习为词,与峻丞、叔㧑、又尘手谈二局。夜雨又至,枕上不寐,口占一绝。"邂逅无端瓜果筵,人间此夕是何年。银州老好龙钟甚,不望天孙吉语传。"在园晤太夷,以征宇诗示之,太夷亦倾赏不置。至末二句,尤称其命意之高远,即袖其诗去。太夷又谓"冬青"句微嫌费解,余为之解曰:"卑卑者,非谓其义之卑,乃以下士所得为者,仅止于此,故谓为卑耳。"然限以七字,语意终未显豁。燮老亦在坐间,均以为然。

初八日　　晴,天气甚清

若卿来。下午赴四妹、六妹晚饭之招。与侨侄同往,手谈二局散。

初九日　　阴

巳初赴园。候至午初上祭,仍随班行礼。是日有庄士敦遣其

部下英武弁二员入谒，计未必召见，于祭毕即归。下午子有、群一、次耕在寓手谈。季武来访，谈甚久。接发老电话，嘱明早赴园。又接征宇寄和答饷蒲桃之作。征宇和诗云："天道周星算未差，昌言誉树若为嘉。不将一斗凉州换，五色珍为子母瓜。""干到枝头致可悲，请征农谚莫陈诗。人间会见昆吾稔，已失先时戒后时。"注云："果瓜摘而枯，曰：'树头干'。"

初十日　　　阴

已初到园。候至午正始上祭，旋奉回事者传谕，即在园午饭。饭后奉召对，园中因中央供奉神牌，改由后面小书室转至前厅。上召见仍在厅之右偏，有围屏为障，御青长袍。奉谕现在素服中，不必跪安，即命坐。首及东陵事，余谓此事前代常有之，但系盗贼所为。今民国以号称军长者倡为之，要之此辈，亦即盗贼变相而已。此时只有一面促阎锡山拿办要犯，一面俟赴陵诸臣查勘情形后，速筹奉安。并言闻皇上前日闻信悲愤之极，其实凡有血气之人民，无不公愤。但此时悲伤无益，况尚在蒙难之中。前史之事，姑不具陈。即以我朝论，告天七憾，载在录训，卒复大仇，入主中夏。事会之来，虽有天命，亦系人事。孟子云"动心忍性，曾益其所不能"，愿皇上加勉而已。上亦颔之。复询及定西陵奉安时，尔曾恭奉册宝入地宫，其中规制陈设如何，余据所见以对。又言此次素服设祭，乃亡于礼之礼，此等变礼，于古有无可以引证者。并将来奉安时服色礼节，暇时可为讨论。又询何日还京，以后仍望常来。适又有求见者，即告辞而出。下午复赴四妹、六妹之约。夜雨大，至子正雨止始归。沄妇晚车回京。

邴庐日记六

七　月

十一日　晨兴尚有微雨

已初偕侨俟早车回京。车中望西山已有霁色，午正抵东站，务观到站迎接，即与同回寓。午后渐见日矣。明日为内子生辰，以济妇丧未逾百日，先期遍辞来客，然戚族来预祝者亦尚不少。释戡送所作七夕诗。

十二日　晴

子威侵晨来，告知赴沈阳，就东方大学诗赋骈文教员之聘，余尚未起，留书而去。蛰园社友以子威为巨擘，且一切仗其主持，近日如仲云及吉符弟兄先后出都，嘿园亦南下，旧人星散，恐不成局面矣。今日来客虽一概谢绝，然亦有径入不能坚拒者。芝老亦索见师郑送近作诗数首，中有《戊辰初度》二首，自注云："世难年荒，砚田久涸，此次生日诗，恐已届最后五分钟。不知明年尚能为诗否也。"其言绝沉痛。师郑十数年来，倚文字为生活，太邱道广，岁入颇丰，今则群蚍撼树，儒丐同侪。余前日在津，曾与季武谈及，前此辛亥名为种族革命，亦为政治经济之革命。然老生宿儒，偷息其间，遗秉滞穗，尚不至尽绝生路。若此次革命，则文学之大革命，且一革将无复兴之望矣。可哀已！务观明日回津。

十三日 晴

天气凉爽,残暑渐退矣。和师郑五古一章。"君才万斛泉,不择地而涌。放为江海流,奔涛浩呼汹。蹉跎逼衰暮,悯默就闲冗。宦海已销声,选楼自孤耸。世变益泯梦,蔽天愁蠛蠓。戒诗复有诗,岂欲鼓馀勇。吾侪共偷息,中寿木已拱。忍持铜仙泪,更洒冬青垄。赤眉与髡僧,虺蝎偶遗种。前史具明征,天诛未旋踵。纷纷昨暮儿,峨冠笑阘茸。藏山待千秋,有恃宜无恐。箪瓢处陋巷,昔贤亦屡空。且当玩易爻,忧患思周孔。良夜黯不晨,残山馀懵懂。安知无黄人,杲日行再捧。淇竹晚猗猗,冈梧朝莑莑。因君发遐想,兼以祝大董。"下午赴合社会期,余与熙民、淑周直会。熙民昨赴津,未回。作三唱散。

十四日 晴

寄津信。并邮致师郑和诗。征宇寄示和释戡七夕作。炎暑已退,天宇清澄,而闷坐终日,殊负此景光也。傍晚岩孙来,为宋致长发祥代求书簏。鲁舆、朴园在此晚饭。

十五日 晴

和释戡诗,即邮致。"人间末劫知何世,天上佳期说此宵。可信蛛丝偏得巧,空持犀鼻向谁骄。碧翁仰望犹沉醉,白屋相怜等寓侨。却羡盈盈银汉水,微波终古不惊潮。"幼梅、孟纯来。鲁舆、朴园复来,同晚饭。夜得师郑和诗,师郑诗思敏捷,不免泥沙并下,此次步韵诗,独字字稳惬,语亦深挚,其东野穷工之说欤?

十六日 晴

沄妇自阶青处钞得仲恕家扶乩诗四首。姑录之。"事乱如麻千万头,生灵涂炭不胜愁。晚潮未落早潮起,雪浪掀翻黄鹤楼。""连番易帜斗新鲜,日出扶桑照九天。醉倒玉山诗未就,龙旗又插古幽燕。""祸起萧墙及比邻,沧桑变幻假成真。瓜分难遂豺狼愿,引出巴蛇吞象人。""变化离奇且静观,无端王气出长安。土龙现后金龙舞,万国来朝天地宽。"据云系张作霖初出京时所作。其时榆关一带,尚未有日兵踪迹也。接笋玉沪上来信,并送寿敬廿元。

十七日　　晴

孟纯因前日生朝,约亲眷小集。又约吟社同乡数君作折枝吟,甚酣畅。午后天气骤热,傍晚云阴四布,并有雷电,作欲雨之势,竟无雨,然热气已顿消矣。

十八日　　微阴终日

岩孙来,取致长箑面,留之午饭后方去。夜有微雨,旋止。

十九日　　晨起复有微雨,向午渐大,连绵不断至傍晚始止

孟纯来,适在摊饭,留所拟蛰园课题而去。接津信。沄妇晚车赴津。

廿日　　晴

岩孙来,告知明日赴沪,就海军司令部秘书之聘。下午赴惠侄晚饭约,归来仅子正。沿途月色甚佳,而市上寂无行人,凄清之极,后此不知成何景象也。

廿一日　　晴

熙民自津来,略谈津事,并知叕老亦同车来。据云前赴东陵诸公报告,定西陵已奉安。惟裕陵因发掘时由地道入,致为山水所冲,尚须将积水戽尽,方有办法也。师郑书来,为徐少逵、印士二君转乞诗集。又询习见楹帖"镜里有花新晋马,釜中无药旧唐鸡"二句出处,余亦不识,俟晤樊山询之。张用宽又有布告其家事书,姜斋遗椠已于前日南归矣。阅毕,付之一叹。午原令弟自沪毕姻回,在宅补觞客,傍晚往贺。晤叕老,言黄质斋允中有书致南政府,书论东陵事颇痛切,征宇亦曾见之。质斋前在京曹,行止近古僻,公退即闭户读书,从未以所作示人。又类于暗修之士,有此一篇文

字,亦自可传也。

廿二日　　　晴

君坦来,以孙公达箑面乞书,畅谈至午饭后方去。据云前数日又晤樊山,樊山平日文字绝不肯作衰飒语,近日所作诗,时露愤惋,谈次亦多伤时之感,此则境遇为之,无可强也。

廿三日　　　晴

接子威沈阳书,并诗二首。叕老约会馆吟集,午饭后即往。人多仅作二唱散。

廿四日　　　晴,时有云阴

次韵和子威诗二章。"凿空仙槎壮此游,榆关风物恰清秋。谁令乌几荒生事,正要鲸波荡旅愁。碣石东浮多积水,神州西望莫登楼。不知虚馆襄平客,可有当年管郑流。""君诗宗派出娄东,经术兼饶戴侍中。狮吼尚容高座踞,霓裳苦境众仙同。医闾王气三江水,滕阁才名一席风。并入秋箝编巨集,邮笺伫盼报来鸿。"次首起二句改"衰时吾道不妨东,过去华胥总梦中"。即邮寄去。又寄师郑《匏庐集》三部。午饭赴稚辛泰丰楼之约,有叕老及同乡旧友十馀人。征宇见示叠前韵呈叕老诗。"忆从负扆仰槐眉,戴罪偷生只自知。金鉴久藏惭弼德,悬鼎昔兼官弼德院参议。玉音交儆见尊师。直教实至文方著,将谓天高听总卑。率土不应先帝忘,十年茹苦护丕基。"跋云:"侍谈太傅伯父闻无逸斋中有儆变罪己之语,且以草间愤言猥尘睿听,感悚交并。次韵前诗,敬呈伯父,并谂匏丈是正云云。"下午睡起,闲坐无事,次征宇韵。"涂炭苍生孰察眉,孤根应有蛰龙知。崔苻满地将如彼,龟鉴当筵自得师。雪耻成功非苟倖,责难陈义敢轻卑。且须人定观天定,纶邑初无尺土基。"夜雷雨,家人皆睡,灯下听之,亦殊足破闷也。

廿五日　　　昨夜雨至今晨始止,天色犹阴沉

枕上再和征宇作。"守口瓶居鉴井眉,韩仇家世两心知。前途襄野犹

迷圣,往事梨洲痛乞师。耿耿微诚望荃宰,纷纷学语笑鲜卑。御屏无逸图长在,想见艰难积累基。"午后已开晴。作寄泗水信。又录和子威诗寄樊山,并告以蛰园社课拟尽月内举行。录和征宇二诗寄弢老。近日所作诗,皆随笔抒写,无可存者。此二首自谓尚系真诗,但正意已为征宇说破,所举不过旁义耳。征宇寄示《卖药俚言》绝句五首,因报载李石曾在法国演说语而作。释戡寄示《雨窗》诗一首。征宇《卖药诗》:"卖药郎中不卖方,口头王霸说遝荒。汝曹业以儒为戏,肯听侨门拆戏场。""近世衣冠难入画,画师偏是后来多。苦将锦绣江山里,争奈融凝本性何。""从王蜂蚁各谋安,翼种形模异目看。莫怪生民喜争斗,圆颅方趾一般般。""造化原来是小儿,捏泥移木作童嬉。尖团倒嫌重复,吹毵然灰又一时。""精魂递转三生石,毫素中含八面锋。天巧不妨人更巧,横来竖去总能容。"

廿六日　　晴

饭后赴会馆合社会期,作三唱散。以和作面呈征宇。申酉间忽雷雨一大阵,即复晴霁。寄津信。

廿七日　　晴

次韵和释戡《雨窗》诗。"琵响谁闻绕殿雷,白头老我乱书堆。承恩曾许黄幡绰,来诗自注云:'近方续《鞫部丛谭》'。思适空希邢子才。有恨衔冰猜汉语,何情算劫问池灰。炉薰茗椀闲滋味,新咏君能续玉台。"昨雨后入夜忽骤冷,晨起未添衣,不觉感寒,鼻嚏不止,且怯见风。衰年气体之不充实,于此可见。若钧自东三省来,晤谈甚久。日间仍不适,晚卧,饮白兰地一小盏。家人为加添衾褥,即又苦热,复披衣起坐,至更深始就枕,梦中尚觉烦扰也。

廿八日　　晴

睡醒日已上窗。尚有鼻嚏。接泗水信,暂时情形似尚可支柱,为之少慰。昨晚不寐,于枕上得诗二首,小极。云:"堆胸磊块漫峥嵚,静室聊堪观我生。病叶迎秋如有觉,幽禽弄晓却多情。支撑小极馀书册,约略承平是卖声。一雨闲花都谢尽,盆兰自放两三茎。""卖声"二字,记曾见前人集中,谓街头唤卖之声也,然究嫌不典。此诗本可不存,故亦不复改。"约略"句拟改"想像承平到市声"。又《车过金鳌玉蝀桥》云:"灵圃休谈往,游人且恣娱。犹嫌限北海,不谓改南都。障碍有时去,源头无奈枯。沧桑兹缩本,妙手肯临摹。"后一首乃前日赴西城途中所作,而未成篇者。金鳌玉蝀桥上横墙,乃项城在总统所筑。南军来,始议拆之。又有开放南海、中海之议。但三海来源在玉泉山,从前尝置闸随时放水,近年闸久不放,海水日干,半成洲渚。一两年之后,将为平陆。而京师自改南都后,市面萧索,十室九空,昔之游人,恐渐变为流民矣。然以南方现状言之,似祸乱犹复未艾。所云建设,亦等之空谈,且观其后可也。夜睡醒,不甚畏冷,感冒似已渐清。

廿九日　　　晴

士观来,留共午饭。征宇送来见和叠韵诗两首,并附和释戡诗。下午赴蛰园第九十三课,余与书衡、颖人值课,颖人回南未来。社友到者有樊山、师郑、曼仙、彤士、寿峰、征宇、孟纯、君坦、志黄,较往时略少。曼仙则久未来,以索居无聊,与师郑皆作壁上观,借此晤面而已。蛰园社友,如六桥、守瑕、仲骞、治芗诸君,每来亦不甚作诗,大抵意在聚晤。《论语》云:"君子以文会友,以友辅仁。"诗社之辟,本不专为作诗计。吾于同乡吟社必到者亦此意,亦〔非〕俗物所知也。仍作二唱。后唱八夕题,羌无故实,而各出心思,极有兴会。意者社事尚有振兴之望耶?席间赠迪庵一首。"达夫五十颇称诗,老树著花无丑枝。丝竹中年聊自放,风尘吾道欲安之。鸿泥陈迹寻常共,鲈脍归心日夕驰。铜钵声中宵苦短,那堪作恶问行期。"前日录和子威诗邮寄樊山,竟未接到,邮局亦有时不可恃也。征宇来诗仍录存,题为《匏丈以原韵惠书呈家伯父诗后敬叠韵奉答》。"遗事重谈若列眉,昆明灰冷愧前知。当阳倘及君纲正,昧旦宜为奕世师。达孝惟承先志重,诡随曾惜相功卑。牡丹时节墙匡泪,忍舍人天福德基。"又《匏丈以意有未尽次韵见质再章奉答亦以续申拳意》:"自收京后几伸眉,心有金銮凤烛知。漫拟浮湛将得当,敢嗔流俗不相师。老臣归国春非旧,嗣主康功服始单。愿托骚人规窘步,明堂虽毁见初基。"以上唱和数诗,尚拟另书一册藏之。前致戣老书曾有"他日者,将终为心史之沉,或竟应赤伏之谶,非所逆知"之语。夜起书此,一家俱沉睡,惟有鬼神上鉴也。寄泗水信。

卅日　　晴,午后微阴

连日又回暖,仅能服禅衣矣。熙民、君坦来。晚雷电交作,颇有雨意,仍寂然。夜半大雨一阵,风旋起。

八　月

初一日　　晴,晓起风殊劲

征宇录示见和金鳌玉蝀诗,意味甚深,吾不及也。录存之。"目论吾无取,天全性亦娱。不知遮左海,何似毁中都。夜火两边出,秋荷一概枯。成亏只顷刻,景失即难摹。"因征宇诗,复感及新华门旧事,叠韵乞征宇和。"策力同时屈,何因窃号娱。老公徒荷荷,平丈俨都都。犹见门题赫,悬知冢骨枯。寂寥班吏赞,心苦惜规摹。""不敢妄为些子事,只因曾读数行书",元人吕仲实思诚诗,见《辍耕录》。先君子尝取上一句镌玉章,用之判牍,向未考其出处,特志之。又先君子书室常悬一联云:"常使胸中生意满,须知世上苦人多。"皆语质而终身可佩者,未知何人句,当更考之。夜睡太早,醒两次,极不适。

初二日　　晴

《龚定庵集》有《得汉婕伃妾赵玉印诗》云："寥落文人命,中年万感并。天教弥缺憾,喜欲冠平生。"得一汉印,遂足弥寥落缺憾,好奇至此。按:定庵得此印为道光乙丑,诗又作于丙戌春,而定庵没于辛丑岁。定庵又云拟构宝燕阁,他日居之。又定庵藏器有"三秘"、"十华"、"九十供奉"之目,亦以此印为冠。昨阅程春海集《婕伃玉印诗》中云:"寻其流传自冰山,亦弄墨林紫桃轩,比来归龚复归潘。"潘为潘德舆,海山仙馆主人。春海殁于道光丁酉,在定庵前,是此印定庵生前已不能守矣。春海又注云:"据李竹嬾记,此印严东楼曾宝之。是竹嬾所著《紫桃轩笔记》,定庵并未尝考也。"定庵据印文鸟篆,及史游《急就章》继字碑,本作㳠。史游与飞燕同时,断为飞燕物。春海遍引赵氏位健伃凡三,一钩弋夫人,一宜主,一合德,而不及(合)〔飞燕〕,且不断为谁物。春海于壬辰典试粤东,当系在潘德舆处见之。又在定庵殁之(年)〔前〕九年,但不知定庵自注云"拟遍征寰中作者为诗",当时名人集中,咏此者有几篇。此虽小物,而定庵发兴之狂,与春海考古之慎,亦可见一斑也。又前日蛰园社集,以"宫僚雅集杯"命题,杯制及所镌姓名,详见《浪迹丛谈》及《郎潜纪闻》。其杯以量之大小为次,共十人。首汤文正,末王文简,渔洋各笔记未载之。余按:诸公皆不以豪饮名,此疑当日詹事府及春坊同僚,寻常谦集偶制之,以志会合之缘。但不知谁制之,而谁藏之,必非渔洋所创,亦必非人人皆藏有也。不以官爵序,而以酒量为先后,乃其脱俗处。可见睢州先生,亦非一味古板也。且与顾侠君之百八酒器,专以轰饮为事者,迥然不同。知人论〔世〕,不独诗书,即一器一物之微,亦必谂其朝代人物、风俗制度,始可下断语。晴窗无事,偶录及之。于穷极无聊赖之时,而讨论及毫无关系之故实,或亦消遣之一法乎？按:《渔洋年谱》:"康熙二十三年甲子冬,迁少詹事,即奉命祭告南海。次年九月,始复命,复请急归里。途次闻父丧,居忧三年。庚午还朝,再补少詹。三月,即迁副宪。"《居易录》云:"予自少詹迁副都御史。又旬日,马邑田子喜霄亦自少詹迁内阁学士。"据雅集杯有田公名,则杯当系此时所制,但不知同year何以有两少詹事也。杯似系制于此时。又按潜庵先生任庶子在癸亥岁,再入为礼尚掌詹事府事则为丙寅,未几即逝世,庚午年久归道山矣。潜庵之荐耿逸庵为少詹,亦系其再召时事,此时渔洋正在籍也。又疑此杯非同官宫僚时事。余日记所云,仍系臆揣之词,可见考古之不易也。八月廿一日再记。沈绎堂殁于康熙甲子。樊山函示和子威寄怀诗。士文昨自烟台回,来信稍述胶东情形,都中无可图,不日仍将南下也。

初三日　晴

接征宇书并和诗二首。"铸错何嗟及,开门足自娱。本来雄一世,未许赋三都。券在争捐产,歌阕独哀枯。高楼倾宝月,远略试追摹。"元遗山诗"一券捐半产,二祖宁汝容。"新华门旧为苑中,俯临回子营之宝月楼。其一首未次韵。"共和周召事,谁岳甫申生。但假须臾缓,将开日月明。倡人牵卧起,原草概枯荣。箕倨南〔尉〕佗,犹如避大名。"来书云:"向尝戏谓共和人物,乃有似是而非之三武帝,一为魏武,一为梁武,一则南粤武帝也。今者老夫易种,备享荣哀,同泰舍身,长蒙迦护,而躬膺九锡者,结果偏恶。意其大宝妄干,不祥莫大乎？"此一段议论,颇有味也。孟纯、侨侄先后来,孟纯交迪庵托致和韵诗一首。夜坐次韵和征宇诗。"揺乱谈人物,都疑应运生。塔尖偏靳合,簪火讵长明。赤县无穷祸,黄袍一饷荣。颇思题墓语,尚爱孝廉名。"寄津快信。

初四日　晴

孟纯昨云梅生与迪庵有约,今日午后到彼叙谈。下午睡起至景〔山〕后，梅生已偕迪庵他往，与孟纯、君坦闲谈，至上灯归。孟纯告知明日早车赴津。

初五日　　　晴

接津信，言裕陵暂时奉安情形，及太夷已渡海事。沄信云高宗骨皆紫色，审慎收集，大致不差，惟腿骨微缺。其馀一后一妃，有一具尸体完全肤色如生，疑有炼形之术，或疑是孝仪后。馀则错杂不可辨，现将原有六棺并为三棺，暂行奉安。外面损处封塞修整，尚有待也。朗溪约耆年会，午饭后即往。朗溪因电催征宇，少顷亦来。长谈至日暮，诸客尚未集，与熙民、季友、立邨手谈候之。席罢，复终二局散。早间曾录近日与征宇倡和诸作致朗溪，宣南旧侣，可谈心者仅此两三。酒罢归来，不禁百感交集。

初六日　　　晴，午后微阴

到会馆议首善医院欠租事。叔澥久未晤面，今日竟翩然莅止，谈次多愤时之语，想亦索居无聊，藉此谈聚也。散后到仲瓒处，拜其尊人耕云同年生日。被挽留手谈，同局为立邨、季友、熙民、策六。

初七日　　　阴

若水兄弟为其次妹生日觞客。与季友、立沧在熙民宅手谈。晤仲起。

初八日　　　晨起犹阴，向午渐露日光，午后复阴，微雨一时许旋止

英女生日，有亲眷数人聚集。熙民昨示子有书，以新居落成诗索和，原诗未寄来，只钞叕老和章，即依其韵。"计然十策几留馀，三徙看君始定居。贻厥甘棠存旧笏，斯干苞竹见新庐。风云突兀胸千厦，花木平章手一锄。传遍山姜酬唱什，都忘身世是逃虚。""相宅经曾著栎园，周栎园《书影》载相宅四十吉祥。洪休天语好题门。去岁元旦，在津旧臣并拜御书"大吉"二字之赐。版舆彩服承欢笑，金爵觚棱绕梦魂。悬榻时还延旧雨，挥

戈会见返朝暾。文身章甫非无用,重译今知圣道尊。"

初九日　　阴,晨起有急雨一阵

寄津信,并附和子有诗。下午天色开霁。征宇录示秋晴诗一首。

初十日　　晴,天气甚佳

熙民来。次韵征宇昨诗。"朝霞暮雨晚霞晴,狡狯难猜造化情。坐见酒浆空北斗,喧传箫鼓赛西成。畏涂倒足妨行潦,永夜愁心盼启明。不信王城浩如海,市人鸦鹊两销声。"末二句无谓,姑录出俟再改。午后睡起赴合社会期。傍晚天忽变,大雨滂沱一阵,雨止而狂风复起,大有寒意。作二唱散。风竟夕不止,窗户皆震撼。此诗另改录后。

十一日　　晴,风稍小,尚未止

为葛君滋钧葛亦在合社中。题其母节孝事实。"结缡仅五稔,遽痛所天徂。上有衰翁在,恃此遗腹孤。白华代子职,襁褓护遗雏。子职固有终,门户当谁扶。细素一经业,膏油十指馀。儿生未知父,犹能读父书。愿及春晖永,奋翼翔天衢。萱花溘朝露,哀哉鞠我劬。庐陵泷冈表,北江灯影图。从来风树感,不独一皋鱼。所嗟丁丧乱,九流杂丐儒。劳薪爨运逆,未免愁饥驱。显扬虽有待,绰楔已旌闾。当代谁震川,阐幽椽笔濡。二南王化渺,女德多荡踰。诗成一浩叹,霜月闻啼乌。"下午风渐止。

十二日　　晴

接亦廉信,知金陵所图无音耗,同甫验照事亦卸,现暂时同回苏州。征宇又寄示《秋晴》之二一首。

十三日　　晴

接津信,并诇伯、立之、眉韵诸和章。午后君坦来。熙民、季友先后来,熙民亦和眉韵四首。因巴园者年会之约,即与二君同往。与立沧、季友、熙民手谈二局,并晤稚辛、征宇、朗溪、伯南诸君。晚餐过饱,睡极不适,复起次韵和征宇昨诗。"月窟天根孰纵探,儒分为八墨离三。人情岂免争朝暮，地气何曾限朔南。异事存疑归野史，定心回向有枯龛。洞玑漳浦无传授，后起君当一席参。"

十四日　　沉阴终日

前和征宇八庚韵作，屡改终不惬意，另和一首，拟并昨所和覃韵录示征宇。"秋空作意幻阴晴，赚尽三农望岁情。岂有爱居灾可避，不知络纬织何成。梦华枉复谈天咫，震在廷《天咫偶闻》皆详挈下故事。仰屋仍愁税月明。谁道王城浩如海，市人鸦鹊总销声。"樊山函示近作《还来就菊花试律得花字》五言八韵索和，诗中杂用"佳"、"他"韵。自注云"有人以出韵为嫌，不过使我不留馆。可笑。"其实"麻"韵甚宽，不至无可押，此老信笔抒写，姑作此狡狯也。接泗水信。

十五日　　晴

中秋节。君坦来，作《还来就菊花》试帖一首。"问讯柴桑菊，朝来定已花。肯辜重九约，还就野人家。晚节香逾好，前游兴未赊。樽中馀旧酝，篱角灿新葩。藜杖休辞远，荆扉岂待挝。座无今雨杂，看到夕阳斜。饮水羞胡广，登山笑孟嘉。帽檐归去插，不让杏林夸。"此调不弹久矣。偶戏为之，仍是山林口吻，非台阁体，且多颓唐之笔，无研炼之思，姑以塞责而已。又作七律一首题樊山诗后。"熙朝中叶恢文治，试律沿唐制一新。馆课以兹抡甲乙，选家在昔始庚辰。纪河间《庚辰集》。祖庭我愧虚传砚，宗匠君真老斫轮。五十年前蓬岛梦，篱东剩得两遗民。"务观自津来，留共晚宴。接津信。

十六日　　晴

晨起录和樊山、征宇诗付邮。征宇又寄示《秋晴》之三。饭后无事，检尘架己酉冬荔社钵吟稿数册，其时叕老正宣召来京，赞老、涛园并在京，几道亦时来。当时健将如畏庐、石遗、绎如、梅贞、松孙、仲沂、心衡、征宇、朗溪、熙民、寿芬、陀庵、季咸、啸龙，外籍则实甫、鹤亭，偶亦参入。笔阵纵横，各极其才思，大都以造意为主，不以隶事为能，与今之秫园、蛰园风气迥别，洵为闽派正宗，亦可谓极一时之盛。曾几何时，而地坼天崩，风流云散。今在京者，惟余与熙民、寿芬、征宇、朗溪数人。殨老客津，石遗归里，绎如近赴上海，馀则皆隔世人矣。稿凡廿馀册，半为啸龙持去，惠亭亦借去数册。惠亭时甫入在社中，极有兴会。所作亦能自辟蹊径，固彬彬风雅材，非后日财政厅长之惠亭也。辛亥国变，皆未归还。抄本又为姜斋携去，云将付梓。姜斋于时在奉天，故未与会。姜斋身后亦无从索取。此所存者，特零缣断锦耳。翻阅数过，衰盛之悲与存殁之感迸集，胸中结辖，不可言状。适务观来，始置之。务观相伴至晚饭始去。

十七日　　晴

寄津信。又和征宇《秋晴》一首。"白草黄沙举目（举目）愁，不关摇落始悲秋。衣冠扫地谁还问，鼓角缘边且未休。虎踞那知王气尽，骊虞夸说霸功羞。求田问舍非吾事，但卧元海莫下楼。"征宇当尚有作，此诗姑存之，将来凑成四首或八首，尚须子细修改，使衔接一气。征宇诸诗亦俟汇录。合社同人以余生日，特设一局，到者廿馀人，作二唱，甚酣。晚接嘿园汉上信。

十八日　　晴

昨和征宇诗，尚嫌多空，另改一首。"乐府曾传万古愁，归玄恭作《万古愁》乐府，皆谱前代兴亡事。世祖尝命内廷演习。那堪行在续阳秋。诗书发冢谁还问，鼓角穿篱且未休。精卫空怀衔石志，衣冠涂炭及时羞。玉鱼金盌人间恨，宝月犹馀旧日楼。"释戡寄示戊辰中秋诗。午后到芝南宅拜寿。葛滋钧来。

十九日　　阴

樊山邮寄次韵作，录存之。"功深自昔言无浅，齿宿谁知意转新。金榜侵寻周甲子，玉堂出入判庚辰。君入词垣，余适补外。寻来无迹思羚角，中必当心贯虱轮。小计雕虫聊一笑，渐无人识义熙民。"樊山晚年诗多重字，盖亦懒于修改也。日来大便甚通畅，此亦一适意。余平日手不能离书，如鱼之依水以活。近日早晚翻阅《四库提要》与王伯厚《困学纪闻》，定为常课，恍与古人晤对，质疑问难，几不知今是何代。夜卧未适，或开灯观书一两小时后，复就枕。此外则随意咏诗，得惬心之作，或友朋酬和佳章，亦一愉快事。然樊山、征宇外，其足称同调者，盖无几矣。合奇来，商改信稿，午饭后方去。务观、朴园来，同晚饭。入夜已有微月，夜分忽骤雨一阵，狂风挟之，约一时许又霁，月出矣。

二十日　　　晴

昨夜一雨，今日不但不冷，并觉暄暖。接津信。刘觉亭来。今日约耆年会诸友二条晚饭，到者十人，惟征宇因其夫人诞日未到。天气干燥，睡殊不适。

廿一日　　　晴

释戡又送来改前作稿。午睡朦胧中，次和一首。"夕烽遍地不曾收，却有清光出屋头。歌笑千家怜此夜，阴晴万里本同秋。前潮胥母知馀恨，灵药穷妻讵可求。梦里邻宵台上月，几时共对豀羁愁。"下午亲眷内外来祝寿者，亦有廿馀人，较往年少十之六七矣。

廿二日　　　晴

早晨述勤来，卧始起。近日常以五更前后醒，在枕上观书，至明复睡。今日虽令当关谢客，而同乡戚友闯入者，仍不能固拒。释戡、征宇、彦侯数君，谈至三四钟点之久，可想见其无聊之情况也。

廿三日　　　阴，傍午风起，始开晴，风终日未息

午后务观来，与同到景山后。孟纯适有公会，甚忙。晤迪庵。君坦傍晚回。务观、孟纯俱明早赴津。

廿四日　　　晴，仍有风

樊山邮寄《书感》一首，进退格。诗殊无聊。征宇昨示《秋晴》

诗,改"羞"韵一联,余因之亦就前作追改,再录下。"乐府相传万古愁,注已录前。那堪行在续阳秋。衣冠草莽谁还问,鼓角关山且未休。凝碧新声挽鬼语,广寒旧梦付仙游。玉鱼金盌人间恨,故内犹馀宝月楼。"又作寿言仲远五古三十韵。"圣门七二贤,言子起南服。蝉嫣累千禩,簪缨犹望族。君家好兄(字)〔弟〕,坡颖世属目。我始交长公,倾盖如旧熟。嵩云秦树间,一别邈山岳。壮怀惜未伸,君才尤卓荦。综贯九流书,运筹佐帷幄。忆在丙午春,问津经析木。东道备殷勤,清宵见跋烛。纵谈今古事,握手肝肺掬。国势尚可为,岁月惊转毂。轩弓坠鼎湖,汉祚终百六。海宇遂分崩,苍生祸何酷。吾道合卷怀,褰裳恨不夙。故山虽未归,菟裘久已卜。息影得蓬茅,杜关谢尘浊。往岁我七十,鸿文远见辱。肫肫念旧情,捧诵增感触。君今亦周甲,颜童鬓未秃。前期戒称觞,此意尤远俗。手写述怀诗,华笺灿盈幅。学陶真似陶,异代侔芳躅。高枕游羲皇,绕砌森兰玉。想见心太平,一庵万事足。衰慵吾自放,近益荒笔牍。千里有神交,知不责疏数。横流犹滔滔,残棋那更覆。但葆岁寒姿,天心会来复。鸾鹤在九霄,白驹思空谷。俚言不成章,聊致临风祝。"仲远生日在六月,余近日最怕应酬文字,令侄简斋曾求寿序,因循置之,顷简斋又遣来催索,以寿文措词较难,姑以此应之。其中未稳惬处甚多,亦无暇修改矣。午后赴吊荦仙尊慈之丧。又往贺蒲生、寿芬娶妇,匆匆即归。又和樊山《书感》一首。"乱首须追作俑人,莽丕流祸极巢温。佳人变相皆为贼,穷汉求官那不贫。春日争看花满树,秋风方悟叶归根。亏他伧父谈王道,目笑骊虞霸者民。"报载某党魁在巴黎演说,谓中山纯用王道,不主霸功,故于共产之徒一概容纳。其大言不惭,类如此。此诗姑妄存之,后来必不可编入集。师郑又赠生朝诗二首,仍不脱从前常语,其实可以不作,亦无从答之。接子植鄂中信。

廿五日　　　晴,仍有风

今日为酬合社同人十七日之局。以室人感冒候西医,至傍晚方出城,社侣到者不及二十人,作二唱散。征宇又示《秋情》之四。

廿六日　　晴,风仍大,已三日不止矣

续和征宇《秋情》作。"折枝偶句踵乡风,几辈相从汐社中。犹见唐音开宝盛,不关鲁史定哀终。巢痕他日悲梁燕,吟响中宵答砌虫。席帽南宫谈故事,剧怜灯烛一般同。"旧箧中检得谈君道隆壬子年《中原诗》八首及寿余七十七古一章,皆古雅无俗气,特藏之。谈为礼部旧僚,改典礼院时,余闻其深于经术,拔为科长。未几,而朝局遂变。其别号忽忘之,殊以为疢。俟晤毅夫及关氏弟兄询之。夜风已定。侨民来,告明日赴津南下。

廿七日　　晴

民国双十节。比日所作诗,多涉感愤,虽极力摆脱,终不免噍杀之音。昨晚灯下枯坐,偶就目前景于枕上成《瓶花》、《窗竹》二诗,虽不工,似尚有闲适之。特录下。《瓶花》诗:"花时常懒出,斗室与谁亲。亦自兼红白,无妨间旧新。重帘风隔断,小杓水添频。恨少黄筌笔,屏间替写真。"《窗竹》诗:"旧种环窗竹,相依最有情。严霜未改色,新雨又抽萌。竟日摊书对,残宵入梦清。炎燠欣已远,更谛岁寒盟。"又改一首。"无竹令人俗,吾几负此生。移栽将十稔,静对总多情。不改风霜色,还须雷雨盈。绕檐新翠匝,次第记抽萌。"前首后四句近直率,似以后首为胜也。春明学校以国庆开会见约,未赴。午后君坦来,傍晚方去。合奇来,言拟由京郑车南下。夜接樊山和诗,师郑信,言改前日诗一联。朱悟园羲胄自鄂寄来刷印《琴南年谱例义》乞审定。内人病尚未大减,殊焦灼。朱住鄂垣王臣街十一号。

廿八日　　晴

寄泗水信。又为侨侄致信季良。征宇又邮示《秋情》之五,"江"韵颇不易押。征宇诗:"陋诗曹邻不成邦,强为华钟效寸撞。

大雅尽容王迹熄,高贤常使我心降。白头作计犹师郏,朱绂当年已愧庞。揭厉相从匏叶苦,可思萍实见秋江。"内人今晨至下午人甚清爽,似无病者,入夜仍有寒热。狄医日间来,即言病近肺炎,左方愈而右方复起,尚须调治也。灯下和征宇作。"游钓难忘父母邦,海波日夕尚春撞。遗书正谊儒风息,断碣琅玡霸气降。十郡版图成割裂,百年谣俗换醇庞。君家霜橘沿村美,自占门前一曲江。"内人病渐减,仍延狄医诊。夜接泗水信。

廿九日 晴

寄津快信。下午朴园来。晚饭后忽患腹痛,头目皆昏,初疑发疝,卧少许始略定。因悟饭菜中数味皆系寒冷之物,服咸青果汤后渐定。睡尚稳。

九 月

初一日 阴

晨醒小腹尚微胀。接津信。熙民、孟纯先后来,均昨日自津回,因留共午饭方去。饭后便通,腹亦舒。君坦来。征宇又遣送折枝七言十二韵,因前日和渠"东"韵一首而起兴也。夜睡极烦躁不适,似系食酱姜太多之故。因昨晚食冷物,故以此暖之。

初二日 晴,有风

接泗水信。泗水来信,邮程约在廿五六日左右。适孙女葆霞寄泗信,复附两纸交寄。午后往拜曾东宇表弟六十生朝,即归。作陈黻廷七十寿诗,甚草草,未录存。朴园在寓晚饭。

初三日 晴

接亦廉信。务观、孟纯来。务观到京已数日,以房租被欠涉讼，故今日方来。征宇前日所示折枝诗，于本事略尽，因追忆故事为长句纪之。"诗家狡狯无不有，嵌字句中索对偶。改诗何义起何时，譬以折枝亦近取。儿时习闻长老说，徐李隽句熟人口。徐云汀孝廉、星村茂才。始缘斗捷尚清新，渐入征材造雄厚。名流雅集藉消闲，浅学效颦或忘丑。声响亦赖登高呼，风气居然不胫走。船官初拓汉司空，节楼重植武昌柳。礼罗幕下盛才彦，酬唱公馀聚宾友。文肃夭矫人中龙，往往真气惊户牖。文襄武库森甲兵，爱搜秘笈资谈薮。流派遂有闽粤分，坛坫益振同光后。岂妨庶子采春华，未许公羊讥墨守。石林早逝惜长吉，龙阳凤慧过元九。寒山钟响铿华鲸，榕社春灯灿珠斗。春明转眄成梦馀，中兴企望思耆耇。迩来胜侣半飘零，眼见云衣变苍狗。旁行画革竞抒撍，论语供薪玄覆瓿。吾曹暇日尚追欢，且喜岁寒交耐久。零珪断璧尽堪珍，因君还质沧趣叟。"先祖在鄂时，公暇亦常集宾佐联吟。后十数年，而文襄督鄂，此风乃大盛。"苍狗"下一句改"瀑流难洗徐凝恶"。"久"韵下添"佚事亦关掌故遗，大雅今孰扶轮手"。岩孙沪上来书，为林雪舟乞《匏庐集》。狄医诊内人病已大愈，惟平日不肯多服药与静养，善后调理，无从着手，固无如何也。

初四日 晴

务观来。下午赴立村之约。立村本定于明日生朝，约耆年会中数人小集，以余值蛰园会期，故改今日。

初五日 晴

接津信。蛰园第九十四课，本系上月，以孟纯赴津改期。值课为樊山、彤士、寿峰、孟纯，皆到。征宇申正即到，在楼下畅谈至久，并示庚申年灯社联珠体诗。系就社中原句排次为五联。此外社友到者仅书衡、师郑、巽庵、迪庵。而立之适在京，迪庵约之同来。又深县李芷洲广濂，为孟纯新邀入社者。仍作二唱散。

初六日 微阴，旋晴

君坦来，同午饭。饭后务观来，电约孟纯、迪庵游景山。方命车,而吉遠来,略谈数语,即与务观同赴景山。孟纯、迪庵亦旋至。由东路登山,至亭上小憩。山麓有一树,上悬木板,书明庄烈血诏,似系近日堂部所为。盖彼辈据里俗传闻,谓庄烈缢于此树下,树并不甚高,断非二三百年前物。彼之为此,非有悯于庄烈,不过欲揭示帝王末路之惨,藉示炯鉴而已。不知天生民而立之君,非为一人,为亿兆人也。得一人以为君,汉祖、明祖之兴于草泽,君也;李唐、赵宋之篡夺,以至元、清之以异族入主中夏,亦君也。但使其才力足以统一区宇,其法制足以约束臣民,或二三百年,或数十年,使闾阎得以安居乐业,足矣。岂如今日之扰攘不定,并六朝五季而不如乎?昨与征宇畅谈,余即谓非帝制复生,断无望于久安长治。但数千年治统,一朝破坏殆尽,帝制从何发生,此则视乎天意,非人力所能强为矣。下山后,复循西道至寿皇殿前,瞻眺久之。此地向来未到,不能不一涉,实则徒增悲感也。与诸君顺路至景山后,孟纯留晚饭,有朴园在。散时君坦有西城聚会,尚未归也。

初七日　　晴

因阅昨日记,复忆前日与征宇密谈一段。余谓帝制既无从发生,清室更似无再兴之望。此时若出一大英雄,能为桓、文之事者,暂假名义以为号召,置一守府于上,成则为夏少康,退或为汉山阳。但使禅授得人,亦何必私于一姓。此则项城失之,后人得之,未始非气运一大转机也。征宇谓恐必无是事。征宇又谓尼山删述,教人皆详于臣道、子道,而略于君道、父道,此义亡乱所以靡底也。余谓此即三纲之说,但古人称纲常,五常又依于三纲,纲亡而常亦不能存,此今日所以廉耻丧尽,而几沦于禽兽也。然三纲之道,亦实有不可解于心者。余自辛亥以后,故国故君之想,每饭不忘。所作诗,不知者或讥其千篇一律,实则皆发于天机,而非有意为之。忆复辟之役，张奉新与同来诸公，什九旧交，余深以此举为卤莽，绝不谋面。复辟诏下，犹杜门不出。实录馆诸同事强为递安折，始入内，蒙召见。其时上犹冲龄，略问外面情形，敷衍对答。出内右门遇奉新，一揖外，无他语。苏拉问到军机处见议政诸大人否，余答以我与彼无话说，可不见。故当时纷纷简任，曾未见及。惟每日下午，必至燮老处探问消息，亦略陈鄙见，大抵为事后安全退步计。其年中秋，入内谢赏，坐朝房。苏拉愀然曰："各位大人又散尽，仍剩郭大人一个矣。"余谓："彼辈自散，我自在也。"比年津门往来，常以踪迹太疏，引为终身之憾。此中志事，惟自喻而自知之，不愿向途人索解也。芝老来信，代达平斋书，平斋有近作诗两首见示。

初八日　　晴

昨晚枕上和平斋诗一首，次其第二首韵。录存再改。"新诗只说家常语，似觉醰醰味胜初。人海有谁怜涸辙，星邮幸不阻传书。愁听朔漠白翎雀，梦渺南屏金鲫鱼。来诗述移疏湖游之乐。安得相随赤松上，蓬莱顶上策飞车"。末二句本用"忆否棋盘街上素，趋曹晨夕策骡车。"伯材来，言同乡沦落京城者，经恒善社运送外，尚有百馀家。能扫数运回，亦甚好也。伯材又为天津闽商洪君天赏，求寿文列名，已允之。洪君于运送穷员回里事，亦颇有力。天赏乃其号，其名俟再查。寄津信，附子有乞书和移居诗。又致笋玉信，附《匏庐集》，托吉逯带闽。又为李家宝致本愚信。

初九日　　重阳节。晴

午后赴榕社会期，作三唱散。夜接东洲信，知十六婶母逝世。婶母寿逾七旬，而晚景屯遭，几无一日之舒适。数月前，东洲之子则枚又暴卒。则枚聪颖，尚是可造之材，竟尔短折。合奇之妇亦甫于前月物故。黄庵一门，家运之衰，殆于极点矣。又接本愚复书。

初十日　晴

接姚次阮昌颐来信,并宣纸屏幅乞书。吉逯伉俪来辞行,后日早车出都。

十一日　晴

寄津信。幼梅来,闲谈久之。陈希容来,名儆适,缄斋孙。求致照岩信调沪行。连日闷极,将去年以后诗稿重钞一过。

十二日　晴

上月述勤以生朝馈盆菊十数种,日来正盛开。昨枕上偶成一诗,颇近于打油腔,姑录之。"世难生滋感,尘栖径任荒。久知惭寿友,聊可缀重阳。亲旧多分散,歌谣强激昂。鬓边无可插,留取伴萸囊。"樊山寄示次韵和折枝长篇,说旧事滔滔不竭,粗犷处则此老晚年面目也。其诗俟暇时再录之。

十三日　晴

作《与南归友人话别诗》。"乱极谁无望治思,救民水火即王师。但申汉祖三章法,不在苏威五教辞。当路先须严篁簋,穷阎急与起疮痍。识时俊杰今宁少,国是原非一系私。"此诗信口为之,可以不存。所谓吹皱一池春水,干卿甚事也。孟纯来,以赴稀园吟集,匆匆即去。

十四日　阴

闻戣老前日到京,昨接请客柬,似系耆年会也。午后已开晴。接津信,言本月蛰园社课事,即复一信寄去。前和平斋诗,又依原韵作一首。"一年芳序匆匆过,又是西风落木初。篚衍新诗时有录,阳秋近事不堪书。未妨兰佩憎多狗,只欠莼乡食足鱼。截得老藤供短杖,犹能途步当安车。"樊山约春华楼晚饭陪戣老,同席有书衡、阆仙、彤士、孟纯、君坦,谈甚畅。归途月色尤佳,此境不可多得也。樊山又出《重九日携子孙辈游西山叠前日友字韵》七古一章,亦殊豪壮。

十五日 晴,午后忽阴

征宇送次韵和折枝七古一首,较樊山则朴挚绵密,远胜之矣。下午挈英女及两女孙中央看菊,到园已有微雨。傍晚遣渠辈归,即赴羧老耆年会之约。雨接续不止,畅谈至亥正方散,归路皆流潦矣。卧后风起,雨渐止。

十六日 晴

昨晚风大起,至今晨未止,墙角已有薄冰。东生自闽北上,昨来未晤。今午复来,云南政府资送赴德国游学,日内赴津,小有勾留,即南返。释戡又示《九日携家人登高诗》,此等题本难应和,况有樊山杰作在前乎?征宇甚不满樊山之诗,余谓今日此等人物,今日已成麟凤。彼其武断处,诚不可训,然毕竟胸中有物。吾所最厌者浮词滥调,后生略解平仄,便信笔为之,乃真不可救药也。饭后赴会馆,合社同人设局为羧老预祝,作三唱散。羧老明日赴津。夜接嘿园信,并近作诗三首。

十七日 晴,风止

次韵和樊山九日香山之作。"君诗左宜复右有,独立骚坛殆无偶。耽吟不废山泽娱,譬之熊鱼欲兼取。秋声赋感童垂头,贤己图噱客张口。五岳夙契李青莲,小邱新买柳子厚。刘郎题糕豪实怯,参军落帽狂亦丑。全家许掾可挈从,何物蔡儿笑学走。佳节思乡遍插萸,征亭伤别频折柳。舒啸如闻鸾凤音,避嚣喜得麋鹿友。品泉忆昔酌中泠,搀云归去伴虚牖。脚根曾带九州烟,胸次早吞云梦薮。急追逋景效苏髯,旧读宫词耻卢后。王湘绮有《圆明园词》。分明门户见建章,约略园池记绛守。折柬仍呼白社人,逢辰且醉黄花酒。玉堂前辈仅太邱,恰喜南极配北斗。欣然探袖出珠玑,相将执爵祈黄耇。一时追逐俨云龙,流俗讥嘲付尨狗。万首尽容丐膏馥,三蕉无事发瓯瓿。坐客皆不能饮。高谈惊座各风生,斜月穿帘知夜久。衣冠幸从园绮游,台阁竟闲燕许手。援毫请庚饱德章,量腹差能充下叟。"午后往拜黻廷寿,并贺同日娶妇。

十八日　　阴,晓起有小雨,杂雪花,可御裘矣

寄平斋、嘿园书,并附和诗。和嘿园诗昨始成。"东流江汉远汤汤,无望南皮况益阳。生聚十年吾及睹,仓皇一炬孰为扬。停云心事新诗本,赋日才华古战场。时节黄花开自好,瀛台凭吊更悲凉。"午后到忠信堂,为策六令郎障川证婚。所娶为吴北江女,能诗工楷,障川本北江高足也。熙民、次赣各出和折枝韵长篇见示。晚复偕熙民、立沧、季友至策六寓手谈,夜归极寒。组南交来合奇信,乞再致厚甫及冠生信。

十九日　　晴,寒度稍减

宋敷文求助还乡旅费,苦无以应。策六复见约,未赴。绩溪方君珍见访,系随人来接收东陵者,尚未就绪。不记其别号,亦不知是何世谊也。孟纯傍晚来。次韵和征宇、熙民、次赣诸君折枝作。"结绳文字初无有,易爻因奇而得偶。挈为简牍播诗歌,遂令尺棰不胜取。后人探讨古诗源,里巷风谣多信口。尼山删定存三百,义在温柔与敦厚。浸淫汉魏历三唐,益讲声病论妍丑。操觚各自竭知能,佩玉或不利趋走。折枝孟注失真诠,且喻赠梅与挈柳。敢说江湖不废流,尽许日月近窥牖。闽人虽复拙为名,要是东南文献薮。风雅略存晋安遗,衣冠岂料广明后。迂儒与世相背驰,夙昔心犹守故处。承平际会不堪思,十事从头忘八九。更谁殿桷赋南薰,空见城隅挂北斗。黍离麦秀托微吟,韦孟而今陋既耈。羽毛终自惜家鸡,玩弄随人笑瓦狗。何期桃李报琼瑶,坐对鼎彝惭瓯瓿。且张吾军亦足豪,却思此乐信堪久。岁期门又换新符,寒夜更从呵冻手。积薪居上望群公,相如还应右枚叟。""柳"韵下脱"饤饾何嫌摘句图,于喁自得同声友"一联。

二十日　　晴

致伯材书。次赣录送和诗来。下午复阴,夜风甚大。

廿一日　　　晴,风未止

为合奇致厚甫、冠生信,厚甫信拟稿,托组南代缮。由组南转寄。阅报知孟纯知事考试已落选。照岩来复信。务观自津来。

廿二日　　　晴

伯材复书,言宋敷文可以附入此次船期。君坦来。下午复同英女及两孙女往公园,菊花已盛开。樊山、熙民各送诗来。樊山系叠韵春华作,熙民仍系次折枝作。晓起作《即事》诗一首:"屋角青槐影渐稀,盆头粉菊态殊肥。林风乍寂幽禽语,窗日频移竹鸟飞。折脚破铛新茗熟,乌皮矮几乱春围。安车学得跏趺坐,只欠云山百衲衣。"

廿三日　　　晴

送宋敷文川费十元。汀镜来,云在省政府,月仅数十元,不敷旅食。已定附恒善社船帮回,乞致韵珊信,即书付之,又索诗集三部。汀镜品学俱优,晚途沦落,可叹也。下午复沉阴。

廿四日　　　晴

午后偕务观到公园书画展览会,并看菊。

廿五日　　　晴,有风

次赣复有和韵作送来。午后与务观、君坦游南海瀛台,观陈列菊品及书画,啜茗小坐,旋同到景山后晚饭。熙民来,未晤。迪庵示所作前日同游景山诗。

廿六日　　　阴

下午赴蛰园社课,值课为师郑、征宇、巽庵、君坦,惟巽庵因病未到。社侣到者有樊山、书衡、贻书、守瑕、寿芬、芷洲、孟纯、迪庵、志黄、务观。贻书适自南来,务观则初次观光也。仍作二唱散。征宇又示和韵作。夜微雪。附录征宇诗:"青天白日见轮□,先圣精灵亦大哉。八股无缘充冢嗣，四书有幸得私胎。深衣化作中山服，遗嘱能传绝笔哀。怪底今年双十节，端门麟篆恰重来。"征宇又有《赋得三民主义脱胎于学庸语孟》一诗，因见某报所载而作。

廿七日　　晴

务观来，同晚饭。嘿园来书，并近作二首。

廿八日　　晴

贻书来。叠韵和征宇并送南归。"东方著论称非有，孟尝说客讽木偶。臧谷亡羊或互讥，沧浪濯缨听自取。金缕漫歌空折枝，石鼓安知钳在口。蟏蟓岂耐空螯嚼，大鹏孰是培风厚。少年涂抹偶复事，临镜只增阿婆丑。长篇短韵勉步趋，正如跛牂逐骥走。庄舄思越犹越吟，三叠窃附阳关柳。闽诗开山溯薛欧，十子源渊各师友。近年宛在拓诗龛，蜂房一一开户牖。谁令沧海久横流，福地亦成藏疾薮。黍离岂惟王迹熄，渐恐元音成歇后。四郊矧尚多垒秋，青箱几家犹世守。中兴申甫那复望，更恨时无洪亨九。君归鞠跽寿高堂，风帆计日指南斗。开径投辖多故人，循陔洁羞祝遐寿。闲骑竹马唱月光，岂复燕市思屠狗。月泉考官亦不恶，洛纸三都任覆瓿。群阴在下剥已穷，吾辈论交敬以久。后会宁忘剪烛期，旁观好袖烂柯久。兴亡得失都莫论，自有南公与北叟。"

邴庐日记七

九　月

廿九日　　晴

和迪庵景山作。"远览皇畿近故宫，登临此日感何穷。五亭自耸神霄表，万岁空存口号中。惨淡残山横夕照，萧椮丛木咽悲风。不须更话前朝事，王气今随玉步终。"孟纯来。饭后同葵、英二女游南海瀛台。归途至景山后，与孟纯、迪庵畅谈至傍晚归。阅报戏成一首。"彭泽先生径久荒，魏公老圃亦无香。谁令国色几湮没，能解人颐妙比方。北地胭脂宜退舍，东篱中正好排场。寄声海内同胞者，共拜金刚不坏王。"此诗未录入稿。

三十日　　晴

午后往视群孙，感冒虽愈，尚有余热。旋至西城贻书，适季友在座，畅谈久之。出城赴洽社会期，作二唱散，甫及亥初。征宇傍晚先散，云即日南旋，以手录《镂金石室戊戌诗钞》及庚申以来诗各一卷，乞为校定。

十　月

初一日　　阴

寄津快信。下午访征宇话别，征宇盛称昨《送归》一首意致深曲。余亦自谓此首较有寄托，与前两首随笔抒写者不同，即词句亦颇有研炼，中间牵入洪亨九，包括无尽，尤非俗眼所知也。傍晚闲坐，偶成《记事》一诗。"辉煌朵殿旧觚棱，饰智惊愚万口腾。傀儡且宜儿戏看，韫韣岂有鬼雄凭。果然秋菊今时秀，谁见扶桑旭日升。倦客杜门无一事，汎搜野乘剔孤灯。"此诗亦暂不录存。

初二日　　　阴

伯南送和熙民折枝二首，亦次前韵者，中间"斗"韵误押"帚"，二首皆同。孟纯、君坦先后来。接泗水信，知一切平安，为一慰，以月馀未得信也。方珍号仲良又来见，求致信天津，意在借贷，前次晤面即略猜来意矣。下午赴移疏手谈之约，子有适自津到，此外尚有芝南、稚辛、立沧、季友、熙民、伯南、策六在，今日即算盛会矣。散归亦仅子初。枕上闻雨声。

初三日　　　晨兴见窗外雪花纷霏，知昨雨已成雪矣

至午后一时许始止，然旋积旋消，以节候尚早也。复寄津信。

初四日　　　晴，尚不甚寒

日来为同乡撰公祝仲勉丈寿文，甫脱稿，终不甚惬意，俟改定再录之。春明女学代表柳挺荣、刘君衡持董事会信来，请催首善医院积欠租金，即电催策六托人与方拾珊接洽。

初五日　　　晴

熙民来信，并录伯南、子有、莘奋续和折枝作，又及东二屋契事，当呼李仆雅林详询情形。经马云亭从中转圜。此事一再迁延，致滋镠葛，盖早料之矣。陈希容来，询照岩回信，照岩来书甚泛，恐无效也。寿仲勉文录下。"仲勉观察今年嘉平月八十寿辰。先期驰书哲嗣征宇昆季，勿归里称觞，并谆属勿征求文字，如世俗所为。回忆戊午岁，公年七十，都中乡人咸有诗文寄祝，距今又十年。而世乱之泯棼，乃有加无已。前

此逼宫变起，既举逊政明诏，与当日誓约而尽翻之。至今夏东陵之事，尤普天所共愤。唐林忠义知公不后古人，不忍为一日之欢，稍释其寸衷之痛，志事盖不言可喻也。公以华阀甲科，久治农曹，晚始获简滇中一郡。当阎文介长部时，尤蒙器赏，而公循分趋公，未尝一干谒。文介去位，纨袴贵游渐起用事，益落落寡合。是时吾乡宦京华者多僦居宣南，衡宇相望，公于文讌外独嗜奕棋，对局凝思，或终日忘倦。夙精岐黄术，有延诊者，无弗应。平居与人无町畦，至纵论古今忠孝事，激昂慷慨，往往义形于色。犹忆一日酒次，友人有诵荆公《明妃曲》者，至'汉恩自浅胡自深'二语，抵几痛斥，指为邪说之尤，辨难久之。滇去京万里，又边事方棘，亲友多尼其行，毅然就道。在滇守曲靖三载，一权迤西道，抚绥镇压，一以诚意行之，民夷皆翕服。辛亥国变，间关旋里。尝一省长公太傅，于京邸睹朝市变更，郁郁不乐。螺江为陈氏世居，聚族繁衍。闽中屡经兵乱，率邻里子弟团结捍卫，至今一乡晏然。去年太傅公八十赐寿，适值琼林重讌，海内传为盛事。公同怀少一岁，而神明强固，亦不减少壮时。闲尝求之往牒，太邱家乘首著二难，然元方、季方年寿已无可考。后此若北宋之郊祁、轼辙，与昭代之竹君、石君，虽文章事业，辉映一时，而求其绵历艰贞，俱跻大耋，乃今始于君家见之。太傅公久直讲帷，弼成圣德，艰难扈从，晚节弥芬。公则屏迹田园，萧然高寄，譬之岁寒贞木，或植岩廊，或依涧谷。虽所处不同，而傲兀风霜，贯四时而不改柯易叶则同。曾炘等皆夙从公游处，春明留滞，朋旧日稀，瞻望枌榆，益思公不置。窃绎公却寿之旨，因以见公得天之由。屈翁山论夏臣靡事，谓庄生有言造物之报人，不报其人而报其人之天。靡之天定于胸中，年虽老而其天不乱，故天以寿考报之。斯言甚创，而理实至庸，请为公诵之，并以质之。太傅公若乃天保九如，闷宫三寿，铺张扬厉之辞，非所语于今日也。"此文似尚简净，惟末段贪发议论，仍不免平日习气耳。"无弗应"后添"遇疑难病候，必反复推求，归复证之方书。晨夜仆仆往来，不以为烦，亦以此辄奏奇效"卅三字，因弢老来书嘱为添毫也。接津信。次薇来信，言明日即回南。又接子植信。

初六日　　晴

接津信，即寄复信，并附致羧信及仲勉寿文稿。朗溪书来，云梁巨川世兄以奉主入祠，托代约前往，其请柬尚未接到，并追悼巨川五古一章。熙民来，述与雪亭接洽情形。读屈翁山《书宋武本纪后》文，亦作一诗书其后。"曹瞒拟周文，可诛乃在意。芳髦皆不终，蜀禅犹自在。典午既篡曹，更为灭蜀计。卒肇五（湖）〔胡〕祸，江左等侨寄。元海称汉甥，攀附究非类。寄奴楚元后，与蜀同汉裔。何不告高光，复仇揭大义。始操而终丕，空贻青史詈。翁山发此论，浮白为一快。一姓不再兴，语出何典记。崇龚冒汉氏，犹能雄五季。夏德慨已辽，谁复问浇殽。洪荒九头纪，忽尔铲帝制。茫茫亘古局，滔滔洪流势。掩卷无复言，寒灯照深唔。"君坦生日，与亲串数人在彼晚饭。方珍系方良钰之侄，南云分校门生。"陆书尊南唐，谢书表西魏。阳秋微显笔，将以俟百世。""五季"下添此四句。

初七日　　晴

饭后至积水潭拜梁贞端祠，其长世兄在青岛铁路，以进主甫来京也。晤珏生、朗溪、缤蘅，与朗溪、缤蘅同步行至高庙，旧楼已圮，寺屋大半赁人，荒凉殊甚。沿堤湖景尚佳，水犹未冻也。归途至二条视群孙。闻熙民有电转达云亭电话与舒君，已切实面托，且看下文如何。吉臣、组南来，均未晤。灯下成诗一首。题为《梁忠端祠宇落成遇朗溪缤蘅相偕步行循堤至高庙归途口占》："十年人事重嗟吁，剩水魂招此一隅。偶趁萍踪同漫浪，谁知兰若亦荒芜。残僧漫订花时约，古柳如披诗境图。且为雪泥留小印，衰迟腰脚未教扶。"得理斋信，言续印《匏庐集》八十部已齐，并索《顾黄王三儒从祀奏稿》。

初八日　　微阴，晚晴

复理斋信，言《三儒从祀奏稿》辛亥之变已遗失，无从检取。礼部覆奏之稿，只准亭林，而黄、王则请旨定夺。余另有对奏，力请一并从祀。

此折留中，未发抄也。许佑之来，为吴中严吾馨广文重游泮水乞诗。夜有雾。

初九日　　晴

作《严吾馨重游泮水诗》。"芹藻黉宫首重回，山中铁树又花开。晚年踵迹三高士，当日闻呼小秀才。甲子数周轩历在，峰峦占断具区隈。辛楣德甫谈前事，更许儒林一席陪。"此等诗，例不存稿。释戡复送来《穷秋诗》一首。已丑同年来，知单知景明久逝世。和侄自南来，略知诸弟及侄辈踪迹，留共晚饭，至夜久方去。

初十日　　晴

和释戡作。"一枕春明梦已残，鹧鸪愁杀郑都官。岁华促促无留景，风叶萧萧又戒寒。暇日登楼同此感，清宵秉烛几何欢。诗穷只道穷秋苦，摇落江山尚耐看。"终日沉郁无聊，即书寄之。夜又得春明学校催款书。

十一日　　晴

录昨夜起书壁诗三首[1]。"蠹鱼拙甚守书巢，食字成仙强解嘲。今觉昔人谋更拙，几多心血此中抛。""帷灯故向应后明，魑魅居然不敢争。拼却铁函沉井水，也容藜杖降星精。""问讯高人夜起庵，扶桑几日返征骖。遥知造膝从容语，不似瀛洲海客谈。""一般夜气共天倪，好恶谁知万不齐。舜蹠未分方熟寐，唤人无赖是晨鸡。"晚作泗水信，须明日寄。第四首应移第三首之前。

十二日　　晴，连日皆甚暖

接平斋信及和诗二章，又近作古体二首。平斋晚年诗殊有进步，不似向来之打油腔，亦多作之故也。附致芝老信，即遣送去。寿芬电商洽社本届值课皆不在京，拟暂停一课，再商。长班来，云吉臣以春明学校事，定下星期二开会讨论，并将（勉仲）〔仲勉〕寿

---

① 实为四首诗。

文交带呈梅南。幼梅来,同晚饭、手谈。

十三日　　晴

接冠生复书,洽社知会明日仍继续。和平斋说苦诗。"人生逢乱世,性命皆苟全。〔全〕者仅此身,其如百苦缠。与君逐蓬转,南北遂各天。顽健虽可喜,同病亦相怜。凡君所说苦,皆我口欲宣。君诗敏且赡,意触辄成篇。文言道俗情,如蜜彻中边。我思绝钝滞,譬挽逆水船。一字费吟安,所得仍言诠。苦中强寻乐,苦乐终相悬。不乐复如何,索居孰为缘。平生硁硁性,颇疑天赋偏。残山与剩水,雁后或花前。无人更告语,与我自周旋。杜门将廿稔,积稿□盈□。锦囊惜心血,姑付梨枣镌。镌成复自悔,未敢向人传。誓当焚笔砚,噤口学寒蝉。戒诗旋破戒,此志竟不坚。杜陵诗之史,乐天诗之仙。未能希万一,聊以宽忧煎。忆昔宣南居,公退时摊笺。就中叶与张,才调尤翩翩。只道朋簪乐,那知人事迁。存者无二三,殁者已重泉。颇闻郑和州,晚景尤迍邅。箧中旧课卷,秋扇未忍捐。鳌峰吾习游,祖庭遗青毡。鉴亭与讲舍,亦已委荒烟。读君两纸诗,益我中心悁。寒冬百卉尽,老梅行放妍。倘寄江南春,或逢驿使便。陈芳国何许,无亦想当然。君能指迷途,犹愿从执鞭。诗中有世界,笑傲看桑田。"此诗涂乙甚多,俟暇再录,此所录太不清楚。"残山"四句,改"乱离天宝后,文物靖康前。看云悲世事,遣日把陈编。无人可告语,与我聊周旋。胸中亥既珠,私善探骊渊"。"捐"韵下添"皋羽洗绫帖,茂之系臂钱。尺札亦寻常,此意侔古贤"。

十四日　　阴,午后复开晴

接慕韩沪上信,并托代致羖老、苏戡、艾卿信。下午赴洽社,作三唱散。夜有风。

十五日　　晴

接羖老信,寄回勉丈寿文稿,似尚惬意。末段引翁山语,尤极承称许。惟谓其于为人诊病至勤恳,嘱再为颊上添毫,当即添入数语。贻书来,嫌"九如"、"三寿"等字眼近驳杂,亦即删改,俟明日再交梅南处。君坦来,出示游西山诸诗,雅近高陶堂一辈气味。寄平斋信并和诗。接泗水信及津信。子勤《雪桥诗话后集》,荣宝斋南纸铺有寄售。

十六日　　　晴

寄津信。孟纯来。《新晨报》常登疑庵诗,不知何人,尚不俗。饭后赴会馆开会,议决春明学校事,请蒲子雅偕吉臣仍向首善磋商。归途至荣宝斋南纸店购《雪桥诗话后集》,遇艾卿、少保,久谈方归。

十七日　　　晴

阅《雪桥诗话后集》终日。

十八日　　　阴

雅林报知二条补税契事,已勘验过,当可了结。昨阅雪桥记李淦秋长山人,名雍熙之言,曰:"凶人之于事也,谋之而辄成,为之而辄就,日趋利若鹜而不自知悔。是以恶日积,罪日深,至于不可救,天故纵也,恶之至也。吉人之于事也,为之而不成,谋之而不就,日在忧患中而无可如何。是以功日积、德日厚,其究也至于不可量,天故苦之也,爱之至也。"其言颇足玩,然日在忧患中,何以能功日积,德日厚,此当有一段工夫,非世俗所云听天由命也。向晚微雨,入夜地已湿,计有一时许。时令殊嫌不正,后夜似有月光。

十九日　　　沉阴终日

孟纯来,同午饭。饭后作冬雨诗一首。"穷冬只有闭门深,小雪俄过大雪临。密雨数点宵不冻,浓云堆墨昼还阴。萧寥久耐闲居味,变幻难猜大造心。兀坐小窗无可语,短笺信笔写愁吟。"此诗不足存。夜寄泗水信,草草数行,附孙女小霞信中。

二十日　　　雪,自晓至夜方止,但不甚大,且大半融化,地气尚暖也

孟纯来。接泗水信及津信。寄津快信。附慕韩致陈、郑二公函。

廿一日　　晴

雪后未甚冷,而风已渐起矣。《新晨报》载疑庵诗,亦尚好,不知为谁。寄津信,言吴莲溪及石遗令侄致赙事。吴莲溪讣来,廿八开吊,在王公厂四号。此次蛰园社课,本作为蛰园公祝樊山、书衡生日,电请樊山定期,始知樊山令郎于前数日逝世,只好作罢。樊山嗣子早逝,存者仅此亲生子,老境知难为怀也。夜作《为姜斋撰墓志刊石成自书手稿后》一首。"一志铭幽草草完,怀君已作古人看。公车联璧登蓬苑,兼谓稚惜侍御。谏疏传钞称铁冠。行状不详多漏笔,结衔无例漫题端。洞庭集与辽东集,剩有棠阴说好官。君在谏垣,以劾权贵得名。其守岳、常二郡及任奉天民政使,亦多政绩可纪。惜家状太疏略,晚岁所如不合,则时势为之也。夜风甚大。

廿二日　　晴

寄津信,嘱代撰樊山令郎挽联。释戡又送《社稷坛晚菊》诗来,此次决不能和矣。七律次韵最坏诗格。接熙民天津信。熙民在津住英廿号路五十三号。

廿三日　　晴

接津信。伯材来,为常安公司林君之父求作传,并云已请寿芬代草。樊山令孙宝深号湘孙来,请为其亡叔题主。今日为二弟妇周年,下午至皇城根。祭毕,赴伯材恒善社之约,所请客为陈君绍箕,河北印花税局长。号少奇,乙亥同年陈自新之子。并晤该社会员潘君清原、虞君光祖,号迪人,皆浙人,及贻书、海楼。景明(九)〔久〕初二领帖,住石老娘胡同九号。

廿四日　　晴

孟纯来,为致书少奇,并托伯材从旁出力。晚极不适,早睡。

廿五日　　　晴

孟纯来,言已晤少奇及伯材。向午始起,因伯材昨乞诗,卧榻中作打油腔应之。录下俟改。"昔人西笑望长安,长安何乐(乐)子弹冠。一朝树倒散猢狲,长安复何有,灾民而外厥有灾官。一解。大官尽饱贪囊,逍遥事外。留下灾星与汝辈,裘敝金尽,八口嗷嗷待毙。子规唤说不如归去,归亦何容易。绝处逢生,谁知有一陈翁在。二解。陈翁一布衣,不愿求官,但急人之难,白首奔波不辞烦。具舟送归榇,买地茔义园。寒者施衣,死者施棺。创立恒善社,于今逾十年。三解。灾官未即死,亦已死为邻。奔趋无路,呼诉无门。翁独居深念坐视不救非仁人,急呼同志经营百端。就轻车熟路,奋赤手空拳。四解。长途资斧于何措,置言之当事,尽免舟车费。破帽斓衫,提挈老羸及妇稚,燕京至沪渎,水陆三千馀里,刻日登程,一无阻滞。五解。初犹限闽人,渐推江皖浙两湖及川蜀,争乞附归榇,翁亦不分畛域,但力所能为,一一为区画。自夏徂冬,以次遣发,前后送归数千家,往者已过来方续。六解。我得南来书,颂翁功德碑。万口敬持卮酒为翁祝,祝翁无量寿。吉人天所佑,更祝普天息戈铤,还我太平世宙。但人人以翁为法,自然风醇俗厚。故陇松楸重回首,盼他年林下归来共泛沧江作钓叟。七解。"末数语须再改。此诗已另改多处,俟后再录。

廿六日　　　晴

接履川南京信,乞题其节母事状。又接上海孙绮芬信,伯顿路五九路。乞题其所著浪墨。原著并未寄来,亦素不识其人。据所题人名,有康南海、朱古微诸君,其他新人物不少,大约轻浮少年也。今日蛰园会期,值课为沉叔、六桥、志黄及沄儿,惟志黄未到。社友到者师郑、守瑕、巽庵、书衡、彤士、寿芬、孟纯而已。勉作二唱,惟后唱仅寥寥四五人矣。接燮侄上海信。

廿七日　　　晴

孟纯、佑之来。午后往吊樊季端,并慰唁樊山,谈极久。樊山示《哭子诗》四章,极沉痛。此老平生极旷达,到此亦不能自抑制,即旁观亦无从譬解也。归途至景山后,与孟纯、君坦谈至傍晚归。枕上作《自题为姜斋撰墓志稿后》。姑录存之。"断砚磨穿笔亦干,怀君已作古人看。公车连璧登蓬苑,兼谓稚愔侍御。谏草传钞称铁〔冠〕。行状颇嫌遗治谱,雄才岂止压骚坛。却思病榻悲凉语,来言焉知十倍难。"君在谏垣,以劾权贵得名。出守湖外,尤多善政。惜家状疏略特甚,无从掇辑。晚岁所如不合,则时势为之也。

廿八日　　晴

午后往拜陈少奇,外出未晤。旋往吊吴莲溪。莲溪癸卯同典试山左,又为沄儿会试房师,身后萧然,为之恻怆。出城赴洽社会期,作二唱散。熙民昨适自津回。

廿九日　　晴

午后君坦来,示代书衡拟晚晴簃诗选骈序,其中尚多须斟酌处。贻书旋来,日短谈久,至暮去。

三十日　　晴

熙民来,留共午饭。旋赴季友手谈之约。晚后复到惠侄妇寓宅,因惠侄今日生朝也,散已夜深。在季友案头携归《人生指津》一册,系聂云台所著。前闻殁老亟称之,粗阅一过,持论虽正,尚未能警切动人。贻书谓系曹梅访代作,不知确否。

十一月

初一日

寄津快信。接平斋复信,并近作诗数首。二侄女生朝,傍晚到彼。连日归来皆夜深,疲乏不堪。

初二日　　阴

午饭后往吊景明久,陪客有钟仑,贻蔼人同年子。多年未见矣。

归途访君坦,托代延益寿医院虞医为英女诊病,略谈数语即归。出门时已下雪,至夜未止,但不甚大。

初三日　　　雪止,犹阴甚

寄复慕韩信。又复孙绮芬,并题所著浪墨一绝。"名流缩纻狐千腋,杰构琳琅豹一斑。吾道沉沉即长夜,仔君金奏振冥顽。"不录入稿本。下午虞医来。晚樊山电约泰丰楼,有弢老、闇公、书衡、子勤、贻书,晤谈甚畅。弢老、闇公皆昨自津来。

初四日　　　晴,有风

未刻赴大乘巷为樊季(和)〔端〕题主,相题为贻书、书衡二君,蛰园诸君亦于今日公祭。散后贻书邀同彤士至其寓,并约成叔、荫北手谈晚饭。

初五日　　　晴

午后赴灵清宫,弢老约吟集,作三唱散。弢老明日早车回津。

初六日　　　晴

寄津信。又寄福州仲勉丈寿联。后适得征宇来书,并途次和赠行作,及大连感事作二诗。均叠有韵,闳辞远识,沉痛豁达,与吾意若合符契,非寻常叠韵夸多斗靡之章也。暇当录存之。阅云台《人生指津》,有提倡素食之论,后页并载愿云禅师偈云:"千百年前碗里羹,冤深似海恨难平。欲知世上刀兵劫,但听屠门夜半声。"余近日亦颇持素食戒杀之说,然只能行之一身,特录之以自警省。贻书来。

初七日　　　晴

致芝南信,并附和平斋诗奉正。下午赴荫北手谈之约,同席有贻书、彤士及杨子安,仅两局即散。

初八日　　　晴

叠韵和征宇见寄诗。"革除之事史恒有,敢怨吾曹生不偶。征诛揖让皆强名,顺守谁还问逆取。幽燕建国数百年,论都一旦腾众口。顺天只在顺民心,天于南北无偏厚。与君人海等枯鳞,忍掇旧闻夸记丑。兴衰历历在眼前,但惊岁月坂丸走。野史虽愧遗山元,说书或附敬亭柳。北洋经始倚临淮,明治维新真畏友。句骊一役误孟浪,坐令强敌阚户牖。陪都揖盗作战场,热客涉洋托遘薮。皇纲既解神器沦,百辈无能善其后。沐猴自恋故乡乐,蓬莱已失左股守。此时利害逼眉睫,休论海外神州九。医闾王气故未歇,只欠帝车能运斗。似闻痛哭向秦庭,尚有典型遗商耇。时来尺水起神龙,势失司城忧瘠狗。遵时养晦亦一策,陶正昔尝亲甄瓯。微君孰与发狂言,端居此念怀之久。兵戈无恙老莱衣,河梁伫盼重携手。移山诚至感夸娥,未必愚公输智叟。"伯材遣其社伙吴姓来,携王君锦铨家传乞盖章。吴名轸,号仲通。接平斋寄来《话梦集》,其中分纪事、怀人两种,皆以七绝纪之。纪事颇详洽,可资掌故。平斋诗向多浅率,此集中尚简净也。此诗前半又全改,俟续录。"柳"韵以上皆改。

初九日　晴

六妹自津来,同午饭,谈至傍晚方去。因群一旬日前来割治痔疮,昨始出院,尚未全愈也。协和医院例不许人看病,故未往访之。寿芬来,言伯材因有人发传单,言其劣迹,甚愤懑,欲求同人为之申雪。商诸梅南,谓如此未免张大其事,拟由各人私函慰勉,俾颜面得过,余亦然其说。梅南托寿芬代致折枝次韵二首。伯材恒善社募集捐款,虽无征信录,然其社伙数十人,岂能枵腹从事。即稍有浮冒,而成绩具在,不独君子当成人之美,且灾官灾民,受其惠者实不鲜,贤于贪官污吏多矣。前作灾官诗,即因见传单,故未送致。拟俟浮议稍定,再缮致。子善、吉士、藕生后人,流落无依者,伯材皆收录之,此一事亦可嘉也。春明学校来信,报告新举柳挺荣为校长,陈器为名誉校长。

初(九)〔十〕日　微阴,旋晴

蟹庐来,言及伯材被谤事,以昨与寿芬所商者告之。饭后到下斜街视群一,痔肿已渐消,谈至傍晚方归。接津信。芝老寄示和平斋说苦诗。

（初十）〔十一〕日　　　晴,连日较冷

六妹及侄女辈来手谈,夜散甚迟。

十（一）〔二〕日　　　晴

致伯南信,告知今日吟集不能赴,并拟灯社题数联,请与梅南诸君决定。魏侪、君坦先后来。傍晚赴六妹之约,归已逾子正矣。鲁舆自津来。

十三日　　　晴

芝老来信,改昨所送诗中句。寄津快信。

十四日　　　晴

先妣忌日。伯南函送灯社题。君坦、贻书先后来,因六妹及荪女、侄女辈俱来,亦留贻书手谈。晚饭后贻书、君坦先去。余至夜深始睡。孟纯寄示昨在伯南处公决灯社用“海日生残夜”、“高斋次水门”十字。

十五日　　　晴

晓起胸次忽胀痛,不可忍,偃卧少许即止。而人甚不适,因拥被至上灯后始下地,中间尚大痛一阵,揣系心血翻动所致。今日鲁舆生日,其女假群一处,为邀亲串数人凑集一局,余竟不能赴。李芷汀送来近作二诗。

十六日　　　晨即飞雪,至夜未止,今年雪此番较大

早间胸次尚作痛,但比昨已轻。午后全诚斋来,前太医院院判。为外孙鹤雏诊病。亦邀其一诊,据云仍系肝阳作祟,无甚要紧。六妹及鲁舆、孟纯诸人皆来视疾,未免惊动大众矣。嘿园自汉口来,谈至晚饭后方去,并携与季武同照相片见示,并题诗索和,季武日

前适赴汉也。

十七日　　晴

早间胸尚作痛。孟纯、君坦先后来，君坦言明日赴津。晚赴守瑕之约，同席樊山外，皆蛰社人也。

十八日　　晴

胸痛已不作，而时有欲作之势。寄津快信。下午人较爽，上灯后偶取梅村七古诸篇读之，沧桑之感，何其真挚而哀艳。吾辈今日身世，更不如矣。夜作题嘿园季武汉上旅次摄影。"乘鹤仙人去不已，赋鹦处士眠不起。翩然二鸟忽相逢，鸣非鸣兮止非止。牙筹安丰真可儿，毛锥定远将奚为。丈夫屈伸各有道，三徙安得轻鸥夷。逆旅匆匆一携手，婆娑莫问陶公柳。当年江夏号无双，今日史公牛马走。孝标敬通论异同，好诗异曲亦同工。镜中自有真吾在，且醉春灯蜡酒红。"

十九日　　晴

接津信。午后赴合社会期，作一唱。复赴彤士手谈之约，彤士住文昌胡同。彤士并约樊山、守瑕、剑秋、味云，同便饭。味云见赠新刻丛书数种，内《醉乡小记》为漱兰先生著，大半习见事，但考证稍详耳。味云所赠《福慧双修庵小记》一种，系道光时梁溪女冠王韵香事。韵香有《空山听雨图》，名流题者至数十人，刘石庵、李申耆皆有题咏，不知当日声气何以如是之广。后此图为人赚去，郁郁雉经死。《记》为闇公所撰。味云谓赚图者为孙平叔。忆吾乡谢枚叟《赌棋山庄馀集》有《观韵香篆书友人为述某制军遗事》一诗，明指此事，惜闇公未之见也。夜归胸气又大痛，约十数分钟，甚苦。六妹、鲁舆适在寓未散。

二十日　　晴

早晨胸气又痛一阵，时甚短。接津信。又致伯材信。嘿园来。下午气又动，静坐少许，幸未作痛。群一、六妹、鲁舆晚车俱赴津。

廿一日 晴

阳历元旦。君坦自津回。今日胸气午后又小动,急偃卧,亦未作痛,或可望渐舒也。夜坐得诗一首。"登场粉墨几翻新,弹指流光十七春。醉梦昏昏浑百辈,须眉奕奕复何人。积非举世旋成是,证果三生有造因。多谢病魔苦相守,颓然一榻著吟身。"

廿二日 阴

寄津快信,并附致叕老书。早间因检书,胸次又微痛。连日以养疴谢客,竟有素昧生平之人来访者,非特无能应其求索,即应接,亦力所不逮也。午后接叕老书,并惠福橘四十枚。信适未封,即附笔致谢。

廿三日 晴

接韵珊信。嘿园来。今日胸又作痛二次,但尚轻。前夕在彤士处,与味云说毗陵故事。樊山谓洪北江所上成亲王书,刻集时多有删节之处,不然仅"视朝太晏"、"小人荧惑"二语,不至于仁庙震怒,欲付大辟。余前此亦疑之,近阅大内所藏潜邸所致朱文正书数通,皆谦谦真挚,非寻常尊师虚文。乃登极后,于文正并无加礼,亦未跻政地,中间且以小节被严谴。窃意文正自外台召还,造膝时必有犯颜谏诤之举,既所言不效,乃遁于道教,托于滑〔稽〕以自韬晦。而北江所云"视朝太晏"、"小人荧惑"者,亦必有其人其事,是以圣怒如是之甚。但仁庙究是宽仁之主,故未几即有百日赐环之事,然终未起用也。宫廷事秘,无从深测,姑存一说于此,以俟后之论史者。

廿四日 晴

寄平斋信,并将所寄《梦话录》代致芝老。平斋书来已旬日,因病置之。顷检出,始知所寄者有一分托致芝南也。